Das erleuchtete Buch

Und wenn die Sonne sich neigt...

Wilfried Neureiter

Danksagung an meine Lieben:
Petra, Tanja, Katja und Brigitte
Die mich auf diesen Weg brachten
Die mich motivierten, dieses Buch zu schreiben
Die hinter den Worten und Erkenntnissen stehen
Die unterstützend und bereitwillig ihre Zeit opferten,
um etwas in diese Welt zu setzen
frei von Erwartungen
Bedingungslos aus reinem Herzen
Der Dank der Leser geht auch an euch
und ebenfalls an all jene, die ihre Erfahrungen mit mir
teilten.

Widmung

Während der vielen Reisen durch diese Welt
stieß ich niemals auf böswillige Menschen,
denn jeder trug ein liebevolles inneres Wesen in sich.
Für die meisten waren es die Lebensumstände,
die sie ein moralisches Fehlverhalten ansteuern ließen.
Dieses Buch ist der inneren,
ungelebten Leuchtkraft aller Menschen
auf dieser Erde gewidmet,
um einer Harmonie auf diesem Planeten
ein Stück näher zu kommen.

Autor: Wilfried Neureiter
Wohnhaft in Spanien
Kontakt: spiritportal.info@gmail.com

Der Autor wurde am 23. April 1966 in Salzburg geboren und hatte eine unbekümmerte Kindheit. Im Alter von 15 Jahren lernte er seine Lebenspartnerin kennen, die seither seine ständige Wegbegleiterin ist. Sie hat die Gabe, Wesenheiten aus anderen Dimensionen sehen zu können. Durch diese Bereicherung konnte und kann der Autor die Ereignisse, die ihm widerfuhren, besser verstehen. Eine sehr frühe Familiengründung ergänzte ihr Zusammensein durch zwei Töchter. Beruflich durfte der Autor Erfahrungen in der Werbefilmproduktion und im Import und Export machen. Diese Tätigkeiten führten ihn unter anderem auch nach Indien, wo er sein erstes Schlüsselerlebnis hatte.

Es war ein kleiner Junge mit Elefantenfüßen, der den Touristen als Attraktion diente. Der Autor war ohnmächtig, den Tränen nahe und was ihn am meisten schmerzte war, dass er dem Kind nicht helfen konnte. Somit läutete das Schicksal eine neue Ära ein und im Jahr 1995 absolvierte er eine Heilpraktikerschule. Drei Jahre später eröffnete er für einige Jahre eine hypnotherapeutische Praxis in Deutschland. Im Jahr 2001 lenkten der Autor und seine Lebenspartnerin ihren Weg in eine vollkommen neue Richtung und es begann das größte Abenteuer ihres Lebens.

Eine Reise durch Mauretanien, 450 Kilometer durch die Wüste. Auf der Rückreise, die sie alleine unternahmen, erkrankte seine Partnerin an Malaria. Sie befanden sich mitten in der Wüste, hatten fast kein Wasser und die Vermutung,

Inhaltsverzeichnis

Lektorat: Petra Pachinger, Tanja Wieland

Buchsatz von tredition, erstellt mit dem tredition Designer

ISBN Softcover: 978-3-347-51774-5
ISBN Hardcover: 978-3-347-51779-0
ISBN E-Book: 978-3-347-51782-0

Druck und Distribution im Auftrag des Autors:
tredition GmbH, Halenreie 40-44, 22359 Hamburg, Germany

vom Weg abgekommen zu sein. Den Autor durchfuhr der Gedanke, diese Reise nicht zu überleben. Dies war sein zweites Schlüsselerlebnis! Er flehte im Gebet um Rettung, mit dem Versprechen, sein Leben grundlegend zu ändern. Nachdem sie in Sicherheit waren, kam es zu einer Bereinigung seines kompletten Lebens. Was dann geschah, ist mit Worten kaum zu beschreiben. Er durfte Prozesse durchlaufen, die ihn über Jahre hinweg sehr stark körperlich und auch psychisch beeinträchtigten. Spirituelle Bücher, die eventuell Aufklärung ermöglicht hätten, hatte er nie gelesen und lehnte dies intuitiv ab. Er durchlebte Angst, Krankheit, Depression und Zustände, deren Symptome ihm unerklärlich waren. Durch das Erwachen stellten sich Gaben, geistige Anbindungen sowie verschiedene Kontakte zu anderen Dimensionen ein. Für ihn bestätigte sich, dass Wissen nicht nur durch Bücher oder Lehrer übermittelt werden kann, sondern es eine universelle Kraft gibt, die alles beinhaltet und für uns bereit hält.

Nun ist es sein Sein, dass er weitergibt, was er weitergeben kann und darf. Nicht an ihm liegt es, das Herz zu füllen, sondern an dir, dein Herz zu öffnen.

Parabel zum Buch

Eine kleine Seele wurde geboren und wuchs fern ihrer wirklichen Vollkommenheit auf. In einem Haus mit düsterer Umgebung verlief sich die Weisheit und Reinheit des Kindes im Irrgarten der Verlorenheit. Es tat es den Eltern gleich, welche als Maßnahmen gegenüber der unsterblichen Macht, die das Haus umgab, einen Schutzwall aus Gebeten und Hoffnung errichteten. Die kleine Seele wuchs heran, im Glauben, das Haus selten verlassen und das Umfeld nur mit äußerster Vorsicht betreten zu sollen. Sie machte es wiederum den Eltern gleich. Die Umgebung war behaftet mit allerlei Dunklem und Kaltem, und doch fühlte die kleine Seele eine gewisse Wärme in sich, gebündelt mit einem angenehmen Gefühl. Diese Wärme, gekoppelt mit diesem wohltuenden Gefühl, zauberte der kleinen Seele manchmal ein Lächeln ins Gesicht. Wenn die Sonne, wenn auch selten, mit einem kleinen Strahl die dichten und dunklen Wolken durchbrach, verstärkte sich das Wohlgefühl der kleinen Seele. Schnell vergaß sie in solchen Momenten, wie düster die Umgebung wirklich war. Auch wenn oft nur von kurzer Dauer, so prägten sich diese Augenblicke in das Gemüt der kleinen Seele. Die Eltern waren nicht gerade erfreut darüber, wenngleich ihnen das Wohl des Kindes wichtig war. Doch sie ließen Nachsicht walten, denn es ging ja um die Zukunft ihres Kindes. Also wurde die kleine Seele über die Gefahren eines etwaigen Leichtsinns aufgeklärt. Sie erzählten von der Grausamkeit, die in den Wäldern der Umgebung lag. Flucht war keine Option und somit musste man lernen, mit dem Furchterregenden klar zu kommen. Eine ins Gedächtnis geprägte Lehre vollzogen die Eltern der Eltern der Eltern..., um eine im Hintergrund befindliche Macht, die die Welt beherrschte, nicht zu verärgern. Diese Macht lenkte die Menschen und befahl ihnen über Generationen hinweg, die Geheimnisse der Dunkelheit zu bewahren. Somit wurden diese dunklen Geheimnisse zum Gesetz der Zivilisationen.

Diese kleine Seele, die so rein und klar war, konnte die Geheimnisse der Dunkelheit nicht fühlen und verstand nicht, weshalb sie sich in etwas begeben sollte, was sie nicht begreifen konnte. Ihre Erkenntnis war, die Momente der Schönheit, wenn die Sonne den Weg durch die Dunkelheit schaffte, zu erfühlen. Immer, wenn die Sonne durch die am Himmel ziehenden Wolken ihren Platz veränderte, sprang und rannte die kleine Seele den Sonnenstrahlen hinterher. Es machte der kleinen Seele richtig viel Spaß und sie lief, ungeachtet der forschen und eindringlichen Ermahnungen der Eltern, munter in der Gegend umher.

Die Jahre vergingen und die kleine Seele wuchs zu einem leuchtenden Sonnenwesen heran. Unbekümmert wie noch zur Zeit der kleinen Seele sprang es immer noch unter den wärmenden Sonnenstrahlen herum. Die Eltern waren verwundert über die Leichtigkeit ihres Kindes und verstanden nicht, weshalb nicht geschah, was sie selbst von ihren Eltern vermittelt bekommen hatten. Überliefert seit Generationen hieß es, man könne seinem Tod gegenübertreten, wenn man nicht die Gefahren, die in der Umgebung lauerten, erkannte. Der Tod, der hinter jedem Stein warten könnte, habe viele Gesichter, die man nie erkennen könne. Sie seien wandelbar und schlau, wesentlich schlauer als die Menschenkinder auf dieser wundersamen Erde. Doch weshalb geschah nichts bei ihrem Kind? Es lachte, tanzte und sang in der wilden Natur.

Schon bald gesellten sich die Tiere, die sich ebenso seit Äonen in der Macht der Finsternis befanden, zu diesem Sonnenwesen. Doch als die Sonne hervorkam und das Sonnenwesen die Weltbühne betrat, verloren selbst die Tiere die Furcht, ihr Leben durch andere Tiere zu verlieren. So versammelte sich allerlei neben dem strahlenden Wesen: Diejenigen, die statt der Furcht die Liebe suchten. Die Schritte des Sonnenwesens wurden zu Wunder-Fußspuren, denn der Boden, die Wiesen und Blumen konnten die Kraft der Reinheit darin spüren. Es dauerte nicht lange, und die ganze Umgebung erblühte in einer Herrlichkeit, durch die Tugendhaftigkeit einer reinen Seele. Die Umgebung wandelte sich aus der Dunkelheit und wurde zu einem Strahlen, gleich der wärmenden Sonne.

Die Eltern fingen an, an den Erzählungen der Generationen zu zweifeln. Mit kleinen Schritten machten sie es ihrem Kind nach, wenn auch nur vorsichtig, aber mit dem Glauben an den Mut ihres Sprösslings. Als sie die Herrlichkeit der Umgebung, welche durch das Kind verwandelt worden war, erfühlen konnten, fielen alle Schatten der Verzweiflung, Furcht und Angst von ihnen ab. Die Sonne neigte sich den beiden zu, und als es ihnen dämmerte, dass die Finsternis aus dem Gebilde einer unberechtigten Angst bestand, verschwand die Berechtigung der Angst und wandelte sich in reines Licht. Eine neue Ära wurde eingeleitet, die einer jeden Seele Angstfreiheit und Vollkommenheit zukommen lassen sollte, frei von dem Missbrauch einer Macht, die aus dem Hintergrund ein Nichts erschaffen hatte, etwas, was nicht vorhanden war: Einen Glauben, der sich in die Köpfe der Menschen geprägt hatte, um das zu sein, was sie nicht waren, nur, um damit andere in ihrer Macht zu halten. Doch diese kleine und reine Seele, die nie dieses Dahinter erfühlen konnte, widmete sich dem eigenen Glück und öffnete ein Tor zur Sonne. Dieses Licht erlangte bald immer mehr an Stärke und erreichte sehr viele Menschen, die durch die eigene Kraft der Liebe selbst zur Sonne für andere Menschen wurden.

Vorwort

Liebe Leser!

Diese kleine Parabel dient als Einleitung in die weltlichen Geschehnisse. Durch meine persönlichen Erkenntnisse über die weltlichen Strukturen entzieht sich mir der Sinn für Angst, Wut und Trauer dieser Welt. Aus vielen Erfahrungen der wirklichen Realität eines Menschen bin ich überzeugt, dass sich jeder dieser Macht, dieser Demütigung entziehen kann. Geblendet durch Macht und verführt durch subtile Maßnahmen, greift eine undurchsichtige Wahrheit in die manipulierbaren Gemüter dieser Welt ein. Wir alle hier auf Erden sind mit Liebe durchtränkte Wesen, die mit ihrer Gutmütigkeit die göttliche Repräsentanz spiegeln sollten. Durch eine Umkehrung der Wahrheiten werden die Menschen zu etwas geprägt, das unsere Erde zu einem toxischen Planeten verurteilt. Doch ihr seid es, die diese Umkehrung wieder ins Lot bringen könnt. Einzig was ihr benötigt ist, euch als das zu erkennen, wer und was ihr wirklich seid.

Dieses Buch eröffnet eine Sichtweise mit allen Facetten eures Selbst, ohne wenn und aber: Diese Offenbarungen, gestärkt durch persönliche, durchlebte Erfahrung, werden euch bis zum Ende dieses Buches einen Weg zeigen, der diese weltlichen Strukturen und die wirkliche Existenz eures Wesens offen legt. Anfänglich in kleinen und vielleicht bereits bekannten Schritten, zeigen sich bis zum Ende dieses Buches die wundersamen Dinge eurer Stärke und Macht. Niemand kann euch tatsächlich Schaden zufügen, wenn ihr versteht, wer ihr seid. Lasst uns nun zusammen beginnen zu erfahren, wer ihr wirklich seid.....

Teil I

„Und wenn die Sonne sich neigt..."

Wer ihr seid, der Beginn

Nicht ohne Grund wird in der menschlichen Vollkommenheit von Körper, Geist und Seele gesprochen. Es ist die Bedingung eines Verbundes oder Bundes zur existenziellen Eigenschaft eines Menschen auf Erden. So mysteriös es auch sein mag, so ist es ein göttliches Gefüge für die Existenz des Seins in einer völligen Symbiose der zeitlichen Eigenschaft. Erst mit den Jahren eines Menschen wird sich in seiner Wesensart die vollkommene Richtung dieses Verbundes der vergangenen irdischen Zeit spiegeln. Eine sehr komplexe Art, seine Eigenschaft als Individuum zu erkennen, soweit man fähig ist, sie erkennen zu wollen. Um das zu verstehen, sollten die tiefgreifenden, vielschichtigen Aufgaben in die jeweilige Zugehörigkeit und deren Bereiche aufgegliedert werden, in Körper-Geist-Seele. Es ist wichtiger als man glauben möchte, denn zum Verständnis der verschiedenen Körper, vom feststofflichen bis hin zur feinen seelischen Struktur, tragen alle diese Körper die Geheimnisse der Existenz in sich. Der Körper dient uns auf dem Weg der weltlich-zeitlichen Zugehörigkeit als etwas Vergängliches. Er entsteht und verfällt wieder im Laufe der Jahre.

Der Geist ist ein Bindeglied und an den Körper gebunden, so lange er existiert und gibt seine Bindung auf, wenn der Körper in die Substanz der Erde zurückkehrt.

Die Seele ist die unsterbliche Existenz eines Wesens mit dem All-eins verbunden, ein Bindeglied des Universums mit multidimensionalen Fähigkeiten und die absolute Zentrale einer Inkarnation. Kurz gesagt, ein Leben in verschiedenen Dimensionen zur selben Zeit, in verschiedenen Körpern und Rassen.

Um es wirklich zu erfassen, sollten wir etwas tiefer in dieses Thema gehen, Hindernisse bezüglich der existentiellen Beschaffenheit eines Menschen kennen lernen, den Geist erforschen und die Seele verstehen. Es ist alles sehr viel komplexer als man glauben mag, und ich wage mich nun daran, diese Thematik zu vertiefen.

Der Körper ist vergänglich, der Geist gebunden und die Seele unendlich

Der Mensch wird zu dem, was er sein möchte. Der irdisch Anhaftende wird zum unendlichen Körper, der geistig Anhaftende zum Verrückten und der seelisch Interessierte kehrt zu seinem Ursprung zurück, vorausgesetzt, er lässt sich nicht hin zur körperlichen Existenz verleiten. Der geistig Anhaftende hat zumindest eine Chance, sich der seelischen Existenz zu nähern. Oft kommt der seelisch Orientierte hier auf Erden in ein Kreuzfeuer, von durchgeknallt bis hin zum Realitätsverweigerer oder Psychopathen. Nur Gleichgesinnte können dem Spirit folgen und Verständnis zeigen. Es gibt Widersacher aus dem tiefen Hintergrund, die genau diese Richtlinie der seelischen Gleichstellung auf Erden dringlichst verhindern möchten. Das ist ein Kampf, der hier auf Erden tobt.

Der Mensch als Körper regiert, der Geist wird manipuliert und die Seele diskriminiert.

Die Erde war schon immer ein Spaltungsplanet und unterscheidet sich tatsächlich von vielen anderen lebensfähigen Möglichkeiten im Universum. Die Erde besitzt ein anhaftendes Phänomen mit einer zeitgleichen Vergiftung des geistigen Gutes. Deshalb schrieb ich auch bewusst „der geistig Anhaftende wird zum Verrückten". Alles, was dem geistigen Eigentum nützlich wäre, wird von vorgefertigten Glaubensmustern und absurden wissenschaftlichen (angeblichen) Fakten durch fehlgeleitete Informationen vergiftet. Somit kommt es zu einer Spaltung und/oder Distanzierung der Seele. Mag sich verrückt anhören, doch nur deshalb, weil es verrückt ist. Darauf wird in diesem Buch noch tiefgreifend eingegangen. Wir sollten dafür die höheren Schichten der Erde sowie deren Funktionen und Möglichkeiten durchleuchten.

Die Umkehrung der Realitäten: Sie wurden umgekehrt vom Seelischen hin in die Richtung zum feststofflich-körperlichen Individuum. Durch eine bewusst herrschende Macht wurden sie von einer seelischen Unabhängigkeit hin zu einer abhängigen, seelischen Verkrüppelung gezwungen.

Der Geist herrscht über den Körper

Zumindest sollte es so sein! Ist es denn in unserer Gesellschaft der Fall, oder ist es nur eine Einbildung, um sich selbst wohler zu fühlen? Unser wirklicher Geist hat schon lange nichts mehr zu sagen, und wenn man ihm den Raum geben würde, dann quälten einen die vorgefertigten Gedanken, die wie aus dem Nichts den Alltag und den Werdegang bestimmen. Das ist der größte Betrug in unserer Gesellschaft und das bereits seit tausenden von Jahren! Natürlich ist manches um vieles besser geworden, nur dieses „Besser" zwängt den Menschen in eine vorgefertigte Schablone und lässt wenig Raum für die freie Entfaltung. Es ist wirklich nichts Neues, dass unser Bildungssystem den Geist eher verkrüppelt als ihn fördert. Im Leben, von der Wiege bis zum Tod, ist alles vorgefertigt. Gerade diesbezüglich ist die europäische (angebliche) Hochkultur der absolute Weltmeister. Alles gesichert, alles organisiert, alles berechnet... Also weshalb sich Gedanken machen? Wenn etwas eintritt, das unvorhersehbar war, dann wird sich schon eine Lösung finden... Und das nennt man „freien Willen"? - Es ist eher „freie Manipulation" aus der organisierten, gesicherten Berechnung. Dass schnell Grundvertrauen gestärkt wird, wenn einem alles vorweg aus dem Weg geräumt wurde, ist klar. Das böse Erwachen kommt für jedermann, und man nennt es ab diesem Zeitpunkt „psychische Disharmonie" oder einfacher gesagt „psychische Störung". Und hier sind wir bei unserem Geist angelangt. Die Psyche ist dem Geist zugewiesen und nicht der Geist der Psyche. Wenn man nun berücksichtigt, dass fast alle Menschen auf diesem Planeten unter psychisch belastenden Symptomen leiden (erwiesenermaßen), dann sollte einem klar werden, dass nicht nur der Mensch krank ist, sondern der ganze Planet. Das Außen unseres Planeten spiegelt das Desaster Mensch. Der Mensch zerstört den Planeten stückchenweise, bis ein Kollaps alles vernichtet, um die Ursache aus der Welt zu schaffen.

Es folgen nun einige Fakten, und wer glaubt, dass es nichts mit dem Thema Körper, Geist und Seele zu tun hat, der sollte dieses Buch bis zum Ende lesen, denn eines führt zum anderen.

Alleine an einem Tag werden rund 218 Millionen Euro für Videospiele ausgegeben!

Waldverlust in einem Jahr: 2 800 000 Hektar

Wüstenbildung in diesem Jahr: 6 400 000 Hektar

26 000 Menschen, die heute an Hunger gestorben sind und das tagtäglich

790 Millionen Menschen, die keinen Zugang zu sauberen Trinkwasserquellen haben

5,28 Millionen Tonnen giftige Chemikalien, die von der Industrie dieses Jahr freigesetzt wurden

Das sind nur ein paar kleine Beispiele, die hieb- und stichfest zeigen, dass der Konsum durch die Gleichgültigkeit gegenüber den Konsequenzen aus dem Ruder gelaufen ist. Weshalb eigentlich?

Es ist der vergiftete Geist, der die Perversitäten einer Gesellschaft im Außen spiegelt. Anstatt sich den wirklichen Themen unserer seelischen Bedürfnisse zu widmen, verkrüppelt man sich geistig und seelisch. Der Fokus, dem wir uns zuwenden, ist menschengemacht und dient einigen listigen Parasiten, die ihren Hals nicht voll kriegen. Doch jeder von euch ist in der Koexistenz dieser Parasiten, solange er sich nicht davon befreit und sich dem eigentlichen Fokus widmet. Frei von einer Beeinflussung, die euch sagen möchte, was ihr zu tun habt und in welche Richtung ihr sehen sollt. Das ist eine der schwersten Aufgaben, speziell für Eltern. Kinder werden bereits in frühen Jahren pervertiert. Die Vorreiter wie Facebook, Twitter, Insta, TikTok und wie sie alle heißen, drängen die Menschen in eine vorbestimmte Richtung (dies wurde sogar von den Entwicklern der oben genannten Social Media Unternehmen bestätigt). Man könnte nun meinen, dass es ja der freie Wille ist, sich all dem hinzugeben, also Social Media, Computerspiele, Smartphones oder was auch immer. Doch diese Manipulation ist ein taktischer Schachzug, um die Menschen weiter zu behandeln wie Nutztiere, an Fesseln geheftet und als brauchbares Gut benutzt und geschändet. Ist das nun euer freier Wille? Euch selbst aufzugeben, den Geist vergiften und euch der Verbindung zu eurer Seele berauben zu lassen? Das ist freier Wille? Die Gedanken der Menschen kreisen. Es ist schier unglaublich, dass sich alles immer wieder um die alten und gesetzten Themen handelt. Weshalb erzählen Menschen immer dasselbe? Weshalb sind sie nicht einfach still? Sie reden den ganzen Tag, sie denken den ganzen Tag, sie laufen den ganzen Tag und sind sich nicht einmal bewusst, was sie wirklich machen. Eigenartigerweise sagte ich dies einigen Bekannten. Ich erzählte von vorgefertigten Denkmustern, die den Menschen in Schach halten. Genau diese Menschen, die dem zustimmten, waren diejenigen, die selbst in dieser Schleife hingen und nur an anderen diese Eigenschaften sahen. Weshalb nicht sich selbst beobachten und erkennen, dass sein eigener Unsinn zur Schuldzuweisung an anderen wird? Versucht nur einen Tag lang nicht das zu tun, was ihr jeden Tag tut! Lasst Wiederholungen weg, im alltäglichen Leben und auch verbal. Wiederholt euch nicht und konzentriert euch auf das Neue. Es wird euch zur Qual werden! Auch das ist ein Beweis, dass ihr aus eurem kindlichen Gemüt bereits längst entlassen wurdet. Der Geist ist blockiert und ihr verkümmert! Ab diesem Zeitpunkt kann man mit euch machen, was man will. Ihr habt euren Lebensgeist bereits verlassen und dient lediglich als wirtschaftlicher Faktor.

Das sind nun harte Worte, die notwendigerweise den Geist aufrütteln sollen. Wer es schafft, seine Komfortzone zu verlassen und Gewohnheiten hinter sich lässt, wird seinen Weg zu einem schöpferischen Geist wiederfinden.

Der Körper

Der Körper ist wahrlich eine schöpferische Wunderleistung, zumindest für den menschlichen Verstand. Eine Geburt lässt dem Geist den Spielraum, der Tod erlöst die nie erfüllten Illusionen. Wer sich im Stande fühlt, die Tatsachen der Geburt zu erkennen, wird feststellen, dass ein Neugeborenes nie in Form einer körperlich-irdischen Realität existiert. Es existiert in der rein geistigen Form. Es kann sich nicht orientieren, nicht verstehen oder erkennen, dass es sich in einem Körper befindet. Folglich lebt ein Neugeborenes in einer anderen Realität. In der Realität des Fühlens, Hörens und Sehens. Erst im Laufe der Jahre verändert es das Bewusstsein und taucht in eine neue Realität ein. Während der Jahre eines Menschen geschieht das mehrere Male. Jeder Mensch verändert seine Eindrücke. In der Regel passieren diese Neuerungen der Wahrnehmung alle sieben Jahre. Sehr subtil vollziehen sich diese Prozesse. In den natürlichen Abläufen werden diese Entwicklungen zur Weisheit, führen und dienen den Nachkommen als Grundlage für ein geistiges Wachstum. Die Familie sollte in der Lage sein, alte und neue Weisheiten weiterzugeben, um als Fundament für einen gesunden Geist zu dienen. Doch was passiert, wenn diese Grundlage in eine falsche Richtung gelenkt wird? In eine Richtung, die nicht mehr dem Seelenwohl dient, sondern einer Einrichtung der wirtschaftlichen Herrschaft?

Eine arme Seele in dieser Welt, in einen Körper geboren, um einer Norm einer Gesellschaft dienlich zu sein, die lediglich von einer Randgruppe aus habgierigen und herrschsüchtigen Einzeltätern regiert wird. Diese, von der Geburt bis zum Tod kontrollierte Tatsache, zermürbt den Körper und vergiftet den Geist. Zu guter Letzt bindet dieser Ablauf die Seele an die irdische Reinkarnation, gezwungen in den Kreislauf der Wiedergeburt, dem Leid der irdischen Knechtschaft.

Der Körper spiegelt sich durch die zahlreichen Reinkarnationen in der Region der Täuschung. Niemand weiß wirklich über die Zusammenhänge Bescheid und gibt das Recht des Wissens an die Politik und Religionen ab. Ausgerechnet an jene, die nie wirklich etwas Sinnvolles in der Welt geschaffen haben, nur ein Desaster nach dem anderen.

Man ist ja selbst im Kreislauf von Tod und Wiedergeburt. In der Zeit von der Geburt bis zum Verlassen des Körpers ist alles geregelt und vorgegeben, wie es ist und wie es zu sein hat. Der Körper als Avatar ist nur ein vorübergehender Begleiter und nicht als dauerhafte Bindung gedacht. Doch der Mensch bindet sich an seinen Körper und die meisten würden am liebsten diesen Körper für immer als ihr Kleid betrachten. Dabei gibt es tausende von Krankheiten und metamorphen Entwicklungen, die unabdingbar sind für ein irdisches Leben. Die Anzahl der Lebensjahre wird durch vielerlei Umstände beeinflusst, ebenso die Entwicklung des Kollektives. Genau da hinkt die Menschheit hinterher. Wer nun glaubt, in einer erhobenen Zivilisation zu leben, der täuscht sich. Die menschliche Zivilisation ist in einem Stadium der Selbstzerstörung, bedingt durch Ignoranz und Unwissenheit. Je mehr Krankenhäuser und Ärzte es gibt, desto mehr Kranke wird es geben. Je mehr psychiatrische Kliniken und Psychologen es gibt, desto mehr Irre(gemachte) wird es in dieser Welt geben. Je mehr Kriegsgeräte es gibt, desto mehr Krieg wird es geben. Je mehr es von allem gibt, desto kurioser wird das gesunde Weltbild verzerrt und das kranke Weltbild als gesund angesehen. Wenn nun der Körper der Spiegel der Seele ist und das menschliche Kollektiv aus der Gesamtheit der Menschen besteht, dann sind wohl 99,9 Prozent der Seelen fehlgeleitet.

Zusätzlich und sehr merkwürdig: In den weniger zivilisierten Ländern gibt es wesentlich weniger Krankheitserscheinungen. Ich bin kein Gegner von ärztlicher Hilfe, wenn sie angebracht ist. Doch es gibt viele Länder, die zeigen, dass eine ärztliche Hilfestellung nicht von einem wirtschaftlichen Faktor abhängt, sondern von der Notwendigkeit für den Patienten. Wenn ethische Richtlinien Vorrang hätten und der wirtschaftliche Faktor in den Hintergrund geraten würde, dann hätten wir auf dieser Welt wesentlich vorteilhaftere Eigenschaften für eine neue und bessere Zukunft. Stattdessen werden Ärzte, Psychologen und Politiker zu egokontrollierten Marionetten und dienen der Zerstörung von Körper, Geist und Seele.

Während meines Studiums sagte einmal ein Dozent: „Seid gegenüber euren Patienten besorgniserregend, verwendet Latein in den Erklärungen und sagt ihnen, dass die Symptome weiterhin beobachtet werden sollten. Somit habt ihr durch das

Nichtverstehen der Patienten sowie durch die geschürten Ängste und Zweifel einen vollen Warteraum."

Tatsächlich klappt das sehr gut, denn es gibt den Placeboeffekt in allem, was den Geist erregt. Wenn der Geist über dem Körper steht, was der Placeboeffekt beweist, dann sollte der Geist in Richtung Gesundheit geführt werden. Stattdessen entfernt sich die Menschheit immer weiter von einer gesunden Realität und der Körper regiert den Geist.

Was differenziert den Körper vom Geist?

Auf Erden sind wir nichts ohne den Körper und unfähig ohne den Geist. Als Mensch kann das eine nicht ohne das andere. Wenn der Mensch einmal gefühlt verstanden hat, wie das Zusammenspiel beider als Symbiose funktioniert, verändern sich das Weltbild und die Lebenseinstellung grundlegend.

Der Körper ist der Spiegel der Seele und als letzterer zeigt er den momentanen seelischen Befund. Zu unterscheiden sind dabei Krankheiten und körperliche Einschränkungen, welche nicht immer Zeichen eines seelischen Leidens sind. Sehr oft gibt es sogenannte körperliche Symptome, die Nutzbringer für die geistige und seelische Entwicklung sind. Krankheit ist immer der Weg zur Genesung, auch wenn die Krankheit unweigerlich zum körperlichen Tod führen kann. Nicht der Körper ist das Leben, sondern das Leben steht über dem Körper, im Hintergrund als ewige Existenz. Der Körper ist Untertan des Geistes und ist dem Willen untergeordnet.

Schon als Jugendlicher interessierte ich mich für die Psyche des Menschen, um zu erfahren, was einen Menschen ausmacht. Vieles konnte ich damals nicht verstehen und als Freigeist in dieser Welt war mir die menschliche Gebundenheit sehr suspekt, also die Gebundenheit an Familie, Freunde,

Schule und so weiter. Sobald man sich etwas zuwendet, ergreift einen eine Bindung und diese fängt an, eine Narbe zu hinterlassen. Auch alles, was so schön begann, endet mit einem Urteil. Diese versteckten Narben werden in der Zukunft zur sichtbaren und spürbaren Gegenwart.

Wie sich die Geistesforschung entwickelte

Damals waren mir die Zusammenhänge nicht bewusst und so spürte ich etwas Unerklärbares hinter der menschlichen Existenz. Schlussendlich war es etwas Leidgedrungenes. Ohne zu wissen, was auf mich künftig zukam und in welche Richtung ich mich bewegte, verspürte ich den Drang, mich mit Hypnose zu beschäftigen. Also bestellte ich mir, als 16jähriger, Bücher über dieses Thema. Fasziniert über die Vielfalt und die dahinter steckenden Möglichkeiten, fing ich bereits damals an zu experimentieren. So kam ich eines Tages auf die Idee, es meinen Freunden zu erzählen. Die lachten natürlich und fingen an, Scherze darüber zu machen. Ich schmunzelte ebenfalls, und eigentlich wollte ich selbst wissen, wie weit wir als Geist fähig sind, unseren Körper zu beherrschen. Ein Freund bot sich für ein kleines, harmloses Experiment an, um einen Beweis zu sehen. Noch heute zieht es mir ein Grinsen ins Gesicht, wenn ich daran denke, was geschah.

Die experimentelle Jugendhypnose

Als ich mit meinen Freunden im Keller eines Freundes saß und wir über Unsinn sprachen, lenkte ich das Thema in Richtung Hypnose. Natürlich sorgte das für Gelächter. Keiner konnte sich vorstellen, dass so etwas funktioniert. Die Beispiele, die ich erzählte, mussten natürlich Gelächter auslösen, denn vom gackernden Huhn bis zur unbeweglichen Steifheit des Körpers war alles an Möglichkeiten vorhanden. In diesem Alter waren sowieso nur die unsinnigen Hypnosen interessant. Wie vermutet kam es durch diese Gespräche zu Ungläubigkeit und ich musste die Herausforderung jetzt wohl annehmen. Ich war sehr aufgeregt und fing an, selbst daran zu zweifeln, ob eine Hypnose klappen könnte. Jedoch überwand ich meine Ängste und stellte mich diesem gewagten Experiment. Die Abläufe für die Einführung in die Hypnose kannte ich aus den Büchern, ließ sie geistig vor meinen Augen präsent werden und in das Bewusstsein fließen. Ein bereitwilliger Freund stellte sich für ein Experiment zur Verfügung und ich dachte an etwas Einfaches, das jedoch soviel Faszination und magische Eindrücke hinterlassen sollte, dass man es einfach glauben musste. Hypnose sollte für sie zur wirklichen Realität werden. Aufgeregt und neugierig fing ich mit den Vorbereitungen an. Mit einer gespielten Selbstsicherheit, denn ich hatte eher die Hosen voll, bereitete ich alles vor, was nötig war. Also nahm ich zwei Stühle und stellte sie mit den Sitzflächen in einem Abstand von etwa eineinhalb Metern gegenüber. Ich musste damals schon sehr überzeugend gewirkt haben, denn irgendwie waren alle gebannt, und außer einem Schmunzeln kam von den Freunden nichts mehr. Auch mein Freund, der sich für dieses Vorhaben zur Verfügung stellte, war ungewöhnlicherweise sehr ruhig. Das zeigte mir, dass er daran glauben musste, was alleine schon ausreichte, um dieses Experiment zu einem Erfolg zu machen. Was ich bis zu diesem Zeitpunkt nicht wusste, war, dass durch einen Fehler, den ich gleich begehen würde, es zum einschlagenden Erfolg und prägenden Erlebnis werden würde. Es war alles bereitgestellt, die Freunde und ich in Position gebracht. Zwei saßen auf einem Sofa, zwei auf Stühlen, der Freund, der sich für das Experiment zur Verfügung gestellt hatte, saß ebenfalls ungefähr einen Meter entfernt mir gegenüber auf einem Stuhl. Alles war bereit und es wurde still, sehr ungewöhnlich still. Ungewöhnlich auch deshalb, weil es unter uns Freunden normalerweise nie still war. Ich verspürte eine starke Nervosität bis hin zu kleinen Angstattacken. Was, wenn ich es nicht schaffte und alles nur theoretisches Gequatsche war? Zeilen aus Büchern sind geduldig, und die Realität sieht immer ganz anders aus. Es gab nur einen Weg aus meiner Misere: Heraus aus der Angst und Selbstsicherheit vortäuschen. Mit einem selbstgebastelten Pendel aus einer Kette und einem darin eingefädelten Ring, fing ich an, vor den geöffneten Augen des mutigen Freundes das Pendel von der einen Seite zur anderen schwingen zu lassen. Dazu versuchte ich, mit einer etwas tieferen Stimme und langsamen Worten die Einleitung so, wie ich sie in den Büchern gelesen hatte, zu sprechen. Dabei konzentrierte ich mich auf seine Augen, die mir verrieten, in welchem Stadium der Hypnose er sich gerade befand. Ich achtete ebenfalls auf den Schluckreflex, der anzeigt, ob die Hypnose wirkt. Tatsächlich konnte ich bereits nach wenigen Sekunden sehen, dass die beschriebenen Symptome eines Alphazustandes eintraten. Das ist der Zustand, in dem der willige Geist anfängt, über den Körper zu herrschen, vorausgesetzt, der Geist möchte es so. Damals wurde mir klar, dass es einen Unterschied zwischen dem Kopfdenken und dem Alphazustand, dem geistigen Denken, gibt. Als mein Freund durch den Blick auf das Pendel müde wurde, kaum noch seine Augen offen halten konnte und meine Stimme nur mehr wie aus der Ferne wahrnahm, war der Zeitpunkt erreicht, ihn die Augen schließen zu lassen. Bis dahin lief alles glatt, doch ich freute mich über den erstmaligen Erfolg nur kurz, denn ich wusste, dass es jetzt zum nächsten Schritt kommen musste. Es war nicht gerade ein prickelndes Gefühl, sondern eher die Empfindung von: „Hätte ich nur meine Klappe gehalten." Doch es war zu spät und ein Zurück kam für mich nicht in Frage. Also suggerierte ich ihm, was mir in den Sinn kam und in den Büchern zu lesen war. Die körperliche Steife von Kopf bis Fuß sollte es sein, eine Unbeweglichkeit im höchsten Maß, steif wie ein Brett. So suggerierte ich ihm, immer wiederholend, diese Worte und ließ ihn sich zuvor vom Stuhl erheben, sodass er vor mir stand. Natürlich hatte ich mich auch erhoben und so befanden wir uns gegenüber voneinander. Er stand mit geschlossenen Augen vor mir und in einem kurzen Gedanken kam die Befürchtung, dass er mir nur einen Streich spielte und mir nur einen hypnotischen Zustand vorgaukelte. Wie auch immer, mir blieb nichts anderes übrig, als diesem Schauspiel als Mitspieler zu begegnen, ohne dessen Ausgang zu kennen oder zumindest zu erahnen. Begleitet von Hitzeschüben und einem mulmigen Gefühl, befand ich mich in einer Situation, der ich nicht gewachsen war. Trotzdem vermute ich, dass ich mit einem gezwungenen Pokerface den Anschein einer Kontrolle in den Raum brachte. Alle waren gespannt auf das, was noch kommen würde, und meinem Gefühl folgend fuhr ich mit der Faszination Hypnose fort. Meine erste, reelle Erfahrung einer von mir geleiteten Hypnosesitzung hatte begonnen. Mit einem Endresultat, das so nicht geplant war, was ich zu diesem Zeitpunkt noch nicht wusste.

Als mein Freund sich sichtlich in der Tiefenhypnose befand und sich eher anfühlte wie ein menschliches Holzbrett anstatt fleischlich und beweglich, bat ich einen anderen Freund, mir für weitere Vorgehensweisen zur Verfügung zu stehen. Ich stellte mich nun hinter meinen in Hypnose befindlichen Kameraden und befahl dem Versuchskaninchen, sich nach hinten fallen zu lassen.

Dazu sollte noch unbedingt gesagt werden, dass man in Hypnose nur so weit mitgeht, wie man selbst dazu bereit ist. Man steht im Vertrauen zum Hypnotherapeuten und ein Misstrauen gegenüber dem Therapeuten oder negativen Suggestionen führt zur sofortigen Rückkehr in das Hier und Jetzt.

Mein hypnotisierter Freund ließ sich behutsam nach hinten fallen und ich hielt dem Fall sanft entgegen, sodass er, wenn auch wie ein Holzbrett, mit seinem Kopf in meinen Händen lag. Nun bat ich meinen Helfer, sich des Fußteiles des Hypnotisierten anzunehmen. Also nahm er die Füße und hob sie an.

So standen wir da, mit unserem lebendigen Alphazustand-Brett. Die Gesichter der im Raum befindlichen Freunde waren mir eine echte Freude, hatte ich sie doch noch nie mit so weit geöffnetem Mund gesehen, zumindest nicht, wenn sie nicht gerade beim Essen waren. Das brachte mir nun eine tiefe Erleichterung und ich fühlte mich bestätigt und gestärkt, um weiterzugehen. Also legten wir unser menschliches Brett auf die vorbereiteten Stühle. Das Kopfende lag auf gerade einmal einigen wenigen Zentimetern der einen Sitzfläche, und wenige Zentimeter der Fersen befanden sich auf der Sitzfläche des gegenüberstehenden Stuhles. In diesem Moment fingen die anderen Freunde an zu zweifeln und meinten, dass dies keine Kunst sei. Das könne jeder und es sei noch lange kein Beweis dafür, dass der Körper im Alphazustand wesentlich mehr leisten kann als im Wachzustand. Also setzten wir noch einen drauf, ich war natürlich selbst neugierig, wie weit wir das noch auf die Spitze treiben könnten. Dafür bat ich einen Freund, sich auf den Hypnotisierten draufzusetzen. Genau auf den Mittelpunkt zwischen dem einen und dem anderen Stuhl. Nun saß er auf dem liegenden Körper, der so steif wie ein Brett war. Dieses menschliche Brett schlief dabei, als wäre rings herum nichts im Gange. Doch immer noch waren meine Freunde nicht überzeugt, oder sie hatten einfach nur Lust, diese Situation zu nutzen, um Schabernack zu treiben, wobei ich eher auf Zweiteres tippe. Sie bestanden darauf, das Gewicht auf dem Mittelpunkt zu erhöhen. Ohne lange zu fragen, standen sie zu dritt auf meinem armen Freund, der unter Hypnose nun eher die Stärke eines Hartholzes aufweisen musste, um diesem Gewicht überhaupt standhalten zu können. Ohne wirklich selbst daran glauben zu können, waren ab diesem

Zeitpunkt, mit drei Leuten auf dem steifen Körper, die zusätzlich auch noch durch Wippen versuchten, diesen Zustand zu durchbrechen, meine Zweifel beseitigt. Aber das war noch lange nicht das Ende der Fahnenstange! Ich fühlte mich so derart überzeugt und bestätigt, dass mir durch die erlangte Selbstsicherheit ein Fehler passierte.

Als nun der Beweis erbracht war, dass der Geist über den Körper herrschen kann, fing ich an, die Resuggestionen einzuleiten und vergaß einen wichtigen Faktor: So wie die Einleitung erfolgte, muss der Hypnotisierte auch wieder aus den vorherigen Suggestionen herausgeführt werden. Zwar sagte ich ihm, dass er nach dem Rückwärtszählen von fünf auf eins wieder im Hier und Jetzt sei, aber mir kam nicht in den Sinn, dass er kein Brett mehr sein sollte! Blöder Fehler! Denn als er aus der Hypnose erwachte, war er immer noch das Brett, zu dem ich ihn gemacht hatte. Er lag zwischen den beiden Stühlen und konnte sich nicht rühren. Er begann zu schimpfen und sagte, ich solle ihn daraus befreien, doch dazu fiel mir vor lauter Schreck nichts ein. Ein Schock durchfuhr mich und ich suchte gedanklich nach einer sofortigen Lösung. Doch die gab es nicht! Ihn in diesem erregten Zustand wieder zurück in die Hypnose zu führen, war unmöglich. Schon gar nicht, weil alle anderen Freunde sich vor Lachen die Bäuche hielten. Es war aus dem Ruder gelaufen! Doch mir fiel ein, Gott sei Dank, dass in den Büchern stand, dass nach einigen Minuten der Normalzustand von selbst wieder eintritt, auch wenn Resuggestionen nicht ordnungsgemäß durchgeführt wurden. Das erzählte ich ihm und es kehrte eine Erleichterung ein. Die anderen Freunde nutzten die Situation noch und stiegen ein weiteres Mal auf das bereits muntere menschliche Brett, um zusätzlich Fragen stellen zu können, zum Beispiel, wie er den Zustand in der vollen Bewusstheit fühlte. Um so erstaunter waren sie, als er bestätigte, dass er das Gewicht von den Dreien zusammen - und das waren sicherlich gute 180 Kilo auf seinen Hüften und dem Bauch - überhaupt nicht wahrnehme.

Diese Geschichte hat mein Leben, zumindest teilweise, beeinflusst, wenngleich das Experiment einerseits mit Unwohlsein verbunden war, durch die Angst der Unwissenheit. Andererseits gab es mir eine Bestätigung, die mein Leben in eine bestimmte Richtung wies und mir noch viele Abenteuer in Bezug auf Körper, Geist und Seele bescherte. Meinem menschlichen Brett-Freund ging es natürlich nach einigen Minuten wieder wie gewohnt. Die anderen Kameraden hatten versucht, dies im Tagesbewusstsein nachzumachen. Sie schafften es nicht einmal, in dieser Position (mit den Füßen und dem Kopf auf den Sitzflächen der Stühle) zu liegen, und steif zu liegen schon gar nicht, nicht einmal ansatzweise.

Das Resultat

Wenn nun eine Suggestion während der Hypnose greift und den Körper eines Menschen nach Beendigung noch beeinflusst, dann sollte man sich die Frage stellen, wer den Willen trägt. Ist es der Körper oder in diesem Fall der Geist? Wenn es der Geist ist, weshalb wird die geistige Stärke eines Menschen im alltäglichen Leben ignoriert?

Für meinen Freund war alles stimmig, was in der Hypnose passierte. Er wusste was geschah und ohne den freien Willen wäre eine Hypnose unmöglich, auch wenn man bereits in diesem Zustand verweilt. Eine nicht gewünschte Suggestion würde den Hypnotisierten sofort aus seinem Zustand bringen. Also was veranlasste meinen Freund, das alles geschehen und seinen Geist über den Körper herrschen zu lassen? Er erhielt Kräfte, die weit über die Norm hinausgingen. Das alles ist keine Hexerei und auch der Wissenschaft bekannt. Meine tiefe Überzeugung ist es, dass der Geist das eigentliche Leben ist. Es kann nicht anders sein. Nach dem Ableben, oder besser nach Ablegen des Körpers, ist die Existenz noch lange nicht vorbei. Eigentlich beginnt das Leben dann erst, jedoch in einer anderen Form des Bewusstseins. Die Herausforderung für die Menschen ist es, eben diese Kräfte, die wir bereits in uns tragen, auch zu leben. Vorausgesetzt, wir lassen unserem Geist, in seiner Rolle hier auf Erden, unbeeinflusst den Vorrang. Unbeeinflusst sind wir zu unglaublichen Resultaten fähig! Der menschliche Geist hat eine Kraft, die die Vorherrschaft des Lebens beinhaltet. Wir selbst entscheiden, ob wir weiter in einem tiefen Schlaf oder mit einem absoluten Bewusstsein unsere tägliche Existenz bestreiten. Solange wir uns von äußeren Einflüssen manipulieren lassen, solange sind wir gelenkte Schlafwandler. Das Fatale daran ist, dass wir nicht nur unsere Bewusstheit sind, sondern auch die Bewusstheit aller Einflüsse.

Die Hypnose ist nicht der Schlafzustand

Fälschlicherweise, darauf möchte ich eindringlichst eingehen, glauben die meisten, dass der hypnotische Zustand ein schlafender und der des Tagesbewusstseins der Wachzustand sei. Dem ist absolut nicht so. Hiermit widerspreche ich der allgemeinen, wissenschaftlichen Theorie oder deren Aussagen. Das Tagesbewusstsein ist der geistig schlafende Zustand und der hypnotische, also der Alphazustand, ist der eigentliche Wachzustand. Die Tatsache, dass wir diesen wachen Zustand in einer entspannten Situation erreichen, bedeutet nicht, dass wir schlafen. Es ist nur ein ähnlicher Zustand, der einer Regeneration, des Kräfte Sammelns. Fakt ist, dass wir unserem Geist näher kommen.

Was wäre eigentlich, wenn der Mensch es schaffen könnte, diesen Zustand und die Fähigkeiten, die wir während einer Hypnose haben, in das Tagesbewusstsein zu integrieren und die geistige, innenliegende Kraft jederzeit nutzen zu können? Was wäre, wenn uns dies zu einem Supermenschen mit ungeheuren Fähigkeiten machen würde? Die Menschen wären in der Lage, alles zu erkennen, zu erfühlen, persönliche Schmerzen und Leiden zu kontrollieren, sich genesen zu lassen, frei von Angst zu sein, die vergangenen Leben als gegenwärtige zu integrieren, die körperliche Belastungsfähigkeit enorm zu erhöhen, Zugriff auf die Akasha zu erlangen und noch vieles mehr. Das ist das Stadium, das man Erleuchtung nennt, ein

Zustand, den so viele Menschen versuchen zu erlangen! Das ist das größte Ziel zur Befreiung von Mensch und Erde und wir sind nur eine Haaresbreite davon entfernt. Wenn wir mit einem Fingerschnipsen in den Alphazustand gelangen, weshalb schnipsen wir nicht mit den Fingern?

Gott bewahre uns und genau das hat er gemacht!

Die Gefahr einer Erleuchtung in der irdischen Existenz

Der Mensch ist ego-, lust- und suchtgetrieben. Es gibt genügend Leute, die, vom Ego getrieben, versuchen, die Erleuchtung zu erlangen. Dazu gibt es Riten, Übungsvorgaben sowie Geräte. Doch Vorsicht sei geboten! Der Wahnsinn steckt dahinter! Wie, glaubt ihr, ist es möglich, dass es eine handvoll Menschen gibt, die die Welt regieren? Sie kennen das Spiel und die Macht des Geistes! Sie nutzen diese Macht, um an Macht zu gelangen. Solange das negative Ego die Schnüre in der Hand hält, ist dieser Mensch als erleuchtet wandelnde Marionette auf dieser Welt. Das göttliche und natürliche Gleichgewicht kann nur durch die exakte Ausgewogenheit von Körper, Geist und Seele erlangt werden. Das unnatürliche Gleichgewicht ist das Ergebnis der, durch Rituale und künstliche Mechanismen herbeigeführten, Pseudo-Erleuchtung. Durch kurzzeitige Erscheinungen eines Gefühls der Erhobenheit werden viele in die Irre eines Machtrausches getrieben. Meist fängt es mit kleinen Schritten an, die Macht, die dahinter liegt, zu spüren. Als nächster Schritt folgt der Wunsch, das auch erlangen zu wollen. Schlussendlich kommt es zu einem Gefühl des „Besser als andere zu sein", wenn auch nur kurzfristig. Sobald diese Gefühle der kurzfristigen Erleuchtung verschwinden, fühlt man sich leer und unvollkommen, gefolgt von möglichen Depressionen und einer Todessehnsucht. Es verliert sich der Sinn des Lebens. Ab diesem Zeitpunkt ist man offen für den großen Abgrund dieser Welt. Man bietet seine Seele für ein Wiedererlangen dieses Gefühls an, wenn auch unwissentlich und nur sehr selten wissentlich. Wer für ein Erlangen dieser Macht Rituale oder Symbole, die aus alten oder neuen Überlieferungen stammen, nutzt, bindet sich an ein vorgefertigtes System. Wer sich derart bindet, verliert seine individuelle Eigenschaft als Seele und verhindert den Zugang zur wahren Grundlage der Existenz. Dieser Trend der mystischen Seelenverkäufe befindet sich zur Zeit an seinem Höhepunkt auf Erden. Die teuflische Irreführung ist verpackt als Erlösung der Menschheit. Ab diesem Zeitpunkt entfernt sich die Menschheit immer weiter von dieser Erlösung, von der Haaresbreite nun hin zur Unerreichbarkeit.

Es verhält sich wie bei einem Kredit: Die Verlockung, sich durch das sofort zur Verfügung stehende Geld augenblicklich etwas leisten zu können, ohne einen vorherigen Einsatz dafür bringen zu müssen. Ob es nun ein Haus oder ein Auto ist, spielt dabei keine Rolle. Fakt ist, dass man dafür bezahlen muss - wesentlich mehr, als man bekommt. Die Zinsen, die man dafür bezahlt, sind in der Regel höher als der Betrag, den man erhält. Dabei richtet sich der Zins nach dem, was man zu bieten hat. Egal, aus welcher Sichtweise man es betrachtet, es bleibt eine Schuld, die es zu begleichen gilt. Das ist die Bindung, die den Menschen ein Leben lang verfolgt. Er wird gezwungen zu arbeiten, um zu existieren. Er ist genötigt zu funktionieren. Unter solchen Bedingungen kann sich kein Geist befreien. Ebenso verhält es sich mit den vorgefertigten Erleuchtungsmaßnahmen, denn diese dienen der Entleuchtung.

Der Weg zur göttlichen Seelen- und Geistesannäherung

ist der Weg der Auflösung, von der negativen Egobehaftung hin zur bewussten Egoanbindung. Die negative Egoanhaftung ist das irdisch-menschlich manipulierte Bewusstsein der Existenz. Du hast zu essen, zu trinken, gesellschaftlich zu funktionieren, eine religiöse Anbindung an eine Glaubensgemeinschaft und eine politische Meinung zu haben, sowie einen höchstmöglichen Standard, hohes Ansehen im Umfeld und vieles mehr vorzuzeigen. Eben alles, was einen moralischen Menschen ausmacht, auch wenn es im höheren Sinne unmoralisch ist. Dies ist hier auf Erden energetisch so derart verankert, dass man dem nicht oder nur schwer entkommen kann. Man giert nach Vorbildern, identifiziert sich als das, was man nicht ist. Sei es nun ein Schönheitssymbol (was unter Riten und Symbole fällt), sei es Reichtum als Selbstbestätigung oder die Unterwerfung von Menschen, um sich als Machthaber zu fühlen. All das und noch viel mehr ist negativ behaftet. Trotz alledem ist es in dieser Welt zu fast 100 Prozent vertreten.

Dies steht im Gegensatz zum bewussten Ego, was wirkliches Ich-Bewusstsein bedeutet, welches die Annäherung zu einem offenen Geist ermöglicht und die eigentliche Brücke zur Seele ist. Sie ist unabhängig, frei von vorgefertigten, moralischen oder unmoralischen Glaubenssätzen. Ein neuer moralischer Glaubenssatz entsteht aus einer reinen und freien Seelenessenz, der göttliche Hauch, der die Symbiose aller Existenzen beinhaltet. Es ist eine übergeordnete Moral, die den Menschen das Sehen, Hören und Fühlen neu erfahren lässt und über allem steht. Was gleichermaßen bedeutet, ein Blinder wird sehend, ein Tauber wird hörend und ein Toter wird wieder lebendig. Es geht nicht darum, was wir auf Erden menschlich gesehen repräsentieren, sondern darum, was wir geistig-seelisch sind. Weshalb sind die wirklich Erleuchteten nicht mehr irdisch gebunden? Weder finanziell, materiell, noch an fleischlichen Gelüsten anhaftend? Jeder von ihnen trug oder trägt die Schönheit des reinen Gefühls in sich. Das Fühlen der eigenen Existenz, ohne nach Vergleichbarem zu suchen. Das „man selbst sein" ist vollkommen ausreichend. Alles Fremdintegrierte würde wie eine Energie der Zerstörung wirken. Wer die Unsterblichkeit erfahren hat, verliert die Angst vor dem Tod, weil er weiß, dass ein endgültiger Tod nicht existiert.

Die persönliche Entscheidung

bringt den Schritt in die vorherrschende Position: Den Weg des irdischen „ich bin“ oder den des seelisch-geistigen „ICH BIN“ zu gehen. Diese Entscheidung kann dem Menschen nicht abgenommen werden und das ist auch nicht unbedingt nötig. Einer der größten Irrglauben ist es, dass die Welt zu lauter Erleuchteten erhoben werden sollte. Nun, aus welcher Sichtweise sollte man das sehen? Aus der Sichtweise des Menschlichen oder aus der des Göttlichen? Ist eine neue Realität nicht die Realität der Erfahrung? Die, woraus der Mensch gelernt hat? Er endlich erlernt hat, die Welt als Gesamtheit zu achten? Eine neue Bewusstseinsstufe zu erlangen, kann nur durch die Annäherung an die reine, göttliche Essenz stattfinden. In dem Augenblick, in dem so viele Menschen auf dieser Welt leben, die als dieses Bindeglied erkannt werden, wird sich die Welt ganz von selbst erheben. Bis dahin ist jeder einzelne in der Systemgefangenschaft. Die Menschen sind gebunden über viele Reinkarnationen, aus Illusion geboren, um in einer Welt der ewigen Herrschaft zu dienen.

Eine Fahrt ins Ungewisse oder der Irreführung gehorsam

Eine der größten Errungenschaften in der jetzigen Welt ist die technologisierte Welt. Diese Münze hat zwei Seiten. Zum einen erleichtert sie viele Dinge und andererseits werden Menschen von Informationen schneller erreicht. Ausschlaggebend dabei ist, was bei uns ankommt. Wenn es nur eine Münze mit zwei Seiten ist, wird, ob so oder so, das erreicht, was erreicht werden soll. Einzig die Wege, die beschritten werden, sind unterschiedlich. Diese Schnelligkeit der digitalen Möglichkeiten hat bereits alle Menschen infiziert und wird es auch weiterhin tun. Selbst wenn die Endresultate dieselben sein werden, ist die Frage gerechtfertigt, wie die Wege aussehen werden. Es ist schnell und einfach erklärt: Entweder durch die Resultate der Erfahrung oder durch die geistige Neuorientierung. Wie oben erwähnt: Der Blinde wird sehend, der Taube wird hörend und der Tote zum Leben erweckt. Natürlich ist das als Metapher zu sehen.

Ersteres ist klar, denn es ist die Situation, in der wir uns gerade befinden. Der Mensch macht Fehler und er lernt daraus. Das kann und wird auch so weit gehen, dass sich der Mensch an dem Punkt der Zerstörung dieser Zivilisation befindet. Unausweichlich! Was ist die Erfahrung, die daraus gemacht wird? Es das nächste Mal besser zu machen. Bemerkenswert dabei ist, dass es nur diejenigen trifft, die sich diesem Szenarium angeschlossen haben. Also jene, die es durch unbewusste Handlung akzeptieren und wenn es nur ein: „Ich alleine kann ja nichts dagegen machen!“ ist. Die andere Möglichkeit ist, eine Kehrtwende einzuleiten. Das sind Seelen auf der Erde, die versuchen, in eine harmonisch-göttliche Symbiose zu gelangen. Technologie spielt dabei eine wichtige Rolle, denn alles, was bei einer so großen Zahl an Menschen auf diesem Planeten einer Erleichterung im Alltag dient, kann sinngemäß zu einer positiven Wende beitragen. Wenn man sich die heutige Welt ansieht, erkennt man, dass sich diese durch zwei Extreme, also die eine und die andere Seite der Medaille, bemerkbar macht. Einerseits diejenigen, die dem Müll des Internets folgen und andererseits diejenigen, die es nutzbringend zum Wohle aller verwenden. Jeder kennt die Situation, in der man eine Entscheidung einer Münze überlässt. Jemand hat eine Münze in der Hand, schnippst sie mit dem Daumen nach oben und lässt sie mit einer Rotation auf den Boden fallen. Je nach dem, welche Seite der Münze nach oben zeigt, hat diese gewonnen. Zur Zeit liegt die Seite der Erfahrung oben, die Seite der schmerzhaften Selbsterfahrung. Die einzige Möglichkeit, die Münze neu auszurichten, um das Blatt zu wenden, ist, sich dem Beispiel einer Anzahl von Menschen oder Seelen, die richtungsweisend harmonisch leben, anzuschließen. Um diesem Ziel zu folgen, bedarf es nun wieder einer sorgsamen Entscheidung. Diese kann man nur durch intuitives Erfühlen und durch einen reinen Geist erkennen. Die gute Nachricht ist, dass allein die bewusste Entscheidung euch automatisch dorthin führt. So wie jede Selbsthypnose wirkungsvoller ist als eine Fremdhypnose, so steht euer Wille über dem Willen der manipulierenden Macht eines anderen. Ab dem Zeitpunkt eurer Entscheidung läuft das Rad eures Schicksals. Die Wege, die euch in Abwege geleitet haben, werden euch bewusst vor Augen geführt. Ihr werdet anfangen zu sehen. Alles, was ihr gehört habt und euren Geist vergiftete, wird euch die Wahrheiten hören lassen. Alles, was euer Fühlen tötete, wird euch neu fühlen lassen. Es bedarf nur eurer Entscheidung.

Die menschlich-geistige Konsequenz

Wie tiefgreifend Entscheidungen sein können, ob bewusst oder unbewusst, sieht man daran, dass sie euer Leben lenken. Ob ihr es nun aus dem gedanklichen Szenarium wollt oder nicht.

Vor etlichen Jahren, ich war damals um die 32 Jahre alt, eröffnete ich in Deutschland eine hypnotherapeutische Praxis. Zu dieser Zeit war Hypnose noch sehr unbekannt. Man hatte zwar davon gehört, schob sie jedoch in die Richtung Mystik. Im weiten Umkreis war ich wohl der einzige, der sich in diese Richtung bewegte. Es gab zwar einige wenige, die Diskothekbesuchern eine Show boten, nur wirklich positive Anwendungen waren sehr selten. Es war nicht verwunderlich, dass mein Terminkalender gut gefüllt war. Von Raucherentwöhnung bis zur Rückführung war so ziemlich alles dabei. Die Praxis hatte ich nicht lange, da sich mir aus dem angeblichen Leiden der Menschheit nichts Neues zeigte, zumindest zu diesem Zeitpunkt. Erst viel später konnte ich es aus einer anderen Perspektive sehen und erkennen. Einige Fälle sind mir jedoch ins Auge gesprungen und zeigten mir eindeutig, wie sich Menschen selbst verletzen, um anderen zu schaden und das gesteuert aus dem Unbewussten, den Körper als Machtinstrument benutzend.

Ich gehe keinen Schritt mehr

dachte eine Frau und der Geist reagierte.

Es klingelte und als ich den Hörer abnahm, war jemand aus der Nachbargemeinde am Telefon. Ein Mann bat um einen Termin für ein Erstgespräch, um zu erfahren, ob seiner Frau mit einer Hypnose geholfen werden könne. Sie hatte vor einigen Jahren einen Anfall und konnte seither nicht mehr gehen und nur unverständlich sprechen. Wie besprochen, kamen sie einige Tage später zu dem vereinbarten Termin. Als ich ihnen die Türe öffnete, sah ich ein reiferes Paar. Ich schätze, dass beide so um die 65 Jahre alt waren. Der Mann sah, obwohl er von der Gesichtsmimik her genervt aussah und Durchsetzungskraft zeigte, sehr weich aus. Die Frau war körperlich vollkommen verdreht. Für ihren Rollstuhl waren die vorhandenen wenigen Stufen hinderlich, also halfen wir ihr gemeinsam über die Treppen. Dabei fiel mir ihre Körperstellung ins Auge. Die Beine waren aus der Gleichstellung gebracht, die Hüfte verdreht, das Rückgrat dadurch gekrümmt und der Kopf nach vorne gedrückt, als würde sie den Hals strecken wollen. Nachdem die beiden mühselig den Platz in der Praxis eingenommen hatten, fingen wir mit Fragen und Antworten an. Durch die Eindeutigkeit, die daraus entstand, war klar, dass es einige Sitzungen brauchen würde. Eine Besserung musste ich im Raum stehen lassen. Trotzdem war es der Dame ein Bedürfnis, die Sitzungen einzuleiten. Wir machten einen neuen Termin, um bald, wie sich zeigte, Unglaubliches erfahren zu dürfen.

In den ersten Sitzungen ging es nur darum, die Frau in einen tieferen Alphazustand führen zu können. Für das, was ich vor hatte, brauchte es sehr viel Vertrauen und nichts durfte bei der Dame Zweifel auslösen. Also ging ich mit kleinen Schritten in diese Thematik und ließ immer wieder Kleinigkeiten in die Suggestionen mit einfließen. Dabei ging es eher um Nichtigkeiten. Die Praxis lag an einer Straße und man konnte manchmal Autos fahren hören. Diese störten sie und in einer der ersten Sitzungen bewirkte eine dementsprechende Suggestion für die Dauer des Zustandes, dass sie die Autos wie aus der Ferne hörte, ohne sie als störend zu empfinden. Bis die Hypnose durch etliche Sitzungen gefestigt war, ging ich nie auf ihre Einschränkungen ein. Auch wenn sie mühevoll ihre Beine leicht bewegen konnte, so konnte sie sich nicht auf den Beinen halten. Ihr Sprachsystem war so beeinträchtigt, dass man anfänglich gut zuhören musste, um sie zu verstehen. Ohne dass in den Suggestionen darauf hingewiesen wurde, konnte sie im hypnotisierten Zustand fast fließend und eindeutig sprechen. Kaum aus dem Alphazustand entlassen, war wieder alles beim Alten.

Der Zeitpunkt war gekommen, um das geplante Vorhaben in die Realität umzusetzen. Wie gewohnt klingelte es an der Tür und wie jedes Mal stand das Pärchen vor der Treppe. Alles verlief nach einem Schema. Es wurde für die beiden zur Gewohnheit. Die Frau freute sich auf meine monoton angelegte Stimme, den geistigen Ausflug in einen Ruhepol, mit visualisiertem Strand, dem Meer und Bäumen. Sie wusste, dass immer wieder etwas dazukam. Ohne sich darüber wirklich Gedanken zu machen, begab sie sich durch vollkommenes Vertrauen in meine Hände. Sie saß nun in der Praxis auf dem gemütlichen Sofa und ließ sich fallen. Die Einleitung wurde verkürzt mit einer gesetzten, post-suggestiven Aussage. Es dauerte nur wenige Sekunden, bis sie in einem gewünschten tiefentspannten Alphazustand war. Dann kam meine neue Suggestion: „Stehe auf und gehe mit sicheren Schritten, ohne jegliche Hilfe. Dabei fühlst du dich wohl und erleichtert. Du spürst die sicheren Schritte. Du öffnest deine Augen, ohne aus deinem Zustand zu gelangen." Sie stand auf, machte einen Schritt und öffnete die Augen. Sie sah entspannt aus, fast leuchtend und leicht. Natürlich hatte sie nicht dieselben Schritte wie vor ihrer Einschränkung. Doch es war ein unglaublicher Erfolg. Auch wenn ich nicht daran zweifelte, dass es ein Erfolg sein würde, fing die wirkliche Arbeit jetzt erst an. Man darf niemanden zur Genesung führen, wenn die Wurzel der Einschränkung oder Krankheit nicht durch Erkennen zu einer Auflösung führt. Dies gilt für jegliche Art der Heilung! Alles andere wäre nur eine geistige Prothese und eine Blindheit der Seele gegenüber. Auch wenn der Körper sich gesund anfühlt, bleibt die geistige Narbe haften. Sie wird kaschiert wie mit Make-up auf einem vernarbten Gesicht. Man kann sie nicht sehen und trotzdem ist sie vorhanden.

Der nächste Schritt war, die Verknüpfung zum Auslöser der Einschränkung zu finden. Ich ließ die Dame sich auf das Sofa setzen, ohne den Alphazustand zu unterbrechen. Nun durfte sie sprechen und sollte tief aus ihrem Unterbewusstsein alles herauslassen, was zu diesem Ereignis geführt hatte. Das Ergebnis war beeindruckend! Sie erzählte unter extremen Emotionen von der Knechtschaft unter ihrem Mann, der seit Jahrzehnten nur an sich gedacht hatte: „Trotz meiner ständigen Mühe um Haushalt und meinen Friseurladen, stand immer mein Mann im Vordergrund. Er leistete sich alles und ich musste trotz eigenem Verdienst auf alles verzichten. Mein Mann kaufte sich neue Autos, machte Reisen und gönnte sich alles, was er wollte und im finanziellen Rahmen lag, obwohl der Rahmen auch an meine Tasche angelehnt war. Eines Tages wollte ich den Spieß umdrehen und wünschte mir eine neue Küche. Die gegenwärtige war sehr alt und schon längst war eine neue fällig. Doch mein Mann entgegnete, dass es nicht möglich sei. Er bräuchte das Geld für das neue Auto und deswegen wäre eine neue Küche keinesfalls leistbar. Mein Ärger steigerte sich von Tag zu Tag. Ich wollte ihm alles heimzahlen und diese Rache für sein Verhalten sollte ihn genauso knechten, wie ich seit Jahrzehnten geknechtet worden war. Eines Tages gingen wir gemeinsam spazieren. Auf dem Weg nach Hause kam es zu einer Diskussion, die mein Mann nicht hören wollte und er ging mit schnelleren Schritten vorne weg. Ich war so erbost über seine Reaktion, dass ich mir sagte: „Es reicht!". In diesem Augenblick kam es zu einem Gehirnschlag und ich lag regungslos am Boden."

Ab diesem Zeitpunkt wurde der Mann gebunden. Er musste kochen, das Haus sauber halten und die nötigen Besorgungen erledigen. Unter Zwang musste er den Bedürfnissen seiner Frau nachgeben.

Nach diesen Erkenntnissen holte ich sie aus der Hypnose, mit der eindringlichen Suggestion, sich an alles erinnern zu können. Im Hier und Jetzt wieder angelangt, waren ihre Fähigkeiten immer noch vorhanden: Sie konnte gehen. Die nächste Hürde war, ihren Mann einzuweihen. Nach kurzem Zögern stimmte sie zu. Als ihr Mann nach der vereinbarten Zeit in die Praxis kam, ging ihm seine Frau ohne jegliche Hilfe entgegen. Es war ein sehr eindrucksvoller Moment. Ihr Mann blieb mit weit geöffnetem Mund vor ihr stehen und fing an zu weinen. Ihm liefen die Tränen über sein Gesicht und bei der Umarmung tränkte er seine Frau damit. Es war ein wirklich heiliger Moment und von unvergleichlicher Schönheit. Ich bat beide in der Praxis Platz zu nehmen, damit er eingeweiht werden konnte. Sie erzählte von ihren jahrzehntelangen, seelischen Qualen. Er hörte ohne Rechenschaft abzulegen zu, als würde er zur Erkenntnis geführt. Die beiden standen nach dem Gespräch auf und verließen mit großer Freude die Praxis.

Es dauerte einige Monate und ich wunderte mich nicht, als wiederum der Mann am Telefon war. Verzweifelt sagte er mir, dass alles wieder beim Alten sei und seine Frau nun alles verweigere. Nur aus einem kleinen Streit war erneut eine dauerhafte Feindschaft mit weitreichenden Konsequenzen geworden.

Je länger die Sucht, desto größer die Last

Sucht ist eine nicht loslassende Gewohnheit, mit der Bindung auf unbestimmte Zeit. Niemand kann sagen, wie lange es dauert, bis eine Gewohnheit nicht mehr gewöhnlich sein sollte. Die Dauer einer Bindung wird zur Belastung, vorausgesetzt, man lässt die Gewohnheit zu. Eines der negativen Merkmale der irdischen Zivilisation ist die Bindung und dieser geht, so wie in dem vorherigen Ereignis aufgezeigt, eine Gewohnheit voraus. Das ist eine der größten paradoxen Eigenschaften. Der freie Wille, gleich dem freien Geist, bindet sich. Eine Bindung enthält immer eine Einschränkung oder einen herrschbegierigen Geist. Der herrschbegierige Geist ist der Unterdrücker und der eingeschränkte Geist der Unterdrückte. Wenn diese Dualität nicht wäre, würde man auch keine Bindung benötigen. In diesem Fall braucht man nur auf Bindungen verzichten und den freien Geist als seinen Begleiter wählen. Hat man den freien Geist, kann man einen Begleiter oder Partner auf seinem Weg wählen. Man begleitet oder lässt sich begleiten. Doch wenn sich der Weg zweigt, hat jeder die Freiheit, unbeeinflusst seinen Weg zu wählen. Je älter man wird, desto schwieriger wird es, sich dem hinzugeben. Das Ende der irdischen Daseinsform rückt näher und somit versucht man, am Leben festzuhalten. Festhalten geht nur bei den Dingen, die selbst erschaffen oder geschaffen wurden. Dazu gehört auch das Vertrauen. Den meisten ist es nicht klar, wie sehr Vertrauen von einer Illusion behaftet sein kann. Nur Kinder erleben unbewusst die Leichtigkeit, alles so zu nehmen, wie es ist. Als drei-, vier- oder fünfjähriges Kind ist es noch sehr einfach. Einmal haben Kinder den einen und im nächsten Augenblick einen anderen Spielpartner, ohne sich Gedanken zu machen. Bereits um das fünfte oder sechste Lebensjahr beginnt der Neid. In der Pubertät, wenn die geistige Verstörtheit beginnt, durch einen moralisch anerzogenen Komplex, zeigt sich die Lust nach Sucht. Das Verlangen nach Bindung zieht seine Runden. Sie soll herzerfüllend sein und der Vorstellung einer perfekten Beziehung entsprechen. Die Vielfalt an Illusionen ist unbegrenzt. Es ist schon fast unglaublich, welche Auswirkungen das auf das Leben hat. Das Leben ist nichts anderes als eine illusorisch vorgefertigte, zum Scheitern verurteilte Manifestation. Einmal gescheitert, nimmt man Kurs auf das nächste Trugbild. Ungeahnt baut sich, ohne es zu erkennen, die nächste Illusion auf und viele gehen dann in Richtung Benommenheit. In einer Benommenheit ist der Geist unfähig, und klar zu denken ist ausgeschlossen. Die Endlosschleife hatte Erfolg und bindet die Seele an ein dunkles Loch. Zugleich stellt sich die Sucht ein. Wenn auch unbewusst, wirken sie, die süchtig machenden Elemente. Wir sprechen hier von einer Vielzahl solcher Situationen und Substanzen: Ob Drogen, Sex, Alkohol, Essen, Internet, Handy, Schönheitswahn, Sport, Arbeit, Beziehung/en, alles, was man benötigt, um den geglaubten Frieden zu finden, wird sich auf kurz oder lang als fatale Illusion bestätigen. Mag sein, dass hier einige widersprechen, womöglich deshalb, weil diese Formen von Süchten verändert werden können. Ihr könnt beliebig zwischen Süchten hin und her springen. Die heutige Auswahl ist ungeheuer groß. Alleine die Unterhaltungsindustrie sorgt für eine passende Alternative, die lebensfüllend sein kann. Ebenfalls die Sexindustrie ist so gewieft und simuliert lebensnahe Gefühlserotik in Hülle und Fülle. Sofern man möchte, kann man alles haben. Wenn das nun alles so toll ist, was einem versprochen wird, weshalb wird dann die Menschheit immer kränker?

Habt ihr euch euer Paradies anders vorgestellt, als es ist oder lebt ihr die Vorstellung einer im Hintergrund gut fundierten Organisation? Wenn es eure Vorstellungen sind, die euch dazu getrieben haben, eine Sucht einzugehen, dann fragt euch, woher ihr diese Illusion kennt? Kam sie spontan aus euren Köpfen oder habt ihr eine Animation dazu in den Medien gesehen? Eher zweiteres. Jeder Mensch, der sich dieser Illusion bewusst ist, ist ein erwachter Geist, was nicht bedeutet, dass dieser erwachte Geist gleich perfekt mit diesen Situationen umgehen kann. Ab diesem Zeitpunkt stellt er sich den Süchten und Bindungen und versucht, sich davon zu lösen. Eltern sollten bereits ihre Kinder im frühen Alter darauf aufmerksam machen. Denn je älter sie werden, desto schwieriger wird es!

Ihr werdet manipuliert und ihr manipuliert

Eine Hand wäscht die andere. Nur, mit was wird die Hand gewaschen? Das egoistische Wesen steckt in allen Menschen, obgleich eine Toleranzgrenze gezogen wird. Jeder hat seinen eigenen Sinn und sein eigenes Verständnis dafür, sein Leben zu gestalten und zu regeln. Unbewusst ist jedoch alles im Leben durchgehend vorgefertigt und es muss auch so sein. Würde man den Menschen tatsächlich alle Freiheiten gewähren, würde das absolute Chaos ausbrechen. Die Autobahnen wären eine Rennstrecke für die die Schnelligkeit Liebenden. Menschliche Kontrollfunktionen wären ja aufgehoben und somit die Bahn frei, um an seine Grenzen zu gelangen. Rücksicht würde dabei Nebensache und der Geblendete verdränge Gefahren gegenüber Dritten. Wären tatsächlich alle Einschränkungen aus der Welt geschafft, wäre es der Untergang der Menschheit. Solange ihr noch im Schlafmodus seid, werden sich eure Wahrnehmungsrhythmen nicht ändern.

Geld ist der Kraftstoff der Knechtschaft, und nur angesichts der Kontrolle schafft es ein unkontrolliertes Ungleichgewicht. Ein paradoxes Element: Geld muss kontrolliert werden, obwohl es dadurch ein Ungleichgewicht erzeugt. Trotzdem bindet sich ein jeder gezwungenermaßen an finanzielle Sicherheiten, soweit es überhaupt möglich ist. Die Gedanken kreisen tagein tagaus um Geld. Auch wenn man sich daraus befreien möchte, kreisen die Gedanken um Geld. Zwar in der Form, wie man es so weit wie möglich ohne Geld schafft, sein Leben zu bestreiten, doch die Energie, die dahintersteckt, ist dieselbe. Somit können sich beide Fraktionen die Hand geben. Das eine ist nicht viel besser als das andere. Seid ehrlich zu euch selbst! Jeder Mensch hat Bedürfnisse und Ansprüche. Auch wenn man nur sehr wenig Geld benötigt, ist die Abhängigkeit bis zu einem gewissen Punkt immer vorhanden. Solange es nur wenige gibt, die es geschafft haben, aus dieser Thematik herauszukommen, ist noch alles in Ordnung. Doch was wäre, wenn sich das in dieser Welt größtenteils durchsetzen würde? Die Weltwirtschaft würde zusammenbrechen, Hungersnöte würden entstehen, Kriminalität wäre die neue Weltherrschaft und die Katastrophe wäre perfekt. Wenn so etwas funktionieren könnte, dann nur, wenn ein globales Verständnis für alles und jeden vorhanden wäre. Hier geht es um eine globale Empathie. Dafür bräuchte es Jahrzehnte, wenn nicht gar Jahrhunderte, um eine Neuordnung in diese Richtung einzuleiten. Doch dazu sind die meisten Menschen nicht fähig, und es fehlt das Verständnis für das große Ganze. Nur ein bereits erwachter Geist kann das Dahinter erkennen und setzt dabei seine Schritte fast ungesehen. Diese kleinen Schritte, gerade weil sie fast unerkannt bleiben, werden keine Widersacher auf sich ziehen. Wenn die Resultate der kleinen Schritte erkannt werden, entzünden sie damit ein Bewusstseinsfeuer.

Es gibt nur zwei Möglichkeiten, die sich anbieten, um die Erde und den Menschen im Rhythmus zu halten: Die eine, die wir zur Zeit haben, also die Kontrolle über die Menschheit, um Chaos und Kriminalität weitgehend zu vermeiden, oder die andere, das Erwachen der Menschheit. Die Kontrolle kennen wir ja und darauf brauche ich nicht weiter einzugehen. Bleibt noch die andere Möglichkeit, die der Erwachten. Damit meine ich nicht diejenigen, die glauben, erwacht zu sein, geboren aus einem egozentrischen Selbstbestätigungsbedürfnis, denn diese sind in ihrer Weiterentwicklung blockiert. Ein erwachter Geist ist niemals im Recht und lässt allem und jedem einen Spielraum. Ich spreche von *wirklich* Erwachten. Diese Erwachten und auch die Erleuchteten, lassen den Dingen ihren Lauf, weil sie sich bewusst sind, dass eine oppositionelle Haltung Widerstände erzeugt. Sie sind kritisch ohne Kritik auszuüben. Es dient dem Erkennen in persönlichen Belangen und fordert zugleich eine neutrale Sichtweise. Sie schaffen es somit, die Waage im Gleichgewicht zu halten. Das sind jedoch sehr seltene Einzelfälle auf dieser Welt und sie tragen nur langsam zu einer Neuorientierung bei.

(Das globale Erwachen, von dem ich spreche, ist ein Ereignis, das sich auf Erden zutragen und die Schlafenden in den kosmischen Geisteszustand erheben wird.)

Der Unterschied ist, dass man ab diesem Moment nicht mehr von einem globalen, sondern von einem kosmischen Bewusstsein sprechen wird. Ein kosmisches Bewusstsein bindet die göttliche Essenz mit ein. Dieses Thema des kosmischen Bewusstseins werde ich später noch genauer erläutern.

Ein globales Bewusstsein verlässt nie die irdische Seite. Solange nur die irdischen Belange erkannt werden, werden die kosmischen Gesetze keinen großen Einfluss auf die erweiterte Wahrnehmung eines Einzelnen nehmen. Eine erweiterte Wahrnehmung erfordert einen sich befreien wollenden Willen, um den Geist in das kosmische Gefüge miteinzubinden. In diesem kosmischen Gefüge befindet sich auch der persönliche, seelische Heimathafen. Der Sinn der Existenzen wird hinterlassen und an den Geist übermittelt. Es kann nicht mehr von einer einzelnen Existenz die Rede sein, denn darin ist der Verbund aller zu finden.

Das sinkende Schiff

Wer eine Schiffsreise machen möchte, muss sich entschließen, das Schiff zu betreten. Wer die Vorahnung hat, das Schiff könnte sinken, muss eine Entscheidung treffen: Entweder, das Schiff vorzeitig zu verlassen oder die Vorahnung zu ignorieren und als Einbildung abzutun. Wenn das Schiff am Sinken ist, kann man sich in die Qual eines Rettungsbootes begeben und hoffen, dass man gerettet wird. Wer sich entschließt, auf dem sinkenden Schiff zu bleiben, ist der Zukunft rettungslos ausgeliefert.

Die Lösung? Wenn ihr euch entscheidet, eine Schiffsreise zu machen, wählt sehr gut, welches Schiff ihr betretet!

Das ist der Unterschied zwischen Erwachten und Schlafenden. Der Erwachte weiß, ohne zu wissen. Sein Gelerntes ist nicht die Kopie einer Lehre, die strikt eingehalten werden soll. Es entsteht daraus immer eine selbst erkennende Weisheit, die einen nächsten Schritt einer höheren Stufe beinhaltet. Der Schlafende nimmt immer wieder denselben Kurs, ein Hamsterrad, das sich immer weiter im Kreis dreht und einem nur Energie raubt, damit das Rad in Bewegung bleiben kann.

Weshalb die Erwachten ihre Wege gehen, ohne zu wissen, was sie erwartet, ist die Sinnlosigkeit, einen Weg zu kennen.

Etwas zu kennen bedeutet nur, die Illusion zu glauben, wie das Ergebnis oder Ziel auszusehen hat. Dabei handelt es sich immer nur um Bruchstücke von Wissen, die nie ein Ganzes erahnen lassen. Doch der Schlafende glaubt tatsächlich, dass er mit einem kleinen Stück von Wissen die Weisheit mit Löffeln gegessen hat. Nicht so der Erwachte oder Erleuchtete auf seinem Weg! Er weiß, dass die Unwissenheit immer mehr Bruchstücke eines Bewusstseins, neue Bewusstseinsteile, in Bewegung bringt.

Solange jemand nur an seiner irdischen Existenz festhält, wird dieser Sog nie stattfinden. Das kosmische Bewusstsein knüpft an das übernatürliche Bewusstsein an. Es gibt viele Menschen mit übernatürlichen Fähigkeiten, die oft mit Zauber, Mysterium oder schwarzer beziehungsweise weißer Magie in Verbindung gebracht werden, und alle Bezeichnungen haben nicht unrecht. Es ist alles von allem oder kann dies sein, entweder mit positivem oder negativem Ausgang. Alles in der Existenz einer Seele hinterlässt energetische Spuren. Diese Energien werden zu abrufbaren Informationen, um die irdisch gegenwärtigen Situationen zu beeinflussen. Zur Zeit gibt es sehr viele, die diese Energien negativ für sich nutzen, im Glauben, anderen damit zu helfen, was jedoch ein Irrglaube ist. Heiler, die diese kosmischen, energetischen Informationen nutzen, durch erlernte Riten oder Bücher, haben nicht die persönliche Erfahrung für diese Stufe erreicht. Ergo, es fehlt ihnen der tiefe Hintergrund der Erfahrung. Es gibt keine Heilung ohne Erfahren, denn mit dem Erfahren ergibt sich das Bindeglied, die Situationen zu erkennen. Weshalb ist jemand krank?

Die Wurzel dieses Problems muss erkannt werden, denn diese steckt in der energetisch-persönlichen Seelenstruktur und wirft eine Verbindung zum Körper. Der Körper kann nie gänzlich von einer Krankheit befreit werden, wenn die Wurzel des Problems nicht erkannt wird. Ein Heiler, und dabei ist es gleichgültig, wie sehr er auch argumentiert, bewirkt nur das Verdecken einer Narbe, die man dann nicht mehr sehen kann. Wie eingangs beschrieben, „die Narbe bleibt". Aus diesem Grund werden auch die Heiler gleichermaßen krank. Eine getragene Schuld an der Blockierung einer Bewusstseinsstufe festigt sich ebenso in der energetisch-persönlichen Energiestruktur. Sprich, der Heiler hat, ohne es zu wissen, sich mit einer anhaftenden Materie das Leben schwerer gemacht. Das könnt ihr gerne unter Ursache und Wirkung kategorisieren.

Die wirklich reine und Licht bringende kosmische Anbindung führt die Hölle zum Himmel, indem man selbst zur Liebe wird. Wer Liebe als den Schlüssel annimmt, nimmt in Kauf, dass Schmerz zur Heilung führt, ohne selbst dabei das Ruder in die Hand zu nehmen. Dabei zuzusehen ist oft schwieriger als es abzuwenden. Jeder Mensch muss seinen eigenen Weg finden und ihn gehen. Bis der kosmische Knall kommt und die Menschheit in ein irdisch-kosmisches Bewusstsein erhebt, wird es noch eine Weile dauern. Doch für den Weg musst du dich jetzt entscheiden! Denn wenn du bereits auf dem sinkenden Schiff bist, wird es zu spät sein. Eine hochfrequente Erde wird nicht alle Menschen oder Seelen berücksichtigen können, denn so wie es sich bei den Heilungen verhält, kann auch eine neue Erde nicht mit einer alten Last neu beginnen.

Ereignisse als Bewusstseinsbrücke

Das Leben bietet jeden Tag eine Brücke, um sich der fühlbaren, göttlichen Existenz zu nähern. Einzig und allein es nicht zu erkennen, ist, dass man sich mit anderen Dingen beschäftigt, die einem wichtiger erscheinen. Die Ereignisse werden im Laufe der Jahre immer eindeutiger und ihr erkennt sie als „vom Pech verfolgt". Kaum einer würde sagen: „Ich hatte einen Autounfall, was für ein Glück!". Damit entweicht man dem Erkennen seiner eigenen Umstände und bewegt sich ahnungslos in die Richtung der Unzufriedenheit. Dasselbe gilt für Schmerzen, die einem zeigen, dass etwas nicht in Ordnung ist. Der Arzt zieht seine Schlüsse, indem er erzählt, was er gelernt hat und damit gibt man sich zufrieden. Doch kein Arzt wird auf die Idee kommen, euch vorzuschlagen, einen Richtungswechsel in ein neues Leben vorzunehmen. Gerade in tiefgreifenden Ereignissen stecken die größten Wegbereiter. Natürlich kann man vorweg auf seine Intuition hören und es muss nicht zu einem Unfall, einer Krankheit oder einem Verlust kommen. Wenn es bereits passiert ist, kann man nur das beste daraus machen und das erfordert wirkliche geistige Stärke.

Aus der Gelähmtheit in die geistige Bewegung

Ein eindrucksvolles Erlebnis hatte ich mit einem meiner letzten Patienten, bevor ich die hypnotherapeutische Praxis schloss. Ein junger Mann kam mit seiner Mutter in die Praxis. Er war an den Rollstuhl gefesselt und von der Hüfte abwärts gelähmt. Seine Mutter hatte die Hoffnung nicht aufgegeben, dass ihr Sohn wieder würde laufen können. Doch anstatt wieder gehen zu können, würde er eine neue Art der Bewegung erlernen. In meinem Fall der Erfahrung die absolute Sicherheit, dass wir reiner Geist sind. Dieses Ereignis liegt nun gut 25 Jahre zurück und ist in der gegenwärtigen Zeit absolute Normalität geworden.

Bei den ersten Sitzungen geschah nicht wirklich viel, doch die Mutter bestand darauf, weiterzumachen. Sie war, mit Einverständnis ihres Sohnes, immer bei den Sitzungen anwesend. Die Umstände seiner Lähmung wurden mir zu Beginn der Sitzung geschildert. Er war noch keine 18 Jahre alt und schlussfolgernd hatte er keinen Führerschein. An einem Abend, als die Eltern nicht zuhause waren, hatten sein Freund und er die Idee, das Auto des Vaters zu nehmen, um eine Spritztour zu machen. Das endete mit einem verhängnisvollen Unfall, welcher ihn in den Rollstuhl brachte und den Freund unbeschadet davonkommen ließ. Doch irgend etwas blieb auch nach den Behandlungen im Raum. Eines Tages kam die Mutter und bat mich um eine Rückführung zu dem Tag, an dem sich der Unfall ereignet hatte. Ihr Sohn stimmte zu und wir klärten die Risiken einer Rückführung. Hier sollte noch erwähnt werden, dass der Sohn direkt nach dem Unfall nicht mehr bei Bewusstsein war. Er war nicht mehr im Bewusstsein, das sollte unbedingt sorgfältig und langsam gelesen werden. Der Junge war nach dem Unfall nicht im Bewusstsein. Da sich durch diesen Unfall eine Psychose einstellte, konnte eine Rückführung schwerwiegende Folgen haben, von, zum Beispiel, einer erneuten Psychose bis hin zur Schizophrenie. Mutter und Sohn stimmten trotzdem zu und baten, die Sitzung auf Video aufnehmen zu dürfen, dem ich natürlich zustimmte. Ab dann ging es sehr schnell. Der Sohn war schlagartig im Alphazustand, ging in seinem Leben zurück bis zum Unglückstag. Er erzählte, wie er das Auto mit seinem Freund nahm. Dann fand der Unfall statt. Ab dem Unfall kam es „zu einem neuen Bewusstsein". Er sah jedes kleine Detail aus der geistigen Warte. Sein Geist schwebte über der Unfallstelle. Er sah, wie sich das Auto überschlug, er aus dem Auto geschleudert wurde und schlussendlich unter dem zum Stillstand kommenden Auto lag. Sein Freund konnte sich unverletzt aus dem Auto retten und verschwand. Er ließ ihn zurück. Der schwebende Geist konnte sämtliche, normalerweise nicht sichtbaren Situationen sehen, wie in einem 360-Grad-Radius, nämlich mehrere Schauplätze zur gleichen Zeit: Sich selbst und seinen Freund, der ein Stück weiter weg hinter einem Busch alles Weitere verfolgte, aber auch die Rettung, die Polizei sowie die Gespräche der Helfer. Und das so detailliert, wie es mit einem menschlichen Verstand unmöglich wäre. Es kam zusätzlich zu sehr vielen Erkenntnissen von Verletzungen, die geheim gehalten wurden. Alle geschilderten Situationen wurden auf Video festgehalten und im Nachhinein zusätzlich recherchiert. Alles stimmte bis ins kleinste Detail, sogar die Sicht des Geistes während der Operation und das Missgeschick des Arztes, der einen schwerwiegenden Fehler bei der Operation machte, welcher zur endgültigen Lähmung führte. Das Krankenhaus wies natürlich die Schuld zurück und sie konnte nicht nachgewiesen werden. Doch alle anderen Recherchen und Fragen, bei der Polizei, bei der Rettung und anderen Helfern, ergaben eine absolute Übereinstimmung.

Nun stellt sich die Frage: Hatte der Junge das Bewusstsein verloren oder hatte er ein höheres Bewusstsein erlangt? Auch wenn er sich im Tagesbewusstsein nicht mehr erinnern konnte, so gibt es noch etwas Höheres, welches weit über dem uns Bekannten liegt. Man muss sich nur erinnern wollen und es zulassen.

Nach dem Abschluss der Sitzungen blieb ich mit der Familie in Kontakt, um zu erfahren, wie es ihm mit der Erkenntnis ging und ob sich psychisch etwas veränderte. Kurz nach der Rückführung verfolgte ihn tatsächlich eine Psychose. Doch er war stark, hielt durch, entließ alle aus der Schuld, einschließlich sich selbst und fand dabei seinen Frieden. Ein paar Monate später verließ er sein Elternhaus und zog in eine andere Stadt. Wie es seinem Wunsch entsprach, kaufte er sich einen Sportrollstuhl und lebte einen neuen Lebensabschnitt, sicherlich mit dem Bewusstsein, dass es eine höhere Realität gibt, die einem viel zu offenbaren hat. Ich schloss meine Praxis mit einer Glückseligkeit. Meine Lebenspartnerin und ich verkauften alles, was wir besaßen, und machten uns mit einem Wohnmobil auf den Weg in etwas Unbekanntes, ohne Ziel, ohne Erwartung, ohne Sicherheit, ohne finanziellen Rückhalt. Das richtige Abenteuer „Leben" bescherte uns das größte Geschenk.

Raum- und Zeitlosigkeit

Der Zustand von Zeit und Raum ist eher von Umständen abhängig als von einer Uhr. Zeit und Raum sind vom eigenen Empfinden gesteuert und daraus entsteht die gefühlte Zeit. Auch Räume verändern sich nach dem persönlichen Empfinden. Die Uhr ist nur zur Berechnung der geplanten Umstände notwendig, und der Raum wird durch Grenzen gekennzeichnet. Geht es jedoch nur nach dem eigenen Empfinden, verlässt man den Raum der Mechanik.

Allein dieser Satz beinhaltet alle Antworten. Mechanik ist immer ein mathematisches Konstrukt und Grenzen sind energetische Versiegelungen, im Irdischen mit Zeichen versehen. In vielen übergeordneten Wirklichkeiten existieren diese Mechanismen nicht. Zeit und Raum haben dort einen wesentlich anderen Status als hier auf Erden. Allein die Tatsache eines Traumes ist zeit- und grenzenlos. Was ihr beim Träumen wahrnehmen könnt, ist die Verbindung zu anderen Realitäten. Jeder Mensch und alle anderen Wesenheiten sind immer mit diesen Realitäten verbunden. Man bewegt sich darin wie in einer Schwerelosigkeit. Es ist unser Geist, der das Bindeglied zu einer anderen Realität beinhaltet. In den Zeiten der absoluten Ruhe - und das ist äußerst wichtig zu erkennen - kann man an diese Kraft bewusst anknüpfen. Was einen abhält, es zu erreichen, ist im obigen Satz enthalten. Man benötigt Zeit für die Ruhe. Das sind absolute Gegensätze, die eine wirkliche Anbindung an die zeit- und raumlose Realität verhindern. Das einzige, das die Ruhe stört, ist die Zeit! Alles, was mit Zeit verknüpft ist, verhindert das Eindringen in die Wirklichkeit. Zeit ist ein teuflisches Meisterwerk zur Unterdrückung der Realität. Natürlich kann man den menschlich-irdischen Rhythmus als eine Realität annehmen, denn das ist eine Realität. Muss man denn nur an eine Realität glauben oder daran festhalten? Jeder Traum ist eine Realität. In dem Zustand eines Traumes gibt es Schrecken, Tod, Lebendigkeit, Liebe und alles, was man als Mensch kennt. Doch ist der Zustand eines Traumes mehr und vielfältiger als die Realität im Wachzustand.

Viele der größten Erfinder, Wissenschaftler und im generellen Menschen, die Großes in die Welt brachten, nutzten die Fähigkeit des Geistes. Nikola Tesla war einer davon. In den Zuständen der Zeit- und Raumlosigkeit fand er die Antworten auf viele Fragen bis hin zu Bauplänen. Er verstand es, die kosmischen Antworten auf seine Fragen zu erhalten. Dazu entgegnete er einem Journalisten in einem Interview im Jahr 1899:

Journalist: Sie haben oft die Macht der Visualisierung erwähnt?

Tesla: Ich kann der Imagination für alles, was ich erfunden habe, danken. Die Ereignisse meines Lebens und meine Erfindungen sind real vor meinen Augen, sichtbar wie jedes Ereignis oder jeder Gegenstand. In meiner Jugend hatte ich Angst, nicht zu wissen, was es ist, aber später lernte ich, diese Kraft als außergewöhnliches Talent und Geschenk zu nutzen. Ich habe es gepflegt und eifersüchtig bewacht. Ich habe auch, bei den meisten meiner Erfindungen, Korrekturen durch Visualisierung vorgenommen und sie auf diese Weise fertiggestellt. Durch Visualisierung löse ich mental komplexe mathematische Gleichungen. Für dieses Geschenk, das ich habe, werde ich in Tibet den hohen Hohen Lama erhalten. Mein Sehvermögen und mein Gehör sind perfekt und, wage ich zu sagen, stärker als das anderer Menschen. Ich höre den Donner aus zweihundert Kilometern Entfernung und ich sehe Farben am Himmel, die andere nicht sehen können. Diese Erweiterung des Sehens und Hörens besaß ich bereits als Kind. Später habe ich mich bewusst weiterentwickelt.

(Quelle: Nikola Tesla - Alles ist das Licht - Nachrichten 2021 (answersexpress.com)

Hier liegt, um Missverständnisse aus dem Weg zu räumen, der Unterschied zwischen Visualisierung und Illusionieren. Kurz gesagt, die Visualisierung verbindet sich mit dem menschlichen Geist, um einem Kernpunkt näher zu kommen. Illusion ist ein fälschliches Wunschdenken. Das Wunschdenken ist immer in Verbindung mit vergangenen und möglichen künftigen Ereignissen. Der Faktor Wunsch ist ein zusammengewürfeltes Szenario der geglaubten, weltlichen Bedürfnisse. Zeitlos ist es deshalb nicht, da Vergangenheit und Zukunft einem Plan folgen, der einem zuvor ins Ohr geflüstert wurde. Folglich sind Zeit und Raum das Bindeglied einer Illusion!

Die Visualisierung hingegen ist eine optische Darstellung. Es ist fast unmöglich, ein solches Bild an einem Punkt zu halten. Es ist sich wandelnd und ergänzend. Auch hier muss man unterscheiden zwischen lichtvoller und dunkler Visualisierung, angelehnt an das Resonanzgesetz. Die lichtvolle Visualisierung oder erhaltene Vision beinhaltet alle Informationen zum Wohle aller. Die dunkle Visualisierung beinhaltet dasselbe, nur unter dem Deckmantel „zum Wohle aller". Diese beiden komplexen Situationen ähneln einander sehr und sind in Aussage und Sichtweise kaum zu unterscheiden. Nur das, was daraus gemacht wird, wie es interpretiert wird, ist ausschlaggebend für das Ausmaß in Richtung dunkel oder hell. Nur Zeit und Raum sind in diesem Fall die Lösung des Künftigen und Vergänglichen. Das ist der Grund, weshalb es auf dieser Welt Zeit und Raum geben muss. Hätten wir hier auf Erden nicht die Zeit, könnten wir nicht unterscheiden zwischen Vergangenheit und Zukunft. Da alle auf Erden zu lernen haben, brauchen sie die Zeit, um dadurch Fehler wiedergutzumachen. Es gibt einige kosmische Konstellationen und Wesen, die zwar Zeit und Raum verstehen, doch diese Lichtbringer sind reine Energie, die das kosmische Gefüge integriert haben und damit eins sind. Deshalb kann unser Geist nur bruchstückhaft an dieses Gefüge anknüpfen, um mit Manipulationen, aus dem eigenen Ego geformt, nur bedingt Schaden anrichten zu können.

Tesla verdanken wir unter anderem die 220-Volt-Stromspannung. Edison war ein bekannter Gegner davon und nannte 220 Volt todbringend. Seine Erfindung waren 12 Volt, die dem Rhythmus des Menschen angepasst sind. 12 Volt spüren wir nicht, 220 Volt können einen Menschen töten. Kurz nach Teslas Erfindung wurde der elektrische Stuhl gebaut. Der Geist kann dem Menschen viel zeigen, doch zum Erkennen der Gesamtheit ist der Mensch nicht in der Lage. Nur durch das stückchenweise Erkennen und Erfahren sind wir fähig, über einen langen „ZEIT-RAUM“ ein neues Bewusstsein zu kreieren.

Der Mensch entscheidet, wie es zu sein hat

Weshalb sieht sich der Großteil der Menschen, ganz vorsichtig ausgedrückt, so, wie es zu sein hat? Keiner kann sich jetzt dieser Thematik entziehen, denn tatsächlich versucht jeder, über etwas zu stehen. Fragt euch selbst, weshalb ihr auf eurer Meinung beharrt, wenn ihr eurer Überzeugung Ausdruck verleiht. Jeder kann seine Meinung haben und wird dabei gleich von vielen Seiten attackiert und von anderen wiederum bestätigt. Das ganze Desaster Mensch steht im Schatten einer rechthaberischen Koexistenz zu irgendjemandem und einer oppositionellen Haltung einem anderen gegenüber.

Es ist allgemein bekannt, dass das Leid des einen Glück und des anderen Pech ist. Also wird der vom Pech Verfolgte in den Widerstand gehen und das Gegenüber sein Glück unter allen Umständen verteidigen. Ob es dabei mit rechten Dingen zugeht, möchte ich wirklich in den Raum stellen. Die Kriege, die auf Erden toben, sind das große Beispiel und das kleine folgt ihm. Weshalb kann man nicht einfach die Dinge so akzeptieren, wie sie sind und sie hinterfragt stehen lassen? Wobei bei Hinterfragen immer noch eine Frage dahinter steht. Also, weshalb bringt man nicht das Dahinter in den Vordergrund? Weil es für die meisten keinen Grund gibt, sich dem überhaupt zu öffnen. Ein Grund könnte jemandes Provokation sinnlos machen.

Der Mensch lügt im Schnitt mindestens zwei- bis dreimal am Tag. Einige Studien geben auch 12- bis 15-mal am Tag an. Die Gründe sind wohl, sich selbst oder jemand anderen zu schützen, einen Vorteil für sich herauszuschlagen oder sich als besser hinzustellen, als man ist. Einerseits werden Lügner verurteilt und andererseits verurteilt man sich selbst, wenn man andere dessen beschuldigt. Durch die Lügerei kommt alles ins Wanken. Was wäre, wenn alle die Wahrheit aussprechen könnten? Das würde die Akzeptanz von allem und jedem voraussetzen. Es hinnehmen, wie es ist. Egal, wie schlimm eine Wahrheit aussehen würde, man nähme sie einfach hin. Natürlich müsste jeder, der unter der Wahrheitsmoral stünde, aus freien Stücken die Konsequenz voll und ganz aus eigener Initiative akzeptieren. Es würde auch keine Rolle mehr spielen, wenn jemand die Konsequenz trägt, weil andererseits ein Verständnis von den Gegenüberstehenden normal wäre. Eine Lüge wäre dann gleich ein „Sich selbst belügen". Wenn es andere nicht mehr treffen kann, kann es nur einem selbst weh tun. Doch es macht es einfacher für den Menschen, selbst zu lügen, wenn man andere auch lügen lässt. Nun wird auf dieser Welt gelogen, bis sich die Balken biegen. Der größte Gewinn liegt bei dem, der am besten lügen kann. Also seht euch an, wo die größten Gewinne gemacht werden und ihr wisst, wo die begabtesten Lügner anzutreffen sind.

Weshalb unterbricht man das nicht und stellt sich auf die Seite der Wahrheit? Macht das, wenn ihr euer Leben schwer machen wollt. Erzählt eurem Chef, wie unsympathisch er ist oder sagt der verheirateten Kellnerin, dass ihr eine Nacht mit ihr verbringen möchtet. Sie wiederum geht zu ihrem Mann und erzählt ihm das. Der Mann, wahrheitsbewusst, nimmt eine Waffe und tötet denjenigen, der der Kellnerin die Wahrheit über seine Gefühle erzählte. Danach packt er die Leiche ins Auto, fährt an einen Ort und verbuddelt sie. Er möchte das Auto verkaufen und erzählt die Wahrheit, weil der künftige Besitzer die Wahrheit über alles bezüglich des Autos wissen möchte. Daraufhin wird der Mörder gefasst, weil man ihn verpfeifen muss...

Man könnte es ewig weiter spinnen. Versteht ihr, was passiert, wenn man die Wahrheit sagen würde? Und ein jeder hat Leichen im Keller! Das sollte nun nicht eine Animation sein, weiter zu lügen, sondern den Anreiz geben, sein „Ursache-und-Wirkung-Konto" zu säubern: Die seelische Bereinigung zu beginnen (was nicht bedeutet, dass die Seele gereinigt werden muss, sondern ihr euch gegenüber der Seele als rein erweist).

Weltlich gesehen kann die Harmonie auch nur im Gleichgewicht gefunden werden! Mit jeder Lüge gerät dieses Gleichgewicht ins Wanken, und mit jeder Bereinigung kommt man dem Gleichgewicht wieder näher.

„Wusstet ihr, dass Menschen eine Körpergröße von vier Metern hätten? Doch Lügen haben kurze Beine und deshalb liegt die durchschnittliche Größe bei circa 170 Zentimetern!" Das ist natürlich eine Lüge!

Je mehr Menschen auf der Erde leben, desto mehr Lügen werden in diese Welt gesetzt. Je höher ein Mensch schwingt, desto weniger werden seine Lügen. Ein reiner Geist oder ein Erleuchteter brauchen keine Lügen mehr, und doch werden sie häufig als Lügner bezeichnet. Diese Lüge entsteht sehr oft aus Missverständnissen. Was an dem einen Tag die Wahrheit ist, kann am nächsten Tag bereits nicht mehr zutreffen. Ab dann ist es für den Normalsterblichen bereits eine Lüge.

Gibt es denn eine Lösung für solche Situationen? Für manche ja, für die meisten auf dieser Welt nicht. Es benötigt mehr als nur Mut, sich der Wahrheit zu stellen. Lügen sind oft wesentlich bequemer. Doch wer seine Seele retten möchte, dem bleibt nichts anderes übrig, als sich der Wahrheit zu stellen. Dabei ist die Wahrheit sehr einfach. Wenn ihr anfangt, euch selbst zu repräsentieren, werdet ihr automatisch aus den Lügen befreit. Je näher ihr euch selbst kommt und das seid, was euch ausmacht, desto näher kommt ihr an eure eigene Wahrheit. Lebt ihr eure eigene Wahrheit, bringt das die Akzeptanz anderen Menschen gegenüber. Die Akzeptanz anderen Menschen gegenüber öffnet dabei ein Tor, das euch hinter die Kulissen sehen lässt. Das, was euch hinter den Kulissen gezeigt wird, ist die wahre Geschichte eines Menschen. Nicht, dass ihr die Geschichte detailliert seht, sondern ihr fühlt das Ungleichgewicht eines anderen. Ihr könnt demjenigen mit Verständnis gegenüber treten. Aufgrund dieses Verständnisses beginnt euer Gegenüber, sich seiner Lügen bewusst zu werden. Die Angst, sich dem anderen zu entblößen, lässt bald alle Hüllen fallen und ein weiteres Gleichgewicht wurde erschaffen. Es kommt zu einem Reflex der Wahrheit, der ungeheure Ausmaße annehmen kann. Deshalb ist jeder aufgerufen, mit seiner eigenen Wahrheit den ersten Schritt zu machen. Solange jemand die volle Gleichstellung eines anderen nicht akzeptieren kann, ist er selbst noch in der Lüge gefangen.

Eines sollte euch klar sein und dazu dient nun ein Beispiel: Jesus sagte angeblich: „Eher geht ein Kamel durch ein Nadelöhr, als dass ein Reicher in das Reich Gottes gelangt." Absolut zutreffend! Jeder erschafft seine eigene Hölle und seinen eigenen Himmel.

Anfangen muss er hier auf Erden! Die Reichen haben großteils ihre Seele verkauft, und das meine ich tatsächlich so. Es wurde in den oberen Kapiteln bereits angesprochen. Die Mächtigen haben die Macht unter Unwahrheiten oder durch das Blut Geschändeter und Betrogener erreicht. Dieser Tat müssen sie Reue tun. Wie schwer ist es, sich die Taten einzugestehen? Sie werden von ihnen mit selbstgerechten Argumenten übertüncht und sie sind gezwungen, diesen Status aufrechtzuerhalten. Je weiter diese Macht der Selbsttäuschung vorangetrieben wird, desto größer wird die seelische Distanz. Der Geist wird ab einem gewissen Punkt die seelische Anbindung verlieren. Lediglich ein lebenserhaltender, seelischer Funke bleibt, um überhaupt lebensfähig zu sein. Der Einfluss und der Reichtum nehmen stetig zu, um eine andere Energie aufzubauen, die die seelische großteils ersetzt. Die Angst dieser Menschen wird durch die gewonnene Macht und das Gefühl, so groß wie Gott zu sein, gestärkt. Dieses „Gottgefühl“ ist nur mit mehr Macht, mehr Besitz und mehr Blut zu halten. Wenn dieses Konstrukt droht einzustürzen, fallen diese Menschen in eine tiefe, geistige Dunkelheit. Alles, was ein Mensch in seinem Leben begangen hat, wird ihm nach der Beendigung seines irdischen Lebens in vollem Maße bewusst. Jeder verspürt das Leid, das er einem jeden Einzelnen antat. Ob bewusst oder unbewusst, alles wird auf den Schultern des Verursachers lasten!

Eine unvermischte Blutlinie wird deshalb von vielen gehalten, um die Möglichkeit der Resonanz zu schaffen, so schnell wie möglich wieder in diese Linie zu reinkarnieren, um mit dem angefangenen Szenario weiterzumachen.

Was ihre Rettung ist, ist die Unwissenheit der Menschen. Eure Unwissenheit ist es, die zulässt, es diesen Menschen gleich zu machen oder in den Widerstand zu gehen. Durch euren Widerstand werdet ihr den Verteidigungsinstinkt solcher Menschen auslösen. Bleibt euch treu und wählt die Wahrheit, für euch und für andere. Lasst euch von solchen Menschen nicht in den Neid oder in die Wut treiben. Es ist nur eine Facette, die euch gezeigt wird. Wollt ihr so sein wie diese Machtwesen? Dann müsst ihr bereit sein, dieselben Konsequenzen zu ertragen!

Spektrale Lichtquelle – die Seele

Je spektakulärer etwas ist, desto interessanter erscheint es. Seelen sind wohl das Spektakulärste, was es irdisch und kosmisch gesehen überhaupt gibt. Unerklärlich und doch existent. Nie gab es eine zutreffende Erklärung oder Beschreibung, was eine Seele ausmacht. Ihre Aufgabe richtet sich danach, wie der Mensch in Beziehung zu ihr steht und nicht, wie die Seele in Beziehung zum Menschen steht. Ob die Seele in das Leben oder in die Existenz eingreift, möchte ich bezweifeln. In welcher Form sie eine Entwicklung fördert, ist abhängig von der geistig-seelischen Verbindung und dem menschlichen Bewusstsein.

Die Seele ist spektral und somit enthält sie spektrale Farben, was bedeutet, dass sie, abhängig von ihrer bereits erreichten Energie, individuelle, einzigartige Farbmuster aufweist. Sie ist also Licht und die Quelle. Einfach ausgedrückt: Eine in allen Farben leuchtende Energie, die dir aus ihrer Quelle die Fähigkeit des Lebens zur Verfügung stellt, um zu existieren, Erfahrungen zu speichern und neues Leben zu erschaffen. Wie sonst wäre es möglich, immer wieder zu reinkarnieren?

Es braucht eine zentrale Quelle der Energie und eine individuelle Kennzeichnung und die erreicht sie mit ihrer spektralen Lichtquelle. Die Individualität ist gekoppelt mit den vergangenen Erfahrungen, die gespeichert wurden. Die Gesamtzahl der Erfahrungen lässt die Seele stückchenweise wachsen, nicht in Form von „größer werden“, sondern in den Merkmalen der Energieintensität. Diese gesteigerte Intensität verändert das spektrale Farbmuster, welches absolut einzigartig ist und eine kosmische Signatur trägt. Deshalb ist auch, irdisch gesehen, eine Erneuerung der Lebensformen wichtig. Ein neues Spektrum im Universum erfordert ein neues Leben oder eine neue Aufgabe, zumindest auf der Erde. Ausschlaggebend sind ebenfalls die Einflüsse, die wir in eine Welt setzen, die wiederum neues Leben oder Energien in die Welt oder Welten bringen. Das ist ein wirklich ausgeklügelter, göttlicher Zug.

Die Seele ist Reinheit und der Mensch versucht, sich ihr anzupassen oder zu entkommen. Neid, Missgunst, Eifersucht bis hin zur seelischen Spaltung, sind das Ergebnis des Auseinanderdriftens der irdischen und der kosmischen Gesetze. Wenn ein Mensch anfängt, sich über etwas oder jemanden negativ zu äußern, sagen viele, er wäre ein Spiegel. Ganz richtig ist das nun nicht. Doch steht eine kleine Wahrheit dahinter: Wenn du dich über etwas ärgerst, dann deshalb, weil das Verständnis dafür fehlt. Das bedeutet, dass dein Lebensstil und deine Einstellung den Seelenverbund stören. Du erkennst es, indem du dich vielleicht krank fühlst und eigentlich bist du es. In diesem Augenblick erkennst du die Gesundheit, die dein eigentlicher Seelenzustand wäre. Sobald du jemanden siehst, der sein Glück nach außen trägt und in dir der Neid sichtbar wird, dann nur deshalb, weil dieses Glück auch dein Geburtsrecht wäre und dich die Seele dieses Glück nicht mehr empfinden lässt. Du bist vom Kurs abgekommen. Wenn alles in seiner Ordnung gehalten wird, ist dir das Seelenglück zugetan. Ist dem nicht der Fall, wird dir dieses Gefühl aufgrund deines Tuns oder Denkens verwehrt. Vergiss nie, dass die Weisheit und Gutmütigkeit deiner Seele über dir steht. Sieh es als getrennte Einheit mit gegensätzlichen Eigenschaften, um aufzuzeigen, wo du dich gerade befindest.

Solltest du versuchen, der seelischen Grundlage zu entkommen - indem du es durch den ausgelösten Neid einem anderen gleichtun willst, um denselben Status zu erhalten - so wird das böse Folgen haben. Du driftest dabei immer weiter von deiner Seele weg. Ebenso verhält es sich mit Eifersucht, Hass und allen anderen negativen, emotionalen Erscheinungen. Bist du mit deiner Seele im Reinen, werden dich alle anderen negativen Eigenschaften erst gar nicht mehr erreichen. Also sieh es, wenn dir etwas negativ Emotionales widerfährt, als Chance, dich zu erfahren, um dich deiner Seele ein Stück weiter zu öffnen und zu nähern.

Teil II

„wird in der Dämmerung der Finsternis..."

Flucht oder Schadensregulierung

Nachdem beschrieben wurde, was der Mensch ist und womöglich nicht ist, wird es unumgänglich sein, die momentanen, irdischen Faktoren verständlich zu präsentieren.

Der Präsentierteller ist vollgefüllt mit Tatsachen, die unweigerlich zeigen, wo die Spezies Mensch steht. Ich bitte euch, bei den nachstehenden Zeilen euer übergeordnetes Bewusstsein wirken zu lassen, denn es wird entscheidend für das Verständnis des weltlichen Szenariums sein.

Nun wird eine schwere Lektüre folgen, die euch weder Angst noch Hoffnung vermitteln soll. Meine Aufgabe ist es, euch über die Hintergründe der menschlichen Existenz aufzuklären. Dieser zweite Part des Buches offenbart schonungslos die fehlgeleiteten Interpretationen und lässt euch womöglich die Welt und die im Hintergrund stehende Manipulation erkennen. Der Ausweg, euren Seelenfrieden zu finden, ist nur einen kleinen Schritt von euch entfernt, nur nicht so, wie ihr vielleicht vermutet.

Sicher ist, dass es auf dieser Welt nun keine Flucht mehr geben wird, denn von dieser Welt kann man irdisch gesehen nicht flüchten. Es gibt nur noch eine Schadensbegrenzung, um die schlimmsten Katastrophen abschwächen zu können. Was es jedoch geben kann, ist die Bereinigung seiner eigenen Wesensbekenntnisse. Wesensbekenntnis bedeutet, sich seines Wesens zu bekennen, wie zum Beispiel ein Religionsbekenntnis. Ihr solltet zu eurem Wesen stehen, um euch wieder im Mutterhafen einzufinden. Der Mutterhafen ist die seelisch verbundene Wiederkehr in die Einheit eurer Existenz. Dorthin könnt ihr nicht flüchten, denn das würde einen Widerspruch in sich bedeuten, mit der Anekdote eines Widerstandes.

Weshalb stehen wir dort, wo wir gerade stehen?

Die Menschen befinden sich in einer gezwungenen Reinkarnationsschleife, was bedeutet, dass fast jeder Mensch den weltlichen Gang unfreiwillig gehen muss. Eine teuflische Strategie, um Menschen und somit menschliche Seelenaspekte an die irdische Realität zu ketten. Aus der teuflischen Abhandlung ist es ein Muss, aus der göttlichen Befugnis eine Chance, die sich immer wiederholt. Daraus entsteht die dualistische Handlung auf diesem Planeten und somit auch die des Menschen. Die ersten Kapitel dieses Buches sind für den einen oder anderen sicherlich schwer zu verstehen, doch es ist nicht wichtig, ob alles lückenlos angenommen werden kann. Vielmehr dienen die ersten Kapitel als Verknüpfung für die weiteren.

In diesem Buch wird sehr oft die Manipulation erwähnt und nun folgt eurem Geist in eure Vergangenheit. Die meisten dachten mit Sicherheit sofort an die Manipulation der Medien, der Religionen, der Politiker und einer Elite, die alle aus dem Hintergrund agieren. Es ist das, was man sehen und annehmen kann. Der menschliche Geist kommt nicht näher an die Wahrheit heran als er sehen, hören und fühlen kann.

Wenn eure Wahrnehmungen nicht weiter reichen als an die irdisch gebundenen, dann könnt ihr auch nichts Weiteres erkennen.

Die Spaltungen, die wir hier auf Erden erleben, begeben sich immer in die Richtung des Erkennbaren. Das ist jedoch sehr weit von der Wirklichkeit entfernt. Es ist schon richtig, dass in fast allen Institutionen gelogen und manipuliert wird. Nun sind wir an einem Punkt angelangt, der uns nur die verdeckte Narbe zeigt. Man weiß, dass eine Narbe vorhanden ist, kann sie jedoch nicht erkennen, weil sie kaschiert wurde. Die Machthaber dieser Welt sind die angstgetriebenen Kreaturen einer anderen Realität und zur Manipulation gezwungen. Wollen wir an die Wurzel von allem gehen, müsst ihr begreifen, dass es keinen Sinn hat, sie zu verurteilen. Sie machen dasselbe wie ihr, nur in größerem Stil.

Jede Familie erzieht ihre Kinder nach Vorgaben, die durch ein System in die Welt gerufen wurden, die eine mehr, die andere weniger. Ihr könnt noch so bewusst sein in euren Aufgaben, es ist und bleibt eine Rolle, als Vorbild zu fungieren. Auch wenn ihr euch für eine Flucht entscheidet, um euren Kindern ein besseres Leben zu gönnen, kann die Realität nicht verschwinden. Es wird nie so sein, wie ihr es euch für eure Kinder wünscht.

Schafft ihr es, ein absolutes Paradies auf Erden zu erschaffen? Wenn, dann nur ein Paradies in der Hölle und in der Hölle kann nie dauerhaft ein Paradies erschaffen werden. Es wird immer nur ein kurzfristiger Facettenwechsel sein, aber ein Gesicht wird immer dahinter stehen. Diese Gesichter anderer Facetten werden immer die gleiche Mimik zeigen.

Auf Erden sind wir einer ganz anderen Manipulation ausgeliefert, nämlich der einer nicht sichtbaren, nicht erkennbaren Realität. Sie lenken das Schiff Erde wie sie Lust und Laune haben, und das mit großem Erfolg. In dieser Welt sind es mehr als 99,99 Prozent, die gegen ihren freien Willen handeln, denn der wirklich freie Wille ist für euch nicht offensichtlich. Er wird bereits vor eurer Geburt gebrochen, was unwiderruflich zur irdischen, gezwungenen Reinkarnation führt.

Findet ihr es nicht seltsam, dass euch euer Geist nur in ganz besonderen Situationen einweihen kann, einweihen in eure Fähigkeiten und eure Größe? So wie in den ersten Kapiteln beschrieben, nämlich, dass ihr zu weitaus mehr fähig seid? Weshalb fällt man dann immer wieder zurück in die alltägliche Blindheit? Weil die Dichte und die dahinter stehende Macht es nicht erlauben. Es wäre das Ende der Knechtschaft und somit das Ende der nicht sichtbaren Regionen, die durch eure Energien überhaupt erst existieren können! Natürlich ziehen sie alle Register, die dafür nötig sind. Gerade ihr müsstet es verstehen, denn auch ihr würdet alles tun, um euch und eure Familie zu schützen. Das, was euch auf Erden gezeigt wird, ist nichts anderes, als das erschaffene Resultat des bisherigen Verhaltens. Ihr seid ebenso dafür verantwortlich, wenn auch nicht willentlich.

Wer würde sein Leben geben für die Rettung der Erde? Seid dabei ehrlich! Jeder, der Angst vor dem Tod hat, hat sofort eine Ausrede parat. Doch die Frage ist, gebt ihr euer Leben für die

Rettung der Erde? Ich kann und will nun nicht wissen wie ihr antwortet. Das müsst ihr mit euch selbst absprechen. Was ich euch aus meiner Warte sagen kann, ist ein eindeutiges „Nein!“. Die Erde brauche ich nicht zu retten, das wird sie selbst tun und das mit Leichtigkeit. Wen ich unterstützen möchte, sind die Menschen, die sich im Irdischen an das gebunden haben, was nichts anderes im Sinn hat, als den Geist zu ketten. Wenn dir nun die nächste Frage gestellt wird: „Bist du bereit zu sterben, um deine Seele zu retten?“, wie antwortest du?

Ist dir bewusst, dass du bereits viele Tode erlebt hast, um irgendwann endgültig in deine Seelenessenz zurückzukehren?

Der Ursprung der Menschheit

Eine Narbe hat ihren Ursprung. Auch wenn sie verdeckt wird, ist sie vorhanden, doch nicht nur die Narbe, sondern auch ihre Geschichte. Jede Narbe hat eine Geschichte. Dabei ist die Narbe an das Feststoffliche gebunden, also an den Körper. Was ist dann die Geschichte? Die Geschichte ist die Energie, die hinter der Narbe steckt. Es kann nichts anderes als Energie sein, denn es ist nur eine Erinnerung. Erinnerungen haben keine feststoffliche Fähigkeit und dennoch binden sie einen Menschen an etwas.

Wenn euch nun eine Geschichte erzählt wird, zum Beispiel, weshalb eine Narbe entstand, führt dies zu einer Einsicht, einer Erkenntnis und zu Verständnis. Deshalb fällt es uns sehr leicht zu interpretieren. Der Mensch braucht für alles eine Erklärung. Wer auf einer Straße ausrutscht und sich die Knochen verrenkt, erzählt auch gerne, weshalb es passiert ist und wenn es nur wegen einer Bananenschale war. Meist belässt man es dann bei der Bananenschale. Doch wer war es, der die Schale dorthin brachte? War es ein Fußgänger oder wurde sie aus einem fahrenden Auto geworfen? Das ist dann wohl die gängigste Wahrscheinlichkeit. So, dann geht es den meisten gleich besser und man kann es darauf beruhen lassen. Doch was wäre, wenn sie aus einem Flugzeug geworfen wurde? Solange man es nicht beweisen kann, ist diese Theorie ausgeschlossen. Keiner wirft eine Bananenschale aus einem Flugzeug, vor allem, weil man das Fenster eines Flugzeuges nicht öffnen kann. Na ja, das ist nur bei Großraumflugzeugen so. Die wenigsten würden an die kleinen Flugzeuge denken. Es könnte aber auch ein Hubschrauber gewesen sein. Egal! Der Verstand ist mit irgendeiner Geschichte zufrieden. Doch auch Interpretationen sind eine Energie. Sie ist nicht feststofflich und doch ist sie prägend. Also spielt eine Interpretation auch irdisch gesehen eine große Rolle. Sie hat die Fähigkeit, etwas zu erschaffen.

Hier knüpfen wir nun an die Macht der Manipulation an! Alles, was dem schlafenden, menschlichen Geist implantiert werden kann, wird durch die Masse global zu Realitäten. Ich hoffe, ihr versteht die Wichtigkeit, die dahinter steckt.

Wie im Kapitel „Spektrale Lichtquelle - die Seele“ erwähnt, kann Materie erschaffen werden. Das bestätigt seit sehr kurzer Zeit auch die Wissenschaft. Wenn nun unsere Seele, als spektrales Licht oder Energie, im kosmisch-göttlichen Gefüge vorherrscht und Leben erschafft, was seid ihr dann hier auf Erden? Seid ihr womöglich der Schöpfer eurer selbst? Jedem ist klar, dass er eine Seele hat. Auch wenn einige nicht daran glauben, unbewusst existiert eine Kraft, die den Menschen antreibt. Bei der Anzahl an Göttern, die es gibt und die es gab, ist und war der Mensch immer einer höheren Wirklichkeit zugetan. Weshalb ist es dann so schwer zu glauben, dass wir uns selbst aus einer seelischen Kraft erschaffen? Wer von euch dem nun folgen kann, den frage ich: „Wer seid ihr? Woher kamt ihr?“. Stellt ihr euch nicht diese Fragen und glaubt weiterhin, vom Affen abzustammen, schon immer auf Erden gewandelt zu sein? Glaubt ihr, dass euer Ursprung die Erde ist?

Auf den Punkt gebracht ist eines klar: Jeder Planet, ob bewohnbar oder nicht, hat seinen Ursprung im Universum. Jeder Planet kam aus dem Schoß des Universums. Alles Leben, das daraus entstand, kam aus dem Schoß des Universums. Die Seele hat sich entschlossen, dieser Schöpfung beizuwohnen und trägt damit zur Entfaltung bei.

Wenn ihr als Seele dazu beitragt, bedeutet das nicht, dass ihr mit eurer kompletten Seele einem Planeten bei der Entfaltung helft. Es ist lediglich ein Teil eurer Energie und die Vielzahl der vielen Seelen, welche jeweils ein kleines Stück ihrer Energie zur Verfügung stellen. Daraus resultiert für die Seele, ein kleines Stück Erfahrung machen zu dürfen. Als Vermittler dient der Geist, das Bindeglied der Seele zum Körper.

Nun stelle ich euch nochmals die Frage: „Wo liegt der Ursprung eurer Existenz?"

Liegt er bei den Atlantern oder anderen Epochen der Erde? Oder habt ihr euren wirklichen Ursprung ganz woanders? Nehmt einfach die Wahrscheinlichkeit der Bananenschale, die womöglich aus einem Flugzeug geworfen wurde oder vielleicht war es eure Seele selbst, die versucht, euch endlich aufzuwecken?

Wenn die Sonne sich neigt

Jedem ist bewusst, dass es für die Existenz des Lebens einen Cocktail voller Voraussetzungen benötigt. So braucht es für den Planeten Erde die Sonne, das Wasser, die Erde und die Luft. Noch nicht wirklich geklärt ist, von wo die Energie für das Leben kommt, also die „Lebendigkeit".

Wenn diese Materien von Licht, Wasser, Erde und Luft reichen würden, dann wären wir so lange lebendig, bis es eines der vier Elemente nicht mehr geben würde. Also woher kommt der Rhythmus von Geburt und Tod? Wie kann ein Samen zum Leben erweckt werden? Wenn ihr wirklich darüber sinniert, dann werdet ihr nur eine Lösung finden, die nie wirklich jemand erklären oder erforschen kann. Sicher ist: Es braucht die Lebensbedingungen zum Keimen, also Wasser, Erde, Luft und, für die weitere Entwicklung, Licht. Für den Menschen ist das natürlich nicht ausreichend. Humane Lebewesen brauchen eine zusätzliche Energie der Erweckung. Nur das Weiterbestehen des Lebens ist abhängig von derselben Materie wie Licht, Wasser, Luft und Erde, aber woher kommt die Energie, um ein Wesen lebendig zu machen? Das ist eine ganz andere Energie, die ihren Ursprung im Universum hat: Die Seele! Sie ist der Sonne nicht unähnlich. So wie die Sonne ein Seelenbestandteil der Erde ist, so ist es für den Menschen die Seele. Die Erde kann nicht ohne die Sonne existieren! Die Sonne jedoch benötigt keine Erde für ihre Existenz. Ebenso ist es mit uns Menschen. Der Körper benötigt die Seele, aber die Seele benötigt den Körper nicht. Die Gesetze im Universum sind alle dieselben, und deshalb sehen wir genug Beispiele um uns herum, um verstehen zu lernen, aus was und wer wir sind. Bräuchte also der Mensch keine Seele als Energie, würde der Mensch seelenlos ewig leben.

Wenn der Mensch fähig wäre, das alles so anzunehmen, wären die Ängste vor Tod und Leid bereits Vergangenheit. Also muss es einen Anlass geben, weshalb gerade der Planet Erde die Türen der wahren Existenz nicht frei gibt! Es gibt einen triftigen Grund dafür: Die Erde ist versiegelt aufgrund ihrer Lebensform. Es ist wie das embryonale Stadium eines Kindes. Einerseits in der Sicherheit des Mutterleibes, andererseits allem ausgeliefert, was in der mütterlichen Umgebung passiert. So wie auch die Sonne, ähnlich der Mutter, Leben erschaffen kann, so kann sie auch Leben zerstören. Somit sind beide Seiten vorhanden, die man sowohl als positiv als auch als negativ ansehen kann. Das embryonale Stadium der Erde lässt die Menschen nicht selbstbestimmend regieren und sie sind von vielerlei Umständen abhängig, welche die endgültigen Bestimmungen zur Entwicklung beinhalten. Da der Planet Erde in seinem Schwingungsmuster immer noch die niedrigfrequente Eigenschaft hat, die den Menschen im Schlafmodus hält, kann ein globales Erwachen erst dann stattfinden, wenn sich diese Frequenzen ändern. Das zeigen auch wissenschaftliche Ergebnisse. In wissenschaftlichen Experimenten wurden zahlreiche Probanden einer künstlich erhöhten Frequenz ausgesetzt. Nach einiger Zeit veränderten sich die Wahrnehmungen und die Verhaltensmuster. Zahlreiche negative Verhaltensmuster verschwanden fast gänzlich. Nun vermuten Wissenschaftler auch, dass es möglich sei, dass sich diese weltlichen Frequenzen von alleine erhöhen würden. Darauf zu warten, dass so ein Ereignis eintreten wird, ist ähnlich wie im Roulette auf eine Zahl zu setzen.

Wenn eine Mutter ein Kind gebärt, weiß man noch nicht, ob es auch gesund ist. So wie eine Mutter in der Schwangerschaft durch Stress, Krankheit, Unfall et cetera beeinflusst werden kann, so kann dies auch das Neugeborene dauerhaft schädigen.

Solange die Erde in diesem Modus schwingt, kommen ebenfalls noch andere und vor allem wichtige Gegebenheiten dazu. Die Erde besteht aus mehreren Schwingungsebenen. So wie auch die Schumannfrequenz mehrere Schwingungsebenen hat, die sich durch die Höhe der Frequenzen unterscheiden, so ist es auch mit den Dimensionen der Erde. Jede Dimension hat einen eigenen Schwingungsbereich. Die höheren Bereiche gehen in Richtung Himmel und die anderen in Richtung Hölle, sinnbildlich genommen, um die Unterschiede der Schwingungsebenen verständlich zu machen.

Die Menschen haben einen eigenen Schwingungsbereich und alle Frequenzen außerhalb dieser Ebene der Schwingung kann man nicht wahrnehmen, zumindest nicht so, wie wir das als absolute Wahrnehmung kennen, nämlich durch Sehen, Hören, Tasten, Riechen und Schmecken. Das sind die Sinne, die wir mit dem Verstand verarbeiten können. Doch die erweiterte Wahrnehmung beinhaltet andere Fähigkeiten eines Menschen, die durch das dritte Auge, oder auch Zirbeldrüse genannt, aktiviert werden können. Mit Übungen erzwungen geöffnet, führt es zu absolut unerwünschten Erscheinungen, dazu jedoch später. Diese Erweiterungen der Wahrnehmung führen unter anderem zur Erkenntnisfähigkeit, unterstützen einen bewussten Lebenswandel und öffnen gefühlt und in langsamen Schritten die Tore zu anderen Ebenen. Man wird fähig, hinter die Kulissen zu sehen. Eine dieser Kulissen ist das Tor zur Hölle und die andere das Tor zum Himmel, also hoch- und niederfrequente Ebenen.

Vorweg erwähnt sei, dass es diese niedrigfrequenten Ebenen gibt, hängt mit der Dichte und mit dem jungen Alter der Erde zusammen.

Auf der Erde gibt es eine Vielzahl von seelischen Ursprüngen, mehr als man glauben möchte. Sie tragen zur Entwicklung des Planeten bei. So wie es positive Entwicklungen gibt, so gibt es auch negative Entwicklungen. Es existieren sowohl niedrig schwingende als auch hoch schwingende Wesenheiten oder Seelenaspekte auf dieser Welt. Die höher schwingenden Aspekte befinden sich im höheren Bereich, die mittleren sind in eurem irdischen Wahrnehmungsbereich und die niedrig schwingenden Wesenheiten existieren in den unteren Bereichen. Wenn nun der Mensch in eine höhere Schwingung gelangen sollte, entzieht er der niedrigeren die Kraft. Deshalb versuchen diese Wesenheiten ihre Macht zu nutzen, um diesen natürlichen Prozess des Wachstums zu stören, bis jetzt mit großem Erfolg. Alles, was auf dieser Welt geschah und geschieht, ist die Auswirkung der niederfrequenten Existenz auf die Ebenen der Erde, und zwar durch Wesenheiten, die die Energie von höherfrequenten Wesen für ihre Existenz benötigen. Ebenso wie es der Mensch macht! Unsere Nahrungs- und Existenzkette besteht größtenteils aus Raubbau, Züchtung und Schlachtung. Nicht viel besser als bei den Niederfrequenten, da ist der Mensch das Opfer, meiner Meinung nach auch gerechtfertigt. Man kann das, was man selber ist oder tut, einem anderen nicht zum Vorwurf machen.

Alles, was Menschen auf die Erde gebracht haben, entspringt den Prozessen durch die Resonanzgesetze. Für uns Menschen schwer nachzuvollziehen, doch sehr einfach erklärt: Vorherrschender Schlafmodus! Durch die momentane Schwingungsebene sind die Menschen in einem Schlafmodus, auch im Tagesbewusstsein. In unserem natürlichen Bewusstsein wären wir jedoch in der Ebene des Alphazustandes, in einer übergeordneten Wahrnehmung. Im Alphazustand ist man nicht mehr manipulierbar, so wie es auch in der Hypnose ist! Das, was man wirklich möchte, wird einem zuteil. All das, was man nicht möchte, hat keinerlei Wirkung! Ab diesem Augenblick des Alphazustandes sind Menschen in ihrer wahren Natur. Es gibt sehr wenige Menschen, die es geschafft haben, diesen erhöhten Wachzustand im alltäglichen Leben zu integrieren.

Doch es ist möglich und sollte das vorherrschende Ziel eurer Existenz auf Erden sein! Solange ihr jedoch den unteren Dimensionen hörig seid, wird sich die Erde nicht aus eigener Kraft erheben, nicht ohne Geburtsschmerzen! Und der Prozess beginnt, wenn die Sonne sich neigt!

Die unteren Ebenen

Hinweise auf die unteren Ebenen finden wir überall. Bereits in den ältesten Schriften wurde darüber erzählt. Die „Unteren" machen auch kein Geheimnis daraus. Ganz im Gegenteil: Sie fördern diese Tatsache, denn sie bringt Angst vor diesem Unbekannten. Diese Angst ist ein Teil unseres menschlichen Daseins, durch den Verbund der irdischen Existenz, denn Menschen sind beides, ein Teil oben, ein Teil unten. Herzensgut und hasserfüllt, Hoffnung gepaart mit Hoffnungslosigkeit und der Neid geht Hand in Hand mit der Gabe des Gebens. Die Manipulation ist für die Unteren sehr einfach. Da der Mensch vom Gefühl gesteuert wird, befinden sich die Unteren gerne in seiner Nähe. Durch die Differenz der Frequenzen sind sie unsichtbar, zumindest solange das dritte Auge nicht sein vorgesehenes Potenzial erreicht hat. Also wird die spürbare, aber nicht erklärbare Tatsache, etwas wahrzunehmen, als etwas Bewusstes, Eigenes interpretiert.

Lasst es mich weiter erklären: Das Szenario mit dem Teufel auf der einen und dem Engel auf der anderen Schulter ist wohl jedem bekannt. Der „Teufel" ist hier die Nähe eines unteren Wesens, das seine Bedürfnisse mit ins Spiel bringt. Der Untere möchte vielleicht, dass ihr euch unrechtmäßig einen Gewinn verschafft, weil er es selbst auch tun würde. Es ist für ihn eine Art Bereicherung, eine kurzzeitige Befriedigung oder ein bewusster Schritt für mehr. Das „Engelchen" auf der anderen

Schulter ist unser bewusster Geist, der genau das Gegenteil in uns wachruft.

Das Ganze wäre ja nicht so schlimm, wenn die Wesen der unteren Dimensionen nicht so gewieft wären. Sie wissen ganz genau, was sie tun müssen, denn sie kennen die List der langfristigen Manipulation. Man könnte meinen, sie wären herz- und seelenlos, was sie zum Teil auch sind. Richtig wäre: Sie haben ihre Seele verloren. Alles, was verloren ist, ist aber eigentlich nur nicht auffindbar und es schlummert in ihnen eine Art „anderes Bewusstsein".

In gewisser Hinsicht fühlen sie etwas Übergeordnetes, das ihnen aber Angst bereitet. Sie haben keinen tieferen Abgrund und keine höheren Ziele mehr. Kurz gesagt: Sie haben nichts mehr zu verlieren! Nichts mehr verlieren zu können, kann einen Widersacher umso stärker machen, noch dazu, wenn man nicht weiß, mit wem man es zu tun hat.

Also sind die Widersacher des Menschen kräftig dabei, einem die Hölle auf Erden zu bescheren. Vielleicht sind nun einige erschrocken und ich sage euch, es gibt keinen Grund dafür. Wenn die Erde sich erheben wird, wird es diese niedrig schwingenden Existenzen nicht mehr in dieser Form geben. Sie könnten euch schon jetzt nicht mehr manipulieren, wenn ihr es schaffen würdet, euch selbst zu erhöhen! Und dazu seid ihr jederzeit fähig!

In dem Augenblick eurer Frequenzerhöhung auf 8,1 Hertz, wie es Yogis oder wahrhaftige und spirituelle Menschen zeitweise schaffen, kann dieser Zustand dauerhaft in euer Bewusstsein treten. In diesem Zustand der erhöhten Frequenz, dieser Schwingung, können jene Wesen nicht auf Dauer existieren. Diese Energie ist wie konzentriertes Licht, ähnlich der Flamme einer Kerze. Von Weitem sieht man lediglich das Licht, in der Nähe spürt man eine Wärme und will man sie berühren, verbrennt man sich die Finger. Sobald diese Wesen versuchen, in euer erhöhtes Energiefeld einzutreten, verbrennen sie unweigerlich. Der einzige Trost ist, dass das auch die einzige Erlösung für sie ist.

Diese Energien der Wesen zu spüren, durch die natürlich gegebene Empathie, kann sehr leicht dazu führen, dass ihr sie als eure eigenen zuordnet. Das befriedigt diese Wesen in Form einer Art „Erleichterung".

Selbsterkenntnis durch Fremdeinfluss

In der tiefsten Depression meines Lebens entstand eine große Erkenntnis und Befreiung. Auf der Wanderung des Lebens und durch das Reisen erfuhr ich mit meiner Lebenspartnerin Brigitte sehr viele weitreichende Situationen, die nicht immer nur schön waren. Die schönen Dinge möchte man am liebsten dauerhaft an sich binden und die negativen Ereignisse würde man am liebsten aus seinem Leben verbannen. Nach den Jahren der Unabhängigkeit und den objektiven und elementaren Erfahrungen kann ich das im Nachhinein nicht mehr so empfinden.

Als wir unser Berufsleben hinter uns ließen und uns auf den Weg in eine neue Welt machten, waren die ersten Jahre wie eine Befreiung. Wir ließen alles auf uns zukommen und waren so ungezwungen, dass uns nichts mehr im Weg stand, das glaubten wir zumindest zu diesem Zeitpunkt. Wir sahen uns verschiedene Länder an, die Strände und das Meer wurden zu unserer Heimat und unser Wohnmobil brachte uns dort hin, wo es uns gefiel. Damals gab es noch kein Smartphone, Fernseher und Radio waren uns zuwider und somit erreichten uns wenig Fremdeinflüsse. Von unserer Familie hörten wir nur sporadisch etwas. Dass sich dadurch der Fokus in eine andere Richtung lenkte, geschah sehr subtil, sodass wir es nicht einmal bemerkten. Die Gespräche, die wir führten, waren immer auf uns selbst gerichtet und erstaunlicherweise durchforsteten wir unser ganzes Leben, von der Kindheit bis zum Gegenwärtigen. Wir hatten auch nicht das Bedürfnis zu lesen, da unsere eigenen Geschichten wesentlich spannender und lehrreicher waren als irgendein Buch. Gerade durch dieses „Sich nach innen kehren", frei von irgendwelchen Themen anderer unabhängig und zeitlos zu sein, keine Ziele zu verfolgen und sogar vom Sicherheitsdenken großteils gelöst zu sein, öffnete sich eine andere Gegenwart. Diese Präsenz war gefüllt mit Neuem und Unbekanntem. Vielleicht spiegelte gerade unsere neu gewonnene Lebenseinstellung eine neue Welt, auf einer ganz neuen Ebene, die uns, zumindest mir, völlig unbekannt war. Ich erinnere mich noch sehr genau an ein Erlebnis, das meine neu gewonnene Lebensphilosophie binnen Minuten zur Hölle machte:

Wir standen an einem wunderschönen, abgelegenen Strandabschnitt in Spanien und genossen die Ruhe. Brigitte ging aus dem Wohnbereich und begab sich ins Bad. Ich saß in einer Ecke der Couch und war in einer absolut entspannten Situation. Auf einmal schlugen meine Stimmung und mein Gefühl in eine ganz andere Richtung um. Dafür hatte ich keine Erklärung! Ich hatte das Gefühl, als wäre jemand anwesend, als würde jemand vor dem Wohnmobil stehen und uns etwas antun wollen. Ich spürte Gewalt, Aggression und Ausweglosigkeit. Alles in mir zog sich zusammen und als Brigitte aus dem Bad kam, kauerte ich wie ein kleines Häuflein Elend in der Ecke. Absolut panisch bat ich darum, sofort von hier zu verschwinden, sonst würde Böses geschehen. Sie blieb wie immer ziemlich gelassen und gab meiner Bitte nach. Also machten wir uns sofort auf den Weg, um, meinem Gefühl nach, in Sicherheit zu kommen.

Was soll ich sagen? Egal, wohin wir fuhren (und es waren tausende von Kilometern), dieses Gefühl war ein ständiger Begleiter und das über Jahre. Gleichgültig, wo wir uns befanden, dieses Gefühl wich nicht mehr von meiner Seite. Ich stürzte damals in eine Depression und die gewonnene Freiheit wendete sich in Sinnlosigkeit und Angst. Das Gefühl von „Davonlaufen wollen", um dem zu entweichen, war geprägt und getrieben wie von einer dritten Person oder von Wesen, die aus dem Hintergrund versuchten, mich in den Wahnsinn zu treiben. Was ich zu diesem Zeitpunkt noch nicht wusste, war, dass sich bei uns, durch unseren Lebensstil und die Abwesenheit fremder Einflüsse, das dritte Auge erweiterte.

Als absoluter Neuling in dieser Ebene und nur mit den Erfahrungen der Hypnose ausgestattet, konnte ich nur annähernd verstehen, was da geschah.

Bis zu einem Ereignis, das mir neue Horizonte zeigte. Als wir eines Abends von unserer Arbeit nach Hause kamen - wir hatten zwischenzeitlich einen Laden in einer Touristengegend in Spanien - betrat ich hundemüde das Schlafzimmer. Gleich spürte ich diese bereits gewohnte Situation, die versuchte, mir Angst einzujagen - mit Erfolg. Doch etwas hatte sich verändert. Über die Jahre der Hilflosigkeit resignierte ich nun und löste meinen Widerstand mit dem Gedanken:

„Egal, was jetzt passiert, ich kann und will nicht mehr und wenn es hier und jetzt mein Ende sein sollte, es reicht!"

In diesem Augenblick öffnete sich vor meinen Augen ein Tor, ähnlich einem Wirbelkanal. In diesem Kanal sah ich eine Wesenheit. Ich war sehr erschrocken, denn bis dahin konnte ich so etwas nie sehen. Doch dieser Schock ließ mich wütend und bestimmt werden. Reflexartig versuchte ich, irgendwie automatisiert, das „Ding" auf Abstand zu bringen, indem ich mit lauter Stimme sagte: „Verschwinde, du hast hier nichts verloren! Verschwinde aus meinem Leben und lass mich in Ruhe!". Ich konnte es nicht glauben als ich sah, dass sich dieses „Ding" in diesem Wirbelkanal ein Stück zurückzog. Wenn es auch nicht gleich verschwand, so vergrößerte es doch den Abstand.

Was sehr eindrucksvoll und sich bewusst prägte war, dass, je mehr sich dieses Wesen annäherte, desto mehr sich auch dieses Gefühl verstärkte, dem ich seit Jahren versuchte zu entkommen. Je besser ich es schaffte, dieses Wesen auf Abstand zu halten, desto weniger befand ich mich unter diesem Einfluss. Von dem Zeitpunkt an begab ich mich in absolute Aufmerksamkeit und daraus entstand ein Werkzeug, das zum Durchbruch der Befreiung führte. Ich suchte etwas, was diesem Wesen die nährende Energie entzog, die es benötigte und dadurch zum Begleiter machte. Also kam ich auf eine geniale Idee! Bei allem was ich tat, ob gehen, Essen zubereiten, arbeiten und vieles mehr, machte ich das Wort „Liebe" zu meinem

Rhythmus. Jeder Schritt war behaftet von Liebe, jeder Handgriff war versehen mit dieser Energie der Liebe, die ich gedanklich dahinter setzte. Liebe war und ist bis heute mein ständiger Begleiter. Auch wenn ich das Wort „Liebe“ nicht mehr rezitieren muss, so prägte sich diese Zeit des Wiederholens in meine Zellen und meinen Geist, bis ich selbst zur Liebe wurde. Somit schaffte ich es auch weiterhin, mich ohne Zweifel, Furcht oder andere belastende Einflüsse, in die weiteren Ebenen der Erde zu tasten.

Mir war absolut bewusst, dass der Mensch über diesen Dingen steht. Eigentlich ist ja nicht wirklich etwas Schlimmes passiert in diesen Jahren, außer, dass die spürbaren, negativen Energien einfach nur unangenehm waren und mich fast in den Wahnsinn trieben. Aber ab und zu braucht man eine Keule, um aufzuwachen. Diese Keule war meine wirkliche Befreiung, zumindest in dieser Ebene, denn es folgten noch weitere. Doch jede Ebene, die sich neu zeigte, verlor ihren Schrecken und somit verwandelte sich mein Glaube in Wissen. Das Wissen, dass die im Hintergrund befindliche Macht nicht die Macht über uns hätte, wenn wir uns in einer höheren Schwingung befinden würden. Wären die Menschen fähig, diese Stärke der höheren Schwingung zu nutzen, um sich zu befreien und in ihre Kraft zu kommen, dann könnten die Menschen kollektiv die Befreiung des Planeten einleiten.

Fakt ist: Der Mensch braucht die Angst als Schlüssel zu sich selbst. Ihr braucht keine Angst vor diesen Wesen zu haben. Es ist eher die Angst vor eurer Angst, die euch hindert. Nach diesen Zeilen solltet ihr hinterfragen, ob die Angst vor der Angst nun die eure ist oder die einer Wesenheit, die durch eure Annahme ihrer möglichen Existenz euch die Angst spüren lässt. Denn Sinn macht es nicht mehr, der Angst hinterher zu laufen!

Der Zeigefinger der Veränderung

Wie im Himmel, so auf Erden und was vergessen wurde: So wie in der Hölle, so auch auf Erden. Es geht nicht darum, welches von beiden damit gemeint ist, sondern was man sich herbeiwünscht, wenn auch unbewusst. In der geistigen Entwicklung stehen alle Pforten weit geöffnet. Der Himmel ist soweit geöffnet wie das Universum selbst, eben unendlich. Der Unterwelt sind Grenzen zugewiesen und sie kann immer nur so lange wirken, bis man an eine oder seine Grenzen stößt. Betrachtet man die Erde, wird man feststellen, dass alles aus Grenzen besteht. Als Mensch muss man an seine Grenzen gehen, um sich daraus zu befreien. Ich glaube, das sollte jedem einleuchten. Einleuchten gehört zum Begriff erleuchten, also Erleuchtung. Was wiederum bedeutet, dass man sich etwas bewusst wird. Um sich bewusst zu werden (und das „werden" ist der Begriff für eine mögliche bevorstehende Entwicklung), macht das Grenzen ziehen und haben einen Sinn. Ohne diese Grenzen würden sich die Kräfte aller Welten auf einer Fläche sammeln und es käme zu einem erbitterten Kampf. Der schlaueste göttliche Zug war es, und ich sehe es vielmehr als einen Gnadenzug, diese Welten zu trennen, um die Chance der Entwicklung eines Planeten in der Koexistenz zu finden. Nur für diejenigen, die in ihrer Entwicklung den Sprung über ihre bewusste Handlung hinaus (Überbewusstsein) ohne einen Grund gefunden haben, öffnen sich die Türen in die nächste Ebene, weit über die Horizonte des Weltlichen.

„Ohne einen Grund" ist nun das Schlüsselwort und dann öffnen sich diese Türen, ebenso wie die Liebe, die einen irrationalen Weg hat. Sie ist nicht erklärbar, nur interpretationsfähig. In der Liebe finden sich die Wege, die der übergeordneten Wahrheit entspringen. Aus Liebe geht man Wege, die oft keine Erklärung beinhalten. Liebe ist einfach.

So ist es auch mit den Taten auf Erden. Geht man den Herzweg, öffnen sich Pforten nach oben, verschließt man sich dem Herz, sind es die Pforten nach unten. Alles ist der Frequenz des Tuns untergeordnet. Nun haben die Schlauesten der Erde einen Weg gefunden, die Schwingung der Liebe als eine Bezeichnung zu erklären. In den letzten Jahren traf ich immer mehr Menschen, die sich wiederholt aufriefen, in der Liebe bleiben zu müssen, um Wut, Hass oder Eifersucht aus dem Weg zu gehen. Das ist vielleicht ein Weg, um dem Weg aus dem Weg zu gehen. Die Frage stellt sich, ob es sinnvoll ist und eigentlich enthält es schon einen Sinn: Das Erkennen, dass es nicht der Weg ist. Dafür braucht es Zeit. Zeit jedoch, laut vielen Schreien der esoterischen oder spirituellen Szene, existiere nicht *wirklich*. Auch das ist nicht unwahr. Doch diejenigen, die all das wirklich wissen zu verstehen, werden sich nur bedeckt darüber äußern.

Gerade in den oben genannten Szenen herrscht die größte Täuschung aller Täuschungen. Menschen, die den Weg zu sich selbst suchen, verlieren sich in der Täuschung und entfernen sich von dem, was sie sich *eigentlich* wünschen. Alles Spirituelle oder Esoterische zieht sein Wissen aus alten Überlieferungen, welche die Welt nie wirklich weiter brachten und eher mit Unheil behaftet waren. Wenn wir uns nun einig sind, dass bei allem eine Energie anhaftet, die Energie des Vergangenen, dann sollte man nun sehr vorsichtig sein. Jeder, der damit spielt, spielt mit dem Feuer. Die Identifikation mit dieser Energie macht euch blind für das Neue und lässt tatsächlich das Neue nur schwer an euch heran.

Einige Beispiele sollten euch nun die Augen öffnen:

Ihr sucht nach Heilung und geht zu einem Arzt oder Heiler. Ihr begebt euch in fremde Hände, mit dem Vertrauen, dass euer Gegenüber weiß, was es tut. Von vorne weg, das weiß es mit Sicherheit nicht.

Alle Heiler, die mit Symbolen oder fremden Wesen arbeiten, die aus dem Hintergrund agieren, können euch nur oberflächlich helfen. Doch hinter jeder Krankheit steckt eine tiefe Ursache. Fragt euch, ob die Ursache mit der Krankheit beseitigt wurde! Dann fragt euch, ob eine Ursache, ohne den Grund zu erkennen, überhaupt aufgelöst wurde? Nun sagen euch viele Heiler, was die Ursache sei! Mag sein, dass die vom Heiler genannte Ursache auch der Ursprung war, doch eher selten. Allein die Information erzählt zu bekommen reicht nicht aus, um etwas zu lösen.

Eine wirkliche und dauerhafte Heilung findet man unter den Merkmalen der Bedingungslosigkeit. Sobald eine Bedingung damit verknüpft ist, wird durch eine energetische Bindung Ursache und Wirkung verschoben. In der wirklichen Heilung besteht nur die Bedingung, die Erfahrung zu durchleben, die zu einer Krankheit geführt hat; Fehlentscheidungen im Leben, welche durch die Kopplung der seelischen Essenz zum Irdischen ein Ungleichgewicht zu erkennen geben. Die Chance einer Erfahrung wird durch Medikamente oder einen Heiler überlagert. Die Krankheit selbst ist nur gelindert oder konserviert. Doch die Ursache bleibt. Dabei braucht man sich nicht die Frage stellen, was der ursprüngliche Grund war, denn sehr oft liegt dieser in der Kindheit oder in einer der letzten Reinkarnationen. Sich daran zu erinnern, ist nicht nötig, denn die Chance liegt im Gegenwärtigen. Die Antwort liegt immer in der Gegenwart. *Die Wiederholungen in eurem Leben sind der Zeigefinger der Veränderung und somit die Heilung.*

Es gibt nur eine einzige Art der Heilung und das ist ausschließlich die Heilung durch das Erfahren, denn nur das Erfahren zeigt euch den Weg der geistigen Genesung. Alles, was außerhalb dieser einzig wirklichen Heilmethode liegt, ist behaftet mit Riten und Wesenheiten, an die ihr euch durch eine Heilung bindet, ohne überhaupt gefragt zu werden. Das ist einer der Wege der Täuschung, denn in Wirklichkeit hat bereits jeder Mensch die Fähigkeit der Selbstheilung. Anstatt den Menschen diese Möglichkeit zu zeigen, wird sie eher unterbunden, um weiter Profit zu machen. Des öfteren stieß ich auf Widerstand, speziell bei Heilern, mit der Begründung: „Wenn alle wissen, wie sie sich selbst heilen können, wie soll ich mein Geld damit verdienen? Niemand würde mich dann brauchen!". Oftmals wurden diese Personen auch panisch. Schon wieder einmal steht das eigene Wohl über dem der Menschen. Fast ungeheuerlich.

Eine neue Realität, die bereits für alle zugänglich wäre, wird mit alten Bräuchen überdeckt, um das Leben einer kleinen Zahl von Menschen zu finanzieren. Doch das kennt man bereits aus anderen Szenen wie Politik, Religion und Gesundheit.

Altes und Traditionen

Das Wissen über die Zukunft ist das Wissen der falschen Wahrheiten. Dem sind sich viele nicht bewusst und doch ist das Kartenlegen der Boom schlechthin. Sein Schicksal zu erfahren mündet in der Sucht, allem Schlechten aus dem Weg zu gehen. Auch diese Methode stammt aus dem Alten und wäre in der jetzigen Zeit nicht mehr vonnöten. Die meisten Menschen, die sich in die vermeintliche Zukunft blicken lassen, haben entweder Probleme, meist mit sich selbst, oder unterliegen einer Sucht. Die Sucht der Mythen. Das hier ist die einfachste Art, wie Menschen manipuliert werden können. Entweder sie verfallen dem Wahn einer geglaubten Erbschaft oder eines Gewinnes oder sie warten auf den Mann beziehungsweise die Frau ihres Lebens. Hier wird man durch die Illusion beglückt und gleichzeitig betrogen. Der Betrug liegt in der Sucht der Illusion, die einem das Finden eines Weges erleichtert. Das Kartenlegen, oder besser Tarot, ist mit extremen, nicht erkennbaren Energien behaftet.

Sehr geprägt sind erfahrene Situationen, wo ab einem gewissen Punkt die Medien, also die Personen, die als Medium dienen, entweder einem Wahn verfallen oder krank werden. Weshalb werden solche Menschen selbst in eine derartige Situation gebracht, vor allem, wenn sie als Hellseher, Kartenleger oder Heiler eigentlich die Möglichkeit hätten, es erkennen zu können? Vielleicht haben sie eine Grenze überschritten oder sich selbst in die Unterwelt katapultiert.

Es sollte jetzt keine Hetzjagd entstehen, denn immerhin schreibe ich über Seelen, die sich womöglich, ohne es zu wissen, in Gefahr begeben haben. Und wenn dem so ist, dann geschieht das bereits seit Generationen. Wäre das alles so positiv, weshalb hat sich dann nichts auf dieser Welt verändert? Was sich veränderte waren lediglich die Menschen, die sich zur Verfügung stellten, um Tore zu öffnen, ohne zu wissen, welche Tore es sind.

Vor Jahren traf ich einige Leute, die dem untertan waren. Doch ihre Überheblichkeit stand ihnen im Weg, weil sie sich gefühlt in der höchsten Wahrheit befanden. An der höchsten Wahrheit kann man nicht zweifeln, weil es bereits das Höchste ist. Wenn man daran zweifelt, ist man abgestempelt als Ungläubiger.

Ebenfalls schon vor einigen Jahren sah ich einen Mann, der wirklich ein charismatisches Aussehen hatte. Ich konnte es mir noch nicht erklären und das wollte ich auch nicht. Er nannte sich selbst die Reinkarnation eines Heilers, der die Welt bald retten würde. Er könnte jederzeit das Meer in zwei Hälften teilen. Wenn die Menschheit nicht bald erwache und weiter ihr Unheil treibe, würde er Maßnahmen ergreifen. Er war ein Wanderer mit seiner Familie im Gepäck.

Andere wiederum waren in einem Drogenrausch und benutzten den Rauschzustand, gepaart mit sexuellen Riten, um die neue weltliche Matrix, die sie von Jesus überreicht bekommen hätten, auf die Erde zu bringen. Die Gurus, die sich als Weise der übernatürlichen Form anbieten, sind abhängig von Jüngern oder einer Gefolgschaft. Hätten sie nicht die Menschen, die sie nähren, was wären sie dann? Ich bin kein Gegner, weder von dem einen noch von dem anderen. Bei all den Menschen, denen ich begegnete, fühlte ich tatsächlich eine große Kraft und das Bedürfnis, etwas Gutes in der Welt zu veranlassen. Nur sollte man alles hinterfragen, um auch wirklich das Gute in die Welt zu bringen. Bei allem, wo eine Abhängigkeit im Hintergrund haftet, ist man der Gefahr der unbewussten Manipulation ausgeliefert. Für die Mehrheit steht ihre Existenz auf dem Spiel, wenn sie ihr Einkommen verlieren.

Doch genau aus diesem Verlust wäre die Antwort zu finden und womöglich die Erkenntnis der Wahrheit. Was würden all diese Heiler, Kartenleger oder Gurus tun, wenn sie niemanden mehr hätten, der sie finanziell stützt? Wären sie immer noch in der Ruhe und Ausgeglichenheit, die sie ihren Anhängern predigen? Der, der nichts in der Tasche hat und bei dem sich sein Glück in den Augen spiegelt, ist der wahre Meister des Lebens und bleibt es auch nach seinem Tod, denn er hat das Tor der erhöhten Dimension erreicht. Diese Menschen sind die wahren Meister und sollten euch als Beispiel dienen.

Wenn ihr nun hinterfragen wollt, wo die Vorfahren von Ritualen und Magie sich befinden, könnt ihr euch die Frage wohl selbst beantworten. Es ist eure Entscheidung, wir ihr eure Wege beschreiten wollt. Mir liegt es fern, euch von etwas abzubringen! Es liegt mir am Herzen, euch zu stärken, die Fähigkeiten, die ihr bereits besitzt, für euch auch zu nutzen. Je mehr ihr an euch zweifelt, desto weniger wird sich eure Gabe zeigen. Heiler, Kartenleger, Religionen und Politiker et cetera wollen nur angeblich in eurem Sinne arbeiten. Doch euer Sinn sollte es sein, euch selbst den Weg zu bereiten, denn ihr kennt euch selbst am allerbesten, ihr müsst es nur nach Außen bringen, um es an euch selbst zu sehen.

Grenzenlos

Wie grenzenlos man sein könnte, werden euch nur wenige aus eigener Erfahrung erzählen können. Die Aussagen sind meist aus Büchern hervorgehobene Wunschvorstellungen, die auf Erden nur sehr schwer zu erreichen sind. Grenzenlos zu sein, erreicht jeden Menschen in der Mitte seiner Existenz.

Vor einigen Jahren war ich als Heiler tätig und das mit sehr großem Erfolg. Natürlich fühlte ich mich groß, einzigartig und mächtig. Eigentlich waren die Erfolge nicht wirklich nachvollziehbar und ich verdrängte lange Zeit das Hinterfragen. Irgendwie fühlte ich eine Präsenz hinter allem und es kamen Zweifel, ob das alles so geschehen sollte. Vor allem, da die Menschen, die um Hilfe baten, wie in eine Art Abhängigkeit gerieten. Nachdem ich mich auf die Suche nach Klärung machte fand ich bald heraus, dass diese Kraft von einer sich im Hintergrund befindenden, anderen Existenz beeinflusst wurde und es war nicht nur eine, sondern es waren sehr viele Einflüsse. Damit wollte ich nichts zu tun haben! Diesen Entschluss zu fassen, so wie es zu jener Zeit lief, fiel mir sehr leicht. Vor allem, weil ich meine Existenz und mein Wirken nie von etwas hatte abhängig machen wollen. Wäre meine Arbeit als Heiler damals von finanziellen Faktoren abhängig gewesen, wäre ich womöglich dieser Gebundenheit zum Opfer gefallen. Damals war es jedoch nicht so, genauso wenig wie heute. Es ist sehr wichtig und ich spreche nun für alle: Seid unabhängig, wenn ihr euch auf den spirituellen Pfad begebt. Andernfalls könnt ihr sehr schnell zum Opfer eurer Gutmütigkeit werden.

Mein Entschluss stand damals fest, die Art und Weise der Hilfestellung zu verändern. Ich spürte einen Weg, der die Menschen selbst in ihre Kraft bringen konnte. An dieser Stelle sei noch erwähnt, dass ich immer dem Weg der freiwilligen Spende folgte. Jeder sollte geben, was er mochte oder konnte. Mein Herz veränderte sich nicht, wenn jemand nichts spenden konnte.

Die Erfolge waren wirklich erstaunlich und wurden zum Beweis, dass ihr bereits die Kraft der absoluten Heilung in euch tragt.

Eines Tages, ich kam mit Brigitte gerade von der Arbeit zurück, sah ich schon aus einiger Entfernung einen älteren Mann in unserem Garten sitzen. Ich vermutete bereits, wer es sein könnte. Wir brachten unsere Taschen in unser Heim, Brigitte blieb drinnen und ich bewegte mich hinaus zu dem bekannten Unbekannten. Er saß auf einem Gartenstuhl, fast unbeweglich. Sein Gesicht war bleich und hart. Ich gesellte mich dazu, ohne Begrüßung oder Worte. Für einige Sekunden blieb es ruhig. Nun überwand ich mich und fragte direkt, was er von mir wolle. Er drehte seinen Kopf und sah mir tief in meine Augen. Ohne Umschweife machte er mir ein Angebot, das mich, beziehungsweise uns, zu Reichtum und weltweiter Anerkennung führen würde. Die Stärkung meiner heilerischen Fähigkeiten würde Wunder in diese Welt bringen. Irgendwie war ich geschmeichelt und natürlich kamen schnell verführerische Gedanken. Aber ich blieb mir selbst treu und doch war ich auch neugierig, was mir dafür zusätzlich geboten würde. Das, was er mir zeigte, lief vor meinen geöffneten Augen ab wie eine zweite, parallele Realität und war schon sehr verlockend.

Also fragte ich weiter, was ich dafür geben müsste und er antwortete: „In deiner erschaffenen Welt zu leben. Es ist dein Reich, deine Welt." Na klar, dachte ich mir. Wusste ich doch, dass er sehr schlau ist, hakte nach und fragte, wie denn diese Welt aussähe, die ich mir mit meinem Tun erschaffen würde. Er zeigte sie mir: Es war der Abgrund, wie man es sich kaum vorstellen möchte. Ich würde es als die Hölle selbst bezeichnen. Nun schmunzelte ich und mir rutschte tatsächlich in meinem österreichischen Dialekt heraus: „Du kannst mir gerade mal meinen Schuh aufblasen!" Dieser Satz war durch meine Kindheit geprägt. In der Schule haben wir uns das fast täglich gegenseitig an die Köpfe geworfen. Aber es jemandem, der so mächtig ist, an den Kopf zu werfen, ließ mich wirklich erstarren. Dann sagte ich ihm: „Ich bleibe lieber arm und gebe mich mit dem Nötigsten zufrieden, als die Menschen in die Irre zu führen!"

Was dann geschah, beeindruckte mich zutiefst: Der Teufel selbst verneigte sich mit Hochachtung vor mir. Seine Gesichtszüge wurden weicher und irgendwie konnte ich in ihm so etwas wie eine Freude wahrnehmen.

Wenn dem im Allgemeinen so ist, dann kann ich nur die Tatsache annehmen, dass nicht der Teufel das Leid zum Menschen bringt, sondern der Mensch selbst. Mag sein, dass er die Taktik der Verführung beherrscht, doch annehmen kann man es nur selbst. Die Konsequenzen, die daraus entstehen, um sich selbst größer zu machen und denen jedoch auch Grenzen gesetzt sind, muss man alleine tragen. Das gilt für den Einzelnen ebenso wie für das Kollektiv der Menschheit.

Eine weitere Frage, die ich mir stellte, war: Wenn man sich aus den Klauen der Hölle gelöst hat und noch im Kollektiv lebt, empfindet man die kollektiven Leiden derer, die sich selbst in diese Situation brachten? Gleich vorweg möchte ich sagen: Nein, das muss man nicht.

Diese Begegnung mit dem Teufel in seiner noch liebevollen Art und meine Entscheidung, dem zu entsagen, brachte mich in einen schweren Prozess. Ich war müde, matt, konnte nur schwer gehen und hatte körperliche Schmerzen. Nur der Geist war zufrieden und frei.

Es dauerte einige Monate, bis sich eine Kehrtwende zeigte, die eindrucksvoller nicht sein konnte. Damals hatten wir einen Motorroller, der optimal für die gegebenen Verhältnisse war. Als er anfing zu mucken, musste ich ihn in die Werkstatt bringen, die circa 15 Kilometer weit entfernt in den Bergen von Andalusien lag. Ich dachte eher, es wäre nur eine Kleinigkeit kaputt, doch als ich in der Werkstatt ankam und der Chef sagte, dass der Roller dort bleiben müsste, wurde mir ganz anders. Einen Bus zurück gab es nicht!

Also rief ich eine sehr gute Freundin an. Sie lebte damals 25 Kilometer weit entfernt und konnte nicht gleich kommen. Sie meinte, es würde etwa eine Stunde dauern, bis sie hier wäre. Es war sehr heiß in dieser Jahreszeit und mein Körper spielte auch nicht gerade mit. Aber dort zu warten schien mir sinnlos und ich machte mich auf den Weg, um ihr entgegen zu kommen. Also ging ich los, sehr langsam, denn schnell oder zumindest mittelmäßig ging überhaupt nicht. Bereits nach einigen Schritten fing ich an zu atmen wie ein altes Dampfross. Ich hatte den Zwang zu gehen, aber es wurde immer schwerer und bereits nach einigen hundert Metern wollte ich mich einfach hinsetzen und warten. Während ich noch am Gehen war, überholte mich eine Frau, die sicher schon an die 65 Jahre alt war. Das ärgerte mich und dieser Ärger ließ mich durchhalten. Dann kam eine lange Steigung und ich sah die Frau, wie sie schnellen Schrittes und mit Leichtigkeit den Berg hinauf ging. Nun ärgerte ich mich noch mehr über mich selbst, aber ich ging weiter. Ich drehte mich kurz um, um festzustellen, wie weit ich bereits gegangen war. Es mussten gefühlt bereits Kilometer gewesen sein. Tatsächlich waren es geschätzte 500 Meter. Ich war dem Zusammenbrechen nahe. Kraftlos, willenlos, sinnlos und ich resignierte völlig. Gefühlt wie jemand ohne Arme und Beine, der versuchte, zu gehen.

Auf einmal hörte ich etwas, ähnlich einem Knall, in meinem Kopf. Ein kurzer Schreckensmoment ließ mir das, was gerade geschah, nicht bewusst werden. Meine Beine fingen an, einen Schritt nach dem anderen zu setzen und ich konnte die Straße nicht mehr so fühlen, wie sie sich davor immer angefühlt hatte. Sie war eher weich. Der Berg, den ich vorher nur schwer betreten konnte, schien, als ob er sich neigte und es gerade werden ließ. Das Tempo der Schritte steigerte sich, bis nun ich die ältere Frau überholte und mir dann erst bewusst wurde, wie schnell ich ging.

Alles in der Wahrnehmung veränderte sich und mein Herz füllte sich mit einem Gefühl, so stark und rein, wie ich es zuvor nie hatte fühlen können. Die Farben, die ich sah, veränderten sich. Sie waren leuchtender und von absoluter Reinheit. Die Tiere, die mir auf dem Weg begegneten, verstärkten die Gefühle. Auf dem Berg angekommen, schaute ich in die Ferne und sah dabei eine ganz andere Ferne. Eine zweite Ferne, die über der alten Ferne lag, wie eine andere Dimension, eine andere Welt, die zwar der mir bekannten Realität ähnelte, diese aber doch nicht war. Dann fiel mir auf, dass sich meine Atmung veränderte. Trotz der schnellen Schritte musste ich kaum atmen. Sehr außergewöhnlich, denn der Körper benötigt normalerweise wesentlich mehr Sauerstoff, wenn man schneller geht oder rennt. Dann war da noch etwas, was mir auffiel! Ich blieb nun stehen und wollte überprüfen, ob mich mein Gefühl täuschte. Als ich versuchte, meinen Herzschlag zu fühlen, der durch das schnellere Gehen auch schneller hätte schlagen müssen, konnte ich keinen Herzschlag mehr wahrnehmen.

Kurz erschrak ich zutiefst, konnte mich aber bald wieder fassen. Nun konzentrierte ich mich noch einmal und das einzige, was ich fühlte, war eine Vibration anstatt eines Herzschlages. Ich schaltete den Kopf aus, denn durch das unwahrscheinlich schöne Gefühl war es mir vollkommen gleichgültig geworden und es benötigte kein „weshalb" mehr.

Ich ging weiter meiner Freundin entgegen. Bereits nach einer halben Stunde kam sie auf mich zu. Sie fragte mich, wie das möglich sei? Sie sei doch noch sieben Kilometer entfernt vom Dorf! So konnte ich ihr nur erzählen, was geschehen war. Ich forderte sie auf, meinen Herzschlag zu prüfen, aber sie konnte ihn ebenfalls nicht fühlen, lediglich ein kleines Summen. Auch Brigitte bestätigte später dasselbe. Es gibt Wunder auf dieser Welt, die keine Erklärung brauchen. Ich kann nur jeden Menschen dazu aufrufen, diese Wunder anzunehmen. Sie sind hier und sogar sehr nahe, wie ich später in einer anderen Form erleben durfte. Der Materialismus, dem ihr auf Erden folgt, ist die täuschende Illusion auf dieser Welt. Wer sich davon löst, wird tatsächlich den Himmel erschaffen, selbst wenn es mitten in der Hölle ist. Denn dann, auch wenn man inmitten der Angst des menschlichen Kollektivs lebt, ist man befreit von Angst, Neid und menschlichen Lasten.

Über die Grenzen hinaus

Menschen mit den größten Verlusten sind die größten Gewinner. Menschen mit den größten Gewinnen sind die größten Verlierer. Wenn du nichts besitzt und sich trotzdem Menschen um dich sammeln, weißt du, dass es Menschen sind, die nichts von dir wollen. Sie sind deinetwegen hier. Menschen, die viel besitzen, werden nie erfahren, ob ihre Begleiter und Freunde noch da sind, wenn sie nichts mehr haben. Es lässt sie zweifeln und so versuchen sie, durch ihre erlangte Stellung Menschen an sich zu binden, um ihre Macht auszuüben und weitere Macht zu erhalten. Diese Macht ist Gift für ihren Geist. Es verändert stückchenweise den Fokus in ihrem Leben und die einzige Liebe, die sie finden, ist meist nur die Liebe zu Geld und Macht. Auf kurz oder lang führt auch diese Erfahrung zu einer Erkenntnis, die Erkenntnis des Momentes der absoluten Getrenntheit. Die Getrenntheit von Glücksgefühlen, innerer Sicherheit, Liebe und vor allem dem Lebenssinn.

Im Rahmen unserer Reisen durften wir eine Vielzahl von Menschen kennenlernen, von bettelarm bis unverschämt reich. Weshalb auch immer hatten viele Mitglieder dieser bunten, sozialen Schichten das Bedürfnis, sich uns zu öffnen. Im Endeffekt konnten wir unter den Reichen keine finden, die wirklich glücklich waren. Die kurzen Glücksmomente hatten sie nur in Verbindung mit materiellen Dingen, ob es nun ein Auto, eine Yacht oder Häuser waren. Im gleichen Atemzug ihrer Erzählungen wurde immer die Erhaltung dieser Anschaffungen als belastender Umstand erwähnt, der sie wirklich nervte. Je mehr Geld, desto mehr Anschaffungen, um so größere Erhaltungskosten und angehäufte Probleme. Der Kopf kreist tagein und tagaus ums Geld, um seinen Status halten zu können. Wie sollen daraus wirkliche Glücksgefühle entstehen?

Ganz anders bei Menschen, die so gut wie nichts besaßen, so arm, dass sie nicht einmal einen Kredit hatten. Sie waren arm, aber frei. Ihr Fokus war deutlich einem anderen Reichtum zugewandt. Der Fokus galt der Freude und dem Herzen. Der Unterschied war so groß, dass sie bereits bei kleinen Geschenken, die wir diesen Menschen machten, in Tränen des Glücks ausbrachen. Natürlich versuchte ich das auch bei den Reichen. Das Resultat könnt ihr euch sicher selbst vorstellen.

Ein Multimillionär, der uns an einer Promenade in Spanien über lange Zeit beobachtete, blieb eines Tages stehen und sprach mich an. Er erzählte mir von seinem Reichtum und sagte dabei: „Weißt du, ich laufe nun jeden Tag an euch vorbei und sehe, dass ihr nicht viel besitzt. Ich habe hier im Hafen drei Wohnungen und eine Yacht, in Spanien und Deutschland mehrere Häuser. Ich bin so reich, dass ich mir alles leisten kann. Aber wenn ich euch so sehe, weiß ich, dass du wesentlich reicher bist als ich." Wenn ich nun ehrlich bin, besaß ich damals nichts und heute genauso wenig und es fehlt mir der Grund, das ändern zu wollen.

Wenn ihr euer Glück noch nicht gefunden habt, dann nur deshalb, weil euer Fokus nicht auf wirkliches Glück ausgerichtet ist. Nichts im Leben wird euch glücklicher machen, als eure Freiheit zu spüren. Wenn ihr womöglich kurze Glücksmomente erhascht, dann ist das nicht wirklich ein dauerhaftes Glücksgefühl. Solange es noch nicht dauerhaft ist, seid ihr noch von euch selbst getrennt. Wie weit ihr noch von eurem dauerhaften Glück entfernt seid, könnt ihr an den Abständen zwischen kurzen Glücksgefühlen und den Lücken dieses Gefühls erkennen. Kommen diese Glücksmomente in kürzeren Abständen, seid ihr dem nahe. Sind sie jedoch selten, habt ihr euch davon entfernt. Die Entfernung, die ich meine, ist die seelische, die Quelle eurer Existenz. Seht es einfach als einen Parameter, als Hilfsmittel, um euch selbst näher zu kommen. Wenn eure Achtsamkeit in die Richtung gelenkt wird, wann ihr diese kleinen Glücksmomente fühlt, werdet ihr ganz ohne euer Zutun weiter auf dem Weg dorthin geleitet. Erst wenn du das dauerhafte Glück in dir spürst, dabei kann es auch zu Momenten der Trauer kommen, die sich mit Glück paaren, kann sich die Gegebenheit für einen weiteren Schritt öffnen. Der nächste Schritt wird das Gefühl der wahrhaftigen Liebe sein und lässt das verblassen, was du vorher als Liebe verstanden hast. Das, was du kennst, ist nichts anderes als die gebundene Liebe. Die gebundene Liebe braucht einen Grund zu lieben. Die Liebe zu etwas Materiellem, die Liebe zu einem Menschen, einem Haustier oder die Liebe dazu, etwas zu tun. Das kann Liebe zum Essen sein, die Liebe zu einem Handwerk oder Sport. Egal was es sein mag, es ist nicht die wirkliche Liebe, sondern immer nur ein kleiner Einblick in das Gefühl. Deshalb ist die wirkliche Liebe die größte Form der Wahrheit, also Reinheit.

Nur die absolute Wahrheit ist unbefleckt von etwas, egal was es auch ist. Wenn man nun berücksichtigt, wie viel auf dieser Erde gelogen wurde und wird, dann kann keine wirkliche Liebe gefunden werden. Die wahrhaftige Liebe ist kein momentbedingter Zustand, der einmal kurz aufflackert, wenn die Gelegenheit gerade günstig ist. Dieses Aufflackern ist eher ein egobezogener Moment, der euch kurzfristig glücklich macht. Erkennt ihr nun den Kreislauf? Wenn nicht, lest dieses Kapitel noch einmal! Liebe ist die unbefleckte Wahrheit! Sie ist die Bewusstwerdung eurer eigenen Existenz in der Gesamtheit und an nichts gebunden. Wenn ihr euch in eurer Gesamtheit so annehmen könnt, wie es der Ursprung oder eure Quelle für euch vorsieht, dann habt ihr eure Herkunft und eure Essenz gefunden. Das wird zu eurer Energie des Lebens, die keine fremden Einflüsse oder Energien mehr benötigt, um an einem Lebenswillen festzuhalten. Wie oft kam euch bereits der Gedanke, dass das Leben keinen Sinn mehr ergibt? Kaum tritt eine Kehrtwende ein, behaftet mit einer Illusion, so löst sich die Lebenssinnlosigkeit. Nun ist der Kopf angeregt, genau dieser Illusion hinterher zu laufen, um im Endeffekt wieder dort hinzugelangen, wo man anfing. Und schon wieder steht ihr da und fragt euch nach dem Sinn des Lebens. Belasst es bei der Sinnlosigkeit, das ist mein Rat an euch. Seht keinen Sinn mehr! Wenn ihr nicht irdisch seid, sondern universell, also die Existenz eurer Seele ihren Platz im Universum hat, könnt ihr nicht irdisch euer Glück finden. Ihr werdet euer Glück nur in der universellen Bewusstwerdung finden. Universell ist gleichzustellen mit grenzenlos. Das Grenzenlose ist wie ein Urknall, der dich mit deiner Seele berührt und das kann nur ohne Anhaftung geschehen, ohne eine Haftung an das Irdische. Sobald ihr das erreicht, fühlt ihr die wirkliche Liebe. Diese Liebe kann nur grenzenlos sein, weil ihr selbst über die Grenze hinaus gegangen seid. Doch nun könnt ihr dieses Gefühl in die weltliche Region mit integrieren.

Wenn das geschehen ist und ihr nur aus Wahrheit besteht, öffnen sich die Grenzen gegenüber der Menschheit und den Umständen der irdischen Belastung. Auch in diesen Zuständen der Erfahrung wird man sich schnell bewusst, dass man genau das tun muss, was alle Menschen machen, nämlich Grenzen zu ziehen. Doch dieses Mal zieht man die Grenzen aus Liebe und nicht aus Habgier. Die Wahrheit der Grenzen sind die Grenzen der Wahrheit, zum Schutz der Gesamtheit. Unabdingbar in der irdischen Frequenzebene.

Grenzen ziehen, um grenzenlos zu wirken

Grenzen zu ziehen, solange die Erde selbst nicht eine Ebene der höheren Frequenz erlangt hat, ist wohl unabdingbar. Während es den Menschen immer nach neuen Herausforderungen dürstet, braucht es eine klare Linie, wie weit jemand gehen darf, um sich selbst und andere zu schützen. Die grenzüberschreitenden Eigenschaften sind ein Erbgut und betreffen alle Menschen auf diesem Planeten, solange sie selbst nicht in einer erhöhten Frequenz schwingen. Obwohl nicht alle Menschen gleich schwingen und die Grenzen in der Regel angepasst werden sollten, wäre ein solches Vorhaben eine Lebensaufgabe. Somit muss eine Grenze von vornherein bestehen, damit jeder einzelne sich weiterentwickeln kann.

Wir selbst wurden in diese Prozesse verwickelt, um überhaupt erleben zu können, wie weit eine Grenzauflösung oder Grenzlockerung wirklich gehen kann. Diese Grenzauflösung und das Leben in der sogenannten Bedingungslosigkeit führten fast zu meinem irdischen Tod. Verwunderlich war, dass dies von Menschen ausgelöst wurde, die selbst den Spirit studierten und danach leben wollten. Sie hatten den Wunsch nach einer harmonischen Koexistenz, in der man so sein kann, wie man ist und Liebe und Verständnis ohne Einschränkung leben darf. Also sah ich mir an, was daraus resultieren kann. Zu Anfang wusste ich bereits, dass dieser Prozess an die Grenzen meiner irdischen Existenz gehen würde und gab diese Information genau so weiter. Nach circa einem Jahr kam es zu diesem Ereignis! Ich bereitete mich darauf vor und ging durch Rückzug in meine Stille. Dabei entzog ich dem ganzen Umfeld meine Energie. Ergo, ich zog eine Grenze. Daraufhin veränderte sich die Stimmung und es kam zu einem Vorwurf, der gegen mich gerichtet wurde. Bei diesen Gesprächen waren außer mir noch drei Menschen anwesend, zwei davon nahmen Drogen und alle wirkten wie besessen. Sie schrien und versuchten in mein Energiefeld einzugreifen. Ohne Erfolg! Ich saß ruhig am Tisch und hörte mir an, was sie zu sagen hatten. Meine Ruhe ließ sie schier verzweifeln, doch nur so lange, bis sie ein Schlüsselwort aussprachen, welches mein Energiefeld zum Einsturz brachte. In diesem Augenblick entzog mir eine Wesenheit aus dem Hintergrund meine Lebensenergie. Nach gerade einigen Minuten musste ich sofort handeln. Erst danach wusste ich, dass ich es nicht mehr lange überlebt hätte. Bis zu diesem Zeitpunkt hätte ich nie geglaubt, dass so etwas möglich sein könnte.

Es dauerte Monate, bis ich mein altes Level, wenigstens ansatzweise, wieder erreicht hatte. Nur wenige Stufen zu gehen ließ mich an meine körperlichen Grenzen stoßen. Ich mache hier niemandem einen Vorwurf. Ich ließ mich bewusst auf dieses Experiment ein, obwohl ich schon ein Jahr zuvor wusste, wie weit es gehen konnte. Die drei Personen, die der Auslöser dafür waren, waren ebenso nur Marionetten, um dieses Ereignis einzuleiten. Ich bin keinem der drei böse, und die Gefühle sind immer noch dieselben wie vor dieser Begebenheit. Sie sind alle wunderbare Menschen und doch musste ich mich komplett von ihnen distanzieren. Die Grenze, die ich ziehen musste, war äußerst schwer zu halten. Nicht nur die Grenze zu den dreien, sondern die Grenze zu den im Hintergrund stehenden Wesen. Ich bin nach wie vor davon überzeugt, dass die beteiligten Menschen ebenso unter der Öffnung dieser Türe litten wie ich selbst. So etwas kann einen innerlich zerfressen. Unter normalen Umständen wäre man auf die Personen wütend, doch alle haben aus einem geglaubten Recht gehandelt. Aus einer Angst, aus dem Gefühl, nicht angenommen zu werden und aus einer Illusion heraus. Eine Konfrontation enthält immer eine negative Ursache und dabei spielt es keine Rolle, ob gerechtfertigt oder nicht, denn eine Bedingungslosigkeit verzichtet auf eine Rechtfertigung.

Wir versuchten trotz alledem, die Grenzen so weit wie möglich geöffnet zu halten, leider ohne Erfolg. Geöffnete Schranken veranlassen Menschen, durch fehlende Empathie alles zu überrennen, solange sich kein Widerstand zeigt. Gerade dort, wo Licht herrscht, werden andere, die Licht suchen, angezogen. Doch das Licht könnt ihr nicht von anderen absorbieren, ohne selbst dabei Schaden zu nehmen. Jeder Mensch auf diesem Planeten zieht Energie von anderen. Nehmt alle negativen Eigenschaften, die euch einfallen und denkt darüber nach, welche auf euch zutreffen. Ihr werdet feststellen, dass sich diese Eigenschaften immer in Verbindung mit anderen Menschen zeigen oder vielmehr einen Bezug zu diesen haben. Ihr hasst einen anderen Menschen nicht nur, wenn er euch gegenübersteht, ihr hasst ihn auch in euren Gedanken, also geistig. Das ist wesentlich schlimmer, als wenn ihr demjenigen direkt begegnet. Ihr entzieht auch in diesem Fall dem Gegenüber Energie, ohne dass sich dieses dessen überhaupt bewusst werden kann. Das meine ich nun absolut ernst, denn es ist wesentlich für eure persönliche Entwicklung! Ihr zieht fremde Energie von einem anderen, was diesen schädigt und euren Geist vergiftet, um die gewonnene negative Energie an eine niedrig schwingende Ebene wieder abzugeben. Das grenzt nicht nur an Perversion, es ist die Perversion schlechthin. Mag sein, dass es einige bezweifeln und auch das hat seinen Nutzen, denn damit wurde bereits ein Prozess ausgelöst. Macht euch einmal darüber Gedanken, wenn ihr mit diesem Bewusstsein etwas Negatives denkt. Es wird euch bewusst werden, wen ihr damit nährt und wem ihr möglicherweise damit schadet. Was würde mit dieser Tatsache passieren, wenn ihr es schaffen könntet, euren Gedanken und eurem Geist eine solche Aufmerksamkeit zu schenken, dass ihr fähig werdet, negative Gedanken aus eurem Erbgut zu verbannen? Ihr würdet einen Wandel einleiten. Ein gegenseitiger Energieraub würde erheblich reduziert. Doch die Menschen benötigen Energie und nicht nur in Form von Lebensmitteln. Es ist die Energie des Lebenswillens, der geistige Wille der Existenz. Der Körper braucht Nahrung als Energiequelle, der Geist eine Energie, um Prozesse einzuleiten. Für den Geist gibt es zwei Energiequellen: Einerseits die Energie anderer Menschen oder Tiere und andererseits die Energie aus eurer Quelle, der Seele. Solange ihr euch gegen euer Seelenleben entscheidet, welches die Wahrheit und Liebe in höchster Form ist, müsst ihr euch auf das Niedere konzentrieren und das findet ihr neben euch im Irdischen. Das Niedere nährt das Niedrige, das Höchste nährt das Hohe eurer selbst. Die Umstellung, die geistige Energiequelle einzuleiten, ist äußert schwierig und komplex. Es ist wie die Einsamkeit und Furcht nach oben zu ziehen, um sie erkennen zu können. Ihr werdet euch allem bewusst, was durch euer Tun eingeleitet wurde. Es ist wie eine Fastenkur, die den Körper reinigt, nur, dass es nun um euren Geist geht. Der Geist nähert sich seiner Quelle und stößt dabei auf Grenzen, die zwischen den Ebenen liegen, gut bewacht und gehütet. Sie zu durchschreiten, benötigt Geduld. Doch es wird sich für euch lohnen, denn dahinter liegt die Wahrheit jeglicher Existenz und es kommt zur Dämmerung der Finsternis.

Das ist das eigentliche Erwachen, von dem so viele sprechen. Das Erwachen, das ihr kennt, liegt eher im geglaubten Wissen, wer die Strippen des Systems in der Hand hält. Dieser Glaube ist nur ein Glaube und zeigt euch nicht einmal annähernd die Wahrheit. Diese geglaubte Wahrheit ist ebenso fern, wie ihr euch bereits von eurer Seele entfernt habt. Ihr kämpft gegen das, was ihr sehen könnt, weil ihr nicht wisst, dass es noch etwas gibt, das ihr nicht sehen könnt. Sobald ihr anfangt, euch auf das Wesentliche zu konzentrieren und eure Essenz zum Vorschein bringt, wird den Dahinterliegenden, die die Welt in ihrer Herrschaft haben, die Energie entzogen.

Mag sein, dass viele glauben, es sei für Brigitte und mich wesentlich einfacher, da wir die Wesenheiten sehen können. Wir haben sie im Laufe der Jahre studiert und ihnen die Annäherung gewährt. Um sicher zu gehen, dass das, was wir sahen, nicht nur eine Einbildung war, haben Brigitte und ich über das

Aussehen der Wesen immer nur Bruchstücke erwähnt, die vom anderen ergänzt werden mussten, damit es sich bestätigte. Somit konnten wir die Wesen eindeutig identifizieren. Je mehr wir dieses Spiel fortführten, desto mehr Wesen kamen. Alle hatten ihre speziell fühlbare Energie und bald konnten wir feststellen, welche uns gut gesinnt waren und welche nicht, was sie von uns wollten oder ob es nur Neugierige waren. Wir waren sehr erstaunt über Aussehen und Eigenschaften. Markant war, dass der absolute Großteil der Wesen sehr friedvoll war. Es geschah nur selten etwas ohne unseren Willen. Wenn doch, waren es nur kurze Momente, nach denen wir sofort wieder Herr der Lage wurden. Was uns nach einiger Zeit als Eindruck blieb, war: Je weiter man sich selbst der Herausforderung der Wahrheit nähert, desto intensiver werden die positiven Einflüsse der höheren Ebenen. So wie jeder Mensch die Einflüsse der unteren Ebenen wahrnimmt und danach handelt, so sind es ab einem Wandel die positiven Einflüsse, die genauso gegenwärtig und real sind. Wenn ihr nach dem Höheren strebt, entzieht ihr den unteren Ebenen die Nahrung.

Erschreckenderweise lässt sich der Großteil der Menschheit in die Tiefen der niedrigen Ebene locken. Durch moralischen Verfall, bereits in jungen Jahren erkennbar, sowie mit den Tiefen der digitalen, vernetzten Unsinnigkeit, wird die Zukunft unter den Einflüssen niederer Schwingung leiden. Wer sich dem entziehen will, tut gut daran. Jeder kann sich davon abgrenzen und wird sich trotz der niedrigen Umstände als höher erfahren.

Die multiplen Gesichter der Gegenwart

Die Vergangenheit ist wie ein Traum. Die Erinnerungen sind die blassen Vorstellungen einer Verzweiflung. Weshalb hat man Träume oder Erinnerungen?

Ist es so schwer, sich bewusst in der Gegenwart zu bewegen, den absoluten Moment anzunehmen? In der Gegenwart in so geringem Ausmaß bewusst zu leben, bedeutet, dass sie so derart schlecht sein muss, dass man gefangen ist in der Zukunft oder der Vergangenheit. Oder man verliert sich in der digitalen, irrealen Welt der Illusionen.

Die Gegenwart hat so viel zu bieten! Wenn man sein Leben der Gegenwart widmen würde oder könnte, wäre die Vielfalt nicht einmal ansatzweise ausgereizt. Sie ist so spektakulär, facettenreich und grenzenlos, mit nichts auf dieser Welt vergleichbar. Der einzige, nicht greifbare Vergleich wäre das Universum.

Die einheitliche Gegenwart ist der Mittelpunkt allen Seins, eine Reflektion einer unendlichen Kraft.

Verständlich ausgedrückt: Die Menschen leben in der Zukunft mit dem Angelpunkt der Vergangenheit und daraus resultiert die Gegenwart. Das ist nicht die einheitliche Gegenwart, sondern die persönliche. Deshalb langweilt sie, auch, weil sie nur das spiegelt, was ihr sowieso seid, eben das Zusammengewürfelte zweier Seiten, Zukunft und Vergangenheit. Es ist bei dem gängigen Bildungssystem und der gegenwärtigen Erziehung nur verständlich, dass es nur diesen Weg gibt. Man kennt auch keinen anderen. Des Lebens müde, sucht ihr Richtungen, die eine Ruhe ergeben sollten, um dem unkontrollierten Gedankenansturm irgendwie zu entkommen. Der Problemhaufen, der sich im Laufe der Jahre in eure Köpfe geprägt hat, penetriert das Gehirn, bis euch ein Burnout trifft. Das Burnout ist eine Modeerscheinung, die der Verzweiflung freie Fahrt gewährt. Die Leistungsanforderungen, die an euch gestellt werden, sind enorm und kaum noch zu ertragen. Die angehäuften Verpflichtungen hängen euch im Genick und lassen dem Spielraum der freien Entfaltung keinen Platz mehr. Man möchte meinen, dass mit der Entwicklung hin zu der sogenannten hohen Zivilisation ein Reglement erschaffen werden kann, welches das Leben leichter macht. Solltet ihr euch dann nicht fragen, weshalb euch das nicht gelingt? Eigentlich bleibt euch nichts anderes übrig, als das erdachte Konstrukt, welches euch fast in den Wahnsinn treibt, stückchenweise wieder abzubauen. Dass das nicht von einem Moment zum anderen klappt, liegt wohl auf der Hand. Eure eigenen Gedanken sind es, die euch durch einen Streich eine Rückkehr zur wirklichen, gegenwärtigen Realität erschweren. Ihr könnt euch noch so anstrengen, um durch einen schnellen Ausstieg der unkontrollierten Gedankenflut zu entkommen. Es wird euch nicht gelingen, zumindest nicht, bis ihr bereit seid, den Kern eurer Existenz ergründen zu wollen. Es soll euch gesagt sein: Solange ihr im Weltlichen haften bleibt, habt ihr keine Chance, dem zu entkommen. Eure Gedanken sind weltlicher Natur und der Geist ist bereits davon infiziert. Eine Neuerkenntnis braucht immer eine neue Erkenntnis! Wie wollt ihr etwas Neues erkennen, wenn ihr nur in dem verharrt, was alt ist? Mag sein, dass einige kleine Erkenntnisse euch kurzzeitig einen Hoffnungsschub gönnen, doch mehr wird es nicht werden. Versucht einmal, nicht irdisch zu denken und zu fühlen. Dafür braucht ihr keinen Glauben daran, dass ihr aus der göttlichen Essenz der Universellen Kraft kommt. Geht in das Unbekannte, nicht irdisch Gebundene, eben ins Universum.

Wenn ihr eurem Geist die Chance gebt, sich auszubreiten, werdet ihr andere Merkmale eurer Existenz von selbst erfahren. Ihr benötigt nicht viel dazu, denn das weltliche Denken ist der Welt zugeordnet und das grenzenlose Denken dem Grenzenlosen.

Anstatt sich einer Meditation hinzugeben, die euch geprägt hat, anstatt verzweifelt den Versuch zu starten, erzwungen gerade einmal zehn Sekunden nicht zu denken, geht in den Forschergeist des Grenzenlosen. Ob ihr daran glauben wollt oder nicht, macht euch im Geist auf die Suche nach eurer Seele. Seht euch dabei das Universum an, ohne darüber nachzudenken, ob das, was ihr währenddessen erblickt, nun stimmen kann oder nicht. Lasst es einfach geschehen. Das, was ihr seht, kann immer nur eine Realität sein, denn auch das Gedachte ist eine Realität, selbst wenn es nur für kurze Zeit ist. Nur weil es nicht irdischen Ursprungs ist, heißt es nicht, dass es nicht real sein könnte! Alles, was gegenwärtig im Kopf geschieht, ist eine momentane Realität. Es ist eine Facette eurer Wirklichkeit, auch wenn es nur eine Phantasie ist. So ist es mit allem, was euch im Moment begegnet, ob im Wachzustand, in einem Traum, in einer Illusion, bei der Arbeit, beim Sport, beim Schreiben eines Buches, in der Wut, in der Liebe. Egal wo ihr euch gerade befindet, ist es eine Realität! Macht diese Realität zu eurer, ohne darüber zu werten, ob sie Unsinn ist oder nicht. Wenn ihr über das nachdenkt, was Sinn macht, habt ihr euer Leben bereits gelebt. Denn es seid ihr, die über den Sinn des Lebens nachdenkt. Wenn ihr glaubt, darüber nachdenken zu müssen, wie wollt ihr euch dann finden, wenn ihr die irdische Existenz mit der seelischen Existenz verwechselt? Ihr braucht nicht den Sinn eurer Seele verstehen! Ihr braucht euch nur auf die Suche nach ihr zu machen und ihr werdet die Antworten ganz von allein bekommen.

Sobald jemand seinen seelischen Ansatz zumindest kurz fühlen durfte, wird sich sein Handeln in dieser Welt ändern. Dieses Ereignis ist so eindrucksvoll, dass es dein Leben verändern wird.

Ich möchte nicht den Glauben erscheinen lassen, dass Denken unsinnig wäre. Denken ist im Irdischen unausweichlich und wichtig, solange es dem Irdischen dient. Denken ist der logische Aufbau oder der Versuch, Unerklärbares mit einer Logik zu verbinden. Hier nun die Wichtigkeit: Die Logik im

Weltlichen zu belassen und den Geist im Unendlichen. Wenn ihr eurem Geist die Freiheit lasst, sich auszudehnen, ohne es gleich mit einem Verständnis versehen zu wollen, wird der Geist es mit eurem Verstand verknüpfen. Gebt ihr jedoch eurem Verstand die Kontrolle, wird es unausweichlich passieren, dass der Verstand euren Geist einschränkt. Tesla hatte es wohl geschafft, seinem Geist diesen Raum zu geben. Kannte Tesla denn bereits alle Einzelheiten über seine Erfindungen? Nein, er bekam sie stückchenweise und nicht auf einmal. Aus der Logik heraus waren seine Erfindungen unrealistisch. Er wurde oft genug belächelt, weil andere dem nicht folgen konnten. Erst als Tesla es schaffte, seine geistigen Informationen zu verarbeiten und unbeirrt seiner Intuition folgte, konnte er durch seine sichtbaren Erfolge es materiell denkbar machen. Das bedeutet, man muss es sehen können, um es zu glauben. Wie oft seht ihr etwas, was ihr nicht verstehen könnt? Doch ihr habt keinen Zweifel daran, weil es euch vor Augen geführt wird, sichtbar und fühlbar. Der Verstand kann es dennoch nicht greifen, außer man studiert es, um es zu verstehen. Dafür eignet sich der Kopf. Doch genauso verhält es sich mit dem Geist. Der einzige Unterschied ist, man kann es nicht sofort reell erfahren. Allein die Tatsache, dass ihr dem vertraut, was ihr fühlt bei der geistigen Schau, führt zum nächsten Schritt. Ebenso wie bei Tesla und vielen anderen, die Zugriff auf die universelle Essenz hatten.

Eigentlich wäre es das Einfachste auf Erden, wenn nicht euer Kopf bereits manipuliert wäre. Noch nie waren die Menschen einer globalen Erleuchtung so nahe auf Erden. Nicht umsonst finden sich so viele Störfaktoren auf dieser Welt wie zur Zeit. Ihr bekommt alle Antworten bereits präsentiert. Der Trick ist, es als Fiktion darzustellen, also etwas unrealistisch erscheinen zu lassen.

Wenn der Geist der Menschheit der Erschaffer der Realitäten ist, dann manipuliert man ihren Geist, um aus einer möglichen Wahrheit eine fiktive Geschichte zu machen. Alles, was als nie erreichbar angesehen wird, weil es keinen reellen Ursprung hat, ist nur eine Geschichte, die bald zur Geschichte wird. Das ist die größte List der Listigen, die den verzweifelten Versuch machen, die Welt in ihrer unterdrückten Position zu halten. Sie erzählen die Wahrheit und verzerren dieses Bild so derart, dass man es nicht mehr glauben kann oder möchte. Das ist der bewusste Eingriff in euer Denken und Handeln.

Weshalb lasst ihr euch von den fremden Einflüssen leiten? Sind es denn eure Geschichten, Wahrheiten oder Glaubensmuster? Ihr lebt ausnahmslos vorgefertigte Wege! Ihr seid genau so wie Teslas Widersacher! Sie glaubten nur das, was bereits vorhanden war, weil sie keine Vorstellung davon aufbauen konnten, was möglich wäre. Dabei wurden die Widersacher zum Sprachrohr für andere Personen. Sie teilten sich mit und spotteten über einen Menschen, der vieles in die Welt brachte. Es gab eine Menge Leute, die diesen Spott weitertrugen und als weiteres Sprachrohr dienten. Es ist wie die Flüsterpost, die von einem Ohr zum anderen gereicht wird.

Wer nun glaubt, dass die Situation gegenwärtig besser ist als damals, der irrt ganz gewaltig. Im Gegenteil, sie ist wesentlich schlimmer als früher. Durch die digitalisierte Welt wurde alles schneller, auch die Manipulation.

Wenn wir uns nun die Wahl zwischen dem einen und dem anderen ansehen, dann sollte sich jeder von euch die Frage stellen, was er zu verlieren hat, wenn die bewusste, seelische Suche ein Bestandteil seines Lebens wird. Was macht es für einen Unterschied? Eigentlich können der Versuch, sein Leben zu überdenken und die geistige Kunst des Zulassens einer neuen Realität lediglich eine Bereicherung sein. Vorausgesetzt, man verfällt nicht gleich einem Wahn, was wiederum vielen passiert. Lernt, euch selbst zu trauen und die daraus gewonnenen Erkenntnisse in euer Leben einfließen zu lassen, ohne gleich einen anderen Menschen mit euren erlangten Einsichten zu überfluten. Denkt immer daran, dass eure Erkenntnisse für andere Menschen nur Animation sein sollten und nicht ein religiöses, fanatisches Lebensbekenntnis.

Was bewirkt eine erweiterte Form? Den Geist als Bestandteil des Körperlichen und als Verbindung zum Seelischen zu erkennen! Zusätzlich birgt der Geist die Fähigkeit der Einsicht ins Universelle und der Informationsübermittlung, für eine gegenwärtig orientierte Lebensweise, aus der eine zukünftige von selbst entsteht: Die intuitive und reine Form des Lebens.

Wir versuchten es und leben weiterhin unser Leben nach diesen Maßstäben. Nach Jahren der Erkenntnisse kann ich sagen, dass es für uns zur absoluten Philosophie wurde. Herausfordernd, konfus, undurchsichtig, spontan, lethargisch, unwissend, unsicher und unverantwortlich. Untypisch für die moderne Gesellschaft und nicht erstrebenswert. Aus unserer Sicht besteht die Herausforderung darin, alles aus dem Momentanen zu leben. Konfus, da die anliegenden Dinge dann erledigt werden, wenn es angebracht ist. Undurchsichtig, weil wir keinen Plan benötigen, um zu leben, sondern das Leben der Plan ist. Spontan, weil unser Leben, ausgerichtet nach Spontanität, das Leben lebenswert macht. Lethargisch für die meisten, weil die Motivation, um etwas zu tun, nicht benötigt wird. Arbeiten zu wollen ist das Motto und nicht arbeiten zu müssen. Unwissend, weil wir nicht vorgeben, eine Ahnung von etwas zu haben und endgültiges Wissen nie erreicht werden kann. Dazu müsste man alles Wissen bereits in sich tragen. Unsicher in Bezug auf unseren Lebensstil. Es gibt keinerlei Absicherung unseres Lebens, wie es Normalsterbliche kennen. Unverantwortlich, da wir als Vorbild für wenige Menschen dienen, die sich diesem Lebensstil anpassen wollen, frei nach dem Motto: „Wenn das alle tun würden, würde das System zusammenbrechen!“ Dem kann ich nur zustimmen. Und doch sind Besucher, die sich unsere Lebensweise ansehen, großteils begeistert. Sie schenkt einem das Gefühl von Urlaub, Zufriedenheit, Freiheit und Ruhe in einem. Wie widersprüchlich sich das oben Erläuterte zu dem unten Geschilderten verhält, ist abhängig von dem reellen Gefühl, wenn man es erlebt. Man erkennt die vorgefertigten Meinungen und Muster. Wenn man nicht so lebt, wie es vorgegeben wird, wird man zum Außenseiter und somit sozial nicht mehr anerkannt. Sobald wir erzählen, dass die Intuition, sprich die geistige Anbindung, uns dorthin brachte, wo wir gerade stehen, ist das für einen Außenstehenden unerklärlich und wird dem Glück zugesprochen. Wenn wir mitteilen, dass wir bereits seit 15 Jahren immer dasselbe erfahren, dann seien wir Glückspilze, denen das Glück immer entgegen käme. Erwähnen wir dann noch, dass jeder diese Möglichkeit hat, werden wir unglaubwürdig. Das Wort enthält alles, was es benötigt: Unwürdig zu glauben!

In der Gegenwart zu leben bedeutet, die einzige, wahre Form des Lebens in die eigenen Hände zu nehmen. Es gibt nicht nur eine Gegenwart, sondern viele, die nur darauf warten, gelebt zu werden.

Die seelische Annäherung

Die Meinung, dass wir seelisch belebt sind, ist nur zu einem gewissen Teil wahr. Wir sind zwar seelisch belebt, aber nicht gänzlich. Sprechen wir lieber von einem Hauch oder von einem Atem Gottes oder des Göttlichen. Es ist mit Sicherheit ein schwieriges Kapitel, das ich anspreche. Die allgemeine Meinung ist doch, dass wir Menschen mit einer Seele belebt sind und irrtümlicherweise glaubt man schnell, dass es einen Körper mit Seele nur in einem Komplettpaket gibt. Was wäre, wenn dem nicht so ist? Wenn wir als Körper, Geist und Seele hier auf Erden existieren würden, dann wäre die Aufgabenteilung sehr eindeutig, glaubt man. Der Körper als das irdische Gefährt, der Geist als das Sprachrohr und die Seele als unerklärbare Materie, im Körper eingebettet? Das wäre dasselbe als würde man meinen, die Sonne schlummere in der Erde und beleuchte uns von innen heraus. Tut sie denn das? Da wir die Sonne sehen, ist das, was sie an Leben hervorbringt, sichtbar. Deshalb kann man es nachvollziehen. Die Natur ist immer ein Schauspiel und Beispiel, um Verständnis zu erhaschen. Aber wehe, wenn etwas nicht erklärbar ist! Die Streitigkeiten unter den Wissenschaftlern kehren damit vieles unter den Teppich. Wie viel weiß man wirklich über das Leben, wie wir entstehen und ein Bewusstsein bilden können? Es sind alles nur Thesen, die nie vollständig belegt wurden. In der Wissenschaft versucht man, künstliches Leben zu erschaffen und die Entstehung von Materie herbeizuführen. Mit den Experimenten im CERN bezüglich des Teilchenbeschleunigers (auch genannt

„auf der Suche nach dem Gottesteilchen“) kommt man dem ein wenig näher. Die wirklichen Hintergründe der Entstehung können nicht einmal mathematische und physikalische Annäherung finden. Deshalb zentriert und bezieht sich alles, auch im menschlichen Verständnis, auf das Irdische. Sprich, es wird alles von oben nach unten geholt. Zum besseren Verständnis: So wie Tesla die universellen Informationen nach unten auf die Erde brachte. Folglich holt sich der Mensch alles, was er nicht verstehen kann oder nicht gänzlich versteht, auf die Erde, um es zu materialisieren. Die Versuche gehen so weit, dass man probiert, die Seele eines Menschen durch Messungen oder Geräte hier auf Erden sichtbar zu machen. Nur erklären kann man auch damit nicht, was einen Menschen lebendig macht.

Nun kommt die nächste Lücke und man weiß, dass es eine wirkliche Lücke ist, auch für die Wissenschaft. Es gibt ein Licht in jeder lebenden Zelle, ob bei Mensch, Tier oder in der Natur. Es handelt sich um die sogenannten Biophotonen. Geklärt ist, dass es dieses Licht tatsächlich gibt und es sichtbar gemacht werden konnte. Nun kann man es glauben, weil man es messen kann. Trotz alledem ist unergründet, wie es aktiviert wird. Wie kommt dieses Licht in die Zelle und wie zum Leuchten? Auch da stehen die Wissenschaftler auf der Seife. Einzig was man weiß ist, dass die Leuchtkraft mit einer Vitalität in Verbindung steht. Als Beispiel nehmen wir ein Ei aus einer Legebatterie und eines aus der Freilandzüchtung. Es braucht eigentlich nicht erwähnt zu werden, dass das Ei aus der Freilandzüchtung wesentlich mehr Licht aufweist, also heller leuchtet als das aus der Legebatterie. Eine wirkliche Vermutung, wie dieses Licht in die Zellen kommt, hatte bisher niemand. Wie das Licht in die Zelle gelangt und es somit zum Leben kommt, also nicht Materie, sondern Bewusstheit eingehaucht wird, vermutet Prof. Dr. Fritz-Albert Popp: Er sieht es ähnlich einem Ereignis eines zweiten Urknalls.

Nun weiß man, dass Materie erschaffen werden kann und man weiß auch, dass es Licht in den Zellen gibt. Darauf folgt eine weitere Erkenntnis und zwar die, dass aus Licht Materie erschaffen werden kann, mit einem Hohlkörper aus Gold und einem schnellen, nicht sichtbaren Licht. Das sind die wissenschaftlichen Fakten.

Ich bin nun kein Wissenschaftler oder Gelehrter, sondern einfach nur ein Freigeist. Doch die Antworten hatte ich bereits schon lange bevor ich recherchierte. Die Recherchen erfolgten lediglich für dieses Buch, um es verständlich aufbauen zu können.

Alles im Leben wird in Frequenzen unterteilt: Licht, Töne und Schwingungen. Fasst man all das zusammen, besteht der Mensch aus dem Strahlen unserer Zellen, den Lauten, die wir von uns geben und der Ausstrahlung, die wir nach außen bringen. Das ist das Gesamtbild unseres Lebens. Diese Kraft ist eingebettet in der irdischen Existenz und bestimmt den Rhythmus unseres Lebens, inklusive den irdischen Tod. Der

Tod ist das Erlöschen des Lichtes der Zellen und die Laute, die wir von uns geben, sowie auch die Ausstrahlung verlieren sich in das Unlebendige, das Leblose. Jeder von euch kennt diesen Unterschied. Wenn wir nun davon ausgehen, dass unser Tod nicht das Ende unseres Daseins ist, dann sollten wir uns die Frage stellen, wohin diese Existenz geht, die den Körper verlassen hat? Es braucht ein sogenanntes Ziel in einer anderen Existenz! Sonst würde diese Energie nach dem Verlassen des Körpers wahllos im Universum treiben, ein Bündel Energie ohne Ziel! Jedoch gibt es für jeden sterblichen Übergang einen Weg, den sie beschreitet. Aus den Religionen kennen wir den Himmel oder die Hölle. Das wiederum ist so nicht ganz richtig.

Es gibt Hypothesen, die die Existenz von Paralleluniversen oder auch einem Multiversum vermuten und das bereits seit der Antike. Diese möchte ich als „multiple Dimensionen" erörtern. So wie der Mensch als Geist und Seele schwingt und somit erst existent ist, wie oben beschrieben, so sind es auch die Dimensionen. Jede Dimension, einfach ausgedrückt, hat ein eigenes Schwingungslevel. Von den unteren Dimensionen, denen die untere Schwingung zugeordnet wird, bis zu den oberen Dimensionen, denen die obere Schwingung zugeordnet wird. Alle diese Dimensionen nähren sich von Licht, sogar die unterste. In den unteren Dimensionen wird dieses Licht umgewandelt in Dunkelheit, wie man es von Schwarzen Löchern im Universum kennt. In den Schwingungsebenen der Erde entscheidet man sich durch die Resonanz für die oberen oder die unteren Ebenen. Die oberen Ebenen werden, je höher sie schwingen, immer lichtvoller. Nehmt das Beispiel der Hühner. In Gefangenschaft wird ihr Zelllicht nicht dieselbe Leuchtkraft aufweisen wie bei den Hühnern, die in Freiheit leben.

Dass nun hier auf Erden um Energie gekämpft wird, ist klar. Der Kampf findet jedoch nicht von den oberen Schwingungsebenen aus statt, sondern kommt nur aus den unteren Bereichen. Sie versuchen, Energie zu erhaschen. Die oberen Ebenen erhalten die Schwingungskraft aus dem Universum, eine Energie, die unendlich ist. Diese Energie kann vom Menschen nur in einer Form absorbiert werden und zwar in Form einer erhöhten Schwingung.

Prof. Dr. Popp hat das bereits erkannt und seine Vermutung war es, dass wir hier eigentlich „Lichtesser" sind. Denn fast jede Nahrung enthält ebenfalls dieses Zelllicht. Allein schon bei den Essgewohnheiten lässt sich erkennen, welchem Schwingungslevel wir uns annähern. Ganz klar und deutlich ausgedrückt: Je frischer die Nahrung, desto lichtvoller. Je mehr Licht wir daraus erhalten, desto mehr lässt uns die Schwingung in eine höhere Dimension gleiten. Das ist ebenso ein Gesetz der Resonanz. Nun seht euch doch bitte einmal die Gewohnheiten und Umstände hier auf Erden an. Was meint ihr, wo wir uns kollektiv befinden? Je schlimmer die Umstände auf Erden, desto mehr sollte euch bewusst werden: Es zeigt sich der Kampf der unteren Ebenen. Dafür, dass das Energielevel auf Erden niedrig bleibt, sorgen einige Menschen, indem sie als Mittler dienen, Macht erhalten und die Menschheit in eine Situation der Ausweglosigkeit bringen. Beherrscht von Angst, Wut und Verzweiflung senkt sich die irdische Energie auf ein tieferes Level. Wenn sich die Welt im toxischen Tiefgrund befindet, wird der Planet selbst aus dem Gleichgewicht geworfen.

Wie wichtig es ist, zu verstehen, welche Rolle die Seele dabei spielt, kann wohl gerade in dieser Zeit gar nicht genug betont werden. Unsere Seele, als spektrale Lichtquelle, hat nur eine schwache Verbindung zum Irdischen. Wären wir vollkommen mit unserer Seele hier auf Erden verbunden, könnten wir niemals die irdische Barriere durchbrechen. Deshalb empfindet man ein Höher, wie zum Beispiel das Paradies des Himmels. Nach dem Ableben wird man dann in eine andere Ebene geführt. Das wiederum ist nur ein erdachtes Konstrukt, denn in Wirklichkeit ist es die Rückkehr unseres Geistes in den seelischen Ursprung. Durch die multidimensionale Fähigkeit unserer Seele, sprich, mehrere Existenzen beinhalten zu können, sind wir immer mit anderen Existenzen verbunden. Manchmal spürt man sie und wünscht sich in diese andere Wirklichkeit. Wenn unsere Seele nun spektrales Licht ist, also ein Energiebündel, das sämtliche Farben in sich trägt und je nach Energieintensität schwingt, erstrahlt sie ähnlich einem Regenbogen. Vermutlich kommt eure Faszination eines Regenbogens durch die Verbindung mit der seelischen Existenz. Zusätzlich ist dieses spektrale Licht um ein Vielfaches komplexer als ein Fingerabdruck. Euer seelisches Licht gibt es in dieser Konstellation nur ein einziges Mal im kompletten Universum. Darin sind alle Informationen gespeichert.

Euer irdisches Dasein ist nur an ein Minimum seelischer Energie gekoppelt und es kann auch gar nicht anders sein. Die Seele wird sich wohl kaum herunter transformieren, um hier auf Erden leben zu können. Das wäre wohl zu paradox und die größte Dummheit.

Wie die Seele-Geist-Körper-Koalition funktioniert, ist sehr leicht zu erklären: Seht euch ein Baumblatt an. Es ist grün! Wie wisst ihr, dass es grün ist? Ihr nehmt es aus der Entfernung wahr. Der Abstand vom Blatt bis zu euch besteht jedoch nicht aus diesem Blatt und auch nicht aus dem Grün, sondern aus Luft. Luft ist durchdringbare Materie. Das Blatt sendet lediglich Licht aus, beziehungsweise eine Energie, die über eure Augen aufgenommen und an das Gehirn weitergeleitet wird. Somit wisst ihr, dass es ein Blatt ist. Kleinkinder, die noch kein komplettes, weltliches Bewusstsein haben, wissen nicht, dass es ein Blatt ist und doch nehmen sie dieselbe Energie wahr. Auch wenn sie nicht wissen, dass es ein Grün ist und dass man es Blatt nennt, erhalten sie dieselbe Information. Grün! Wichtig ist, dass ihr erkennt, dass alles, was euch umgibt, nur Energie sein kann. Denn auch das Blatt hat eine Struktur, ein Gewebe bis hin zur Zelle. Alles im Leben enthält in sich ein Universum und solange es lebt auch ein Zelllicht. Wenn das Blatt abstirbt, ändert es die Farbe. Diese Information erhalten wir durch das Erkennen, genauer gesagt Sehen. Also erfolgt die Information mittels Energie in Form von Farben. Farben wiederum haben eine Lichtfrequenz und eine magnetische Strahlung. Wir sprechen hier nur von einem Blatt! Wenn es welkt, erlischt das Licht des Blattes, jedoch nicht das des Baumes! Beide sind nur über einen kleinen Blattstiel verbunden und der Baum hat unzählige Blätter. Weil wir das sehen, machen wir uns keine Gedanken darüber. Da jedoch in unserem Universum nie etwas endet, ist jedes Ende nur ein Neubeginn. Ihr seid somit nur ein Blatt, welches mit eurer Quelle verbunden ist, so wie das Blatt als Quelle den Baum hat. So wie das Blatt nicht das Ende des Baumes ist, so seid ihr nicht das Ende eurer Seele. Und auch die Seele ist nur ein Blatt eines Baumes, denn, wie gesagt, es gibt mehrere Universen und auch unser Universum ist nur ein Blatt eines Baumes. Wie soll dann irgendetwas verloren gehen, wenn alles im Leben und in der Existenz immer vorhanden sein wird? Alles unterliegt dem Zyklus einer Existenz aus dem etwas Neues entsteht. Jeder Zyklus endet nur in einem Moment und bringt dann wieder Neues hervor. In dem Augenblick, da ihr die Erde betretet, beginnt ein neuer Kreislauf. Nur wie er stattfinden wird, entscheidet ihr, zumindest für einen kleinen Teil eurer großen Existenz einer Seele.

Die unerklärbaren Energien, die uns zur Verfügung stehen

Wenn man etwas nicht erklären kann, wird es entweder als Humbug abgetan oder bestenfalls als ein „kann sein" angenommen. Es fehlen immer Beweise und die möchte ich euch nun näher bringen. Bei den nachfolgend erwähnten Beispielen gilt es zu beachten, dass es verschiedenartige Methoden und Erkenntnisse sind. Alle Methoden, Erkenntnisse oder Beispiele haben unterschiedliche Ergebnisse und doch stecken dieselben Energien dahinter.

Jeder Mensch hat Zugriff auf Energien, die von unseren Zellen gespeichert werden und jederzeit abrufbereit wären. Sie sorgen für Informationsweitergabe, die Möglichkeit der Ernährung, der Heilung und der Erkenntnis, ohne das uns bekannte Erfahrungspotenzial nutzen zu müssen. Wie gewohnt verwenden wir den uns bekannten Erfahrungsschatz, welcher sich durch die irdischen Erkenntnisse bildet. Das bedeutet, um eine Erkenntnis zu erhalten, muss man die dazugehörige irdische Erfahrung machen. Ihr kennt das aus der „Ursache-und-Wirkung-Theorie". Simpel ausgedrückt: Ihr stolpert beim Gehen und fallt auf die Nase. Die Wirkung ist gleich der Erkenntnis, eure Beine künftig höher zu heben. Widersetzt ihr euch dieser Erkenntnis, passiert es euch solange, bis ihr unweigerlich daraus gelernt habt und beim Gehen achtsam seid.

Die andere Erkenntnisschule ist die der geistigen Erkenntnis. Dafür benötigt ihr nicht mehr die Wirkung aus der Ursache. In einer geistigen Schulung erfahrt ihr bereits beides. Nehmen wir die Intuition: Ihr wollt mit eurem Auto irgendwo hinfahren. Die Intuition sagt euch, dass der Zeitpunkt nicht geeignet ist. Nun könnt ihr die Intuition ignorieren oder ihr folgen. In beiden Fällen wisst ihr nicht, weshalb ihr dieses Gefühl habt. Um es herauszufinden, könnt ihr die Intuition ignorieren und seid vielleicht in einen Unfall verwickelt. Das ist jedoch noch lange nicht die Wirkung beziehungsweise die Erkenntnis. Was menschlich gesehen gedacht wird, ist: „Hätte ich doch auf mein Gefühl gehört!" Die Frage stellt sich jedoch, weshalb man in einen Unfall verwickelt ist. Denn das ist die tatsächliche Ursache und nicht die Intuition. Die Intuition ist der Fühler der Achtsamkeit, also der Fühler des Fühlens. Es macht auch keinen Sinn, etwas aus dem Weg zu gehen ohne die Erkenntnis. Es würde nur die künftige Auswirkung verzögern, wenn nicht sogar verstärken.

Die geistige Schulung von Ursache und Wirkung ist das Hinterfragen des intuitiv gefühlten Momentes. In einer Stille oder Meditation erhält man die Informationen, die gleichzusetzen sind mit der Erfahrung. Sie ist ebenso gültig wie das weltliche Erfahren in der Realität. Nun sollt ihr auch wissen, dass Meditation nicht still zu sein bedeutet, sondern einen Gedanken zu Ende zu denken und mehr noch, das Gefühl zu Ende zu fühlen. Dabei braucht ihr nun wirklich nicht eure Beine zu verrenken, denn jeder Stillemoment ist oft besser als eine Yogaverrenkung und kann zu jeder Zeit absolviert werden. In diesen Momenten der Wahrheitsfindung über ein intuitives Gefühl ertastet mit euren Fühlern die Richtung, die der Erkenntnis nahe kommt. Alle Bilder vor dem geistigen Auge, alles Gefühlte und alles mit dem inneren Ohr Gehörte wird euch zur Erkenntnis führen. Seht euch dabei alle Ereignisse an und schenkt ihnen Beachtung, ohne sie als Unsinn oder Täuschung abzuwerten. Dabei ist es nicht notwendig zu verstehen, was ihr wahrnehmt. Verständnis ist nur dem Denken zugewiesen. Es ist euer Geist, dem ihr diesen Zutritt erlaubt, der euch wiederum zum nächsten Ereignis führt und euch die Ursache geistig verstehen lässt. Wann das geschieht, kann man zeitlich nicht einordnen.

Das sind nun die zwei möglichen Eigenschaften der irdischen und der geistigen „Ursache und Wirkung". Zweiteres ist das, was spirituelle Wesen auf dieser Welt als bevorzugte Kanalisierung nutzten. Da alle Menschen spirituelle Wesen sind, wird jedem einzelnen die Fähigkeit zuteil. Einzig die Trennung von sich selbst hindert diese Gabe. Was euch davon trennt, ist die fehlende Liebe in euren Herzen. Wie bereits erwähnt, ist die wirkliche Liebe nichts anderes als die universelle Wahrheit, die über allem steht. Nur diese Wahrheit kann euch befreien und eure Gaben zum Vorschein bringen. Wie weit das gehen kann, möchte ich euch mit einem Ereignis, welches ich vor einigen Jahren erlebte, veranschaulichen.

Lieber tot als zu lieben

Auch wenn der Tod nicht das Schlimmste ist, was dem Menschen widerfährt, so steht er immer mit einem Kampf in Verbindung. Entweder mit dem Kampf um die Gesundheit oder einer Resignation. Resignieren setzt immer einen vorherigen Kampf voraus. Vor was sollte man sonst resignieren?

Vor einigen Jahren trat jemand mit mir in Kontakt, der mich um Hilfe bat. Obwohl ich schon lange meine Tätigkeit als Heiler beendet hatte, gab ich meine Erfahrungen zur Selbstheilung gerne weiter. Es war mir wichtig, den Menschen diese Option der Selbsterfahrung zu vermitteln, um jedem zu zeigen, dass er sein Schicksal selbst in der Hand hat. Genau so teilte ich diesem Mann das mit. Natürlich hatte er Zweifel, was auch von einem Minderwertigkeitsgefühl, wie bei den meisten Menschen, herrührte. Also musste ich ihm beweisen, dass er selbst auch die Möglichkeit hatte. Gleich beim ersten Gespräch gingen wir in die Höhen der Meditation oder besser gesagt der inneren Stille. Wir brachten uns gemeinsam in dasselbe energetisch angepasste Level und waren auf einer bestimmten Ebene miteinander verbunden. Doch mehr ließ ich nicht zu. Alles, was er spürte, war eine angenehme, innerliche Ruhe, die ihn weinen ließ.

Bei der zweiten Sitzung sagte ich ihm, dass er eigentlich Glück hätte und das aus folgendem Grund: Er bekam einige Monate zuvor die Diagnose eines Hodentumors. Eine Behandlung kam für ihn nicht in Frage, deshalb kam unser Kontakt zustande. Weshalb er nun Glück haben sollte, war für ihn schon fast eine Frechheit. Aber warum ich so dachte, wollte er natürlich schon wissen. Also erklärte ich ihm die Sachlage. Ein Tumor breitet sich aus und es kommt zu einer Ausbuchtung im Körper. Innerlich kann man es nur selten ertasten und somit bleibt nur die Möglichkeit einer Computertomographie. Eine Computertomographie kann man jedoch nicht spontan machen, um etwaige Veränderungen feststellen zu können.

Bei einem Hodentumor sieht das ganz anders aus. Er befindet sich in einem Weichteil und ist jederzeit ertastbar. Noch dazu war sein Tumor bereits in einem erweiterten Stadium. Das war sein Glück in diesem Unglück.

Somit erklärte ich ihm die Situation. Er sollte bei allem, was er machte, seinen Tumor abtasten, damit er die Möglichkeit hatte, zu forschen. So konnte er nämlich ausprobierte Veränderungen in seinem Leben nun nach der darauffolgenden Reaktion seines Tumors richten. Er war natürlich sehr skeptisch und konnte sich keinen Reim darauf machen. Zusätzlich war es ihm sehr peinlich, überhaupt darüber zu sprechen, geschweige denn, sich ständig an die Hoden zu greifen. Also machte ich ihm den Vorschlag, dass wir nun gemeinsam, so wie beim letzten Mal, in die Höhen der energetischen Gleichstellung gehen würden und er bitte das ausführen sollte, was ich ihm dabei sagte. Mit seinem Einverständnis gingen wir in die Verbindung. Als wir nun in dem uns bekannten Zustand waren, sagte ich ihm, dass er nun seinen Tumor ertasten solle. Er folgte meiner Anweisung und nach einem kurzen Schrei war er aus seinem Zustand heraus. Ich fragte natürlich, was passiert sei. Voller Zweifel konnte er das Geschehene kaum erklären: Sein Tumor hatte in diesem energetischen Zustand maximal ein Drittel seiner normalen Größe. Medizinisch gesehen eine absolute Unmöglichkeit. Als er sich wieder beruhigt hatte, bat ich ihn, noch einmal mit mir in diesen Zustand zu gehen. Darin angekommen, ersuchte ich ihn wieder, seine Hand einfach auf seine Hoden zu legen. Nun sagte ich ihm, er solle sich etwas vorstellen, zum Beispiel etwas, was er gar nicht mochte. Seine inneren Bilder zeigten ihm diese Situationen und was soll man sagen? Sein Tumor hatte dieselbe Größe wie ursprünglich. Er konnte sogar das Wachstum seines Tumors fühlen, was für ihn extrem unangenehm war. Dann sagte ich ihm, er solle nun diese Situation, die er vor seinem inneren Auge sah, so verändern, wie er sie sich wünschen würde. Kaum hatte er diese Vision in eine bessere verändert, was einer gegenwärtigen Situation ja sehr nahe kam, schrumpfte spürbar sein Tumor wieder auf ein Drittel seiner ursprünglichen Größe. Daraufhin bat ich ihn, sein Leben den Veränderungen des Tumors anzupassen. Sprich, alles, was den Tumor in seine normale Größe brachte, sollte er weglassen und alles, was den Tumor schrumpfen ließ, sollte er in sein Leben holen. Natürlich folgte er diesem Rat und kam dabei bald an seine Grenzen. Er musste sein Leben komplett umkrempeln, damit sich seine Gesundheit ins Positive kehren würde. Das konnte er wiederum nicht, weil seine finanzielle Existenz davon abhing. Die monatlichen und täglichen Kosten wären nicht mehr zu tragen gewesen. Er hätte seinen Stundenplan verändern (er war Klavierlehrer) und dementsprechend minimieren müssen. Also versuchte er, ein Mittelmaß zu erreichen. Das ging gut ein halbes Jahr so weiter, ohne wirklich viel Erfolg zu haben. Es wurde zum ständigen Hin und Her des Tumors, mal größer, mal kleiner und im Gesamtmaß leider eher weiter in das Negative entwickelt. Es stellte sich bald heraus, dass nicht nur sein gegenwärtiges Leben mit dem Tumor zu tun hatte, das wäre auch zu einfach gewesen. Ein Tumor ist bereits Alarmstufe Rot einer nicht einzusehenden Ausgangsposition. Speziell in seinem noch jungen Alter eher ungewöhnlich. Also suchten wir weiter und fanden bald die Ursache. Es war die Trennung von seinem Sohn, bedingt durch die Scheidung. Sein Sohn war sein Lebensinhalt und die beiden waren mit einem Band wie versiegelt. Er war die einzige wirkliche Liebe, die er in seinem Leben hatte. Seine Exfrau hatte sich vor einigen Jahren von ihm getrennt und war noch dazu mit dem Sohn in eine andere Stadt gezogen. Somit konnte er ihn nur noch alle paar Wochen sehen. Das zermürbte ihn und er fiel in ein Loch, aus dem er nicht mehr herauskam. Er machte seine frühere Frau dafür verantwortlich und konnte diese Entscheidung nicht billigen. Ab diesem Zeitpunkt hasste er seine Exfrau aufs Tiefste. Sie hatten keinen Kontakt mehr und wenn, dann ging dieser eher von der Frau aus als von ihm. Aber es war klar, dass seine geschiedene Frau den Kontakt durch seine ständigen Vorwürfe abgebrochen hatte. Als ich ihn darauf ansprach, bestätigte er, dass er kein normales Wort mehr mit ihr wechselte. Ich sagte ihm, dass gerade Hass der Nährstoff für Tumore sei und er versuchen sollte, die Position seiner früheren Frau zu verstehen. Immerhin hatte er an ihrem Entschluss ja auch seinen Anteil. Daraufhin wechselte er seinen Ton und versuchte, alles, was er zur Trennung beigetragen hatte, zu entschuldigen. Es machte keinen Sinn, einen Dialog zu starten. Ich sagte ihm, dass es seine Entscheidung sei und fragte, ob ihm das der Tumor wert wäre. Nach einer kurzen Stille fragte er mich, was er tun solle. Ich riet ihm, seiner Exfrau einen Brief zu schreiben, in dem er sie um Verzeihung bitten sollte, gleichzeitig sollte er auch ihr verzeihen. Dieses Verzeihen sollte nun wirklich aus dem Herzen kommen, da er mit seinen Handlungen in der Ehe maßgeblich zur Scheidung beigetragen hatte. Er sollte nicht nur seinen Standpunkt erkennen, sondern auch den seiner geschiedenen Frau. Er folgte dem Rat, glaubte jedoch nie an eine Antwort. Doch zu seiner Verwunderung erhielt er prompt eine Nachricht. In diesem Brief bekannte sich seine frühere Frau zu einer sehr depressiven Phase damals, die durch das ständige Alleinsein ausgelöst worden war. Er wäre früher viel unterwegs gewesen und so sei bei ihr der Eindruck entstanden, dass ihm alles andere wichtiger gewesen sei als seine Familie. Er bestätigte mir, dass das tatsächlich der Wahrheit entspräche und er es auch verstehen könne.

Nun kam es zu einem entscheidenden Punkt:

Er verstand alles, was sie schrieb, und als ich ihn fragte, ob er nun verstehen könne, weshalb sie ihn verlassen hatte, antwortete er mit einem eindeutigen „Ja". Seine weitere Antwort war: „Ich verstehe nun, weshalb sie mich verlassen hat, doch das gibt ihr nicht das Recht, mir meinen Sohn zu entreißen. Dafür hasse ich sie, so lange ich lebe und kann ihr nicht verzeihen". Nach einigen Monaten verstarb er.

Wie leicht muss es sein, zu hassen und wie schwer ist es, wirklich zu lieben. Wenn Liebe nun die Wahrheit ist, dann wäre die Wahrheit, dass jeder Mensch seine Wahrheit lebt und niemand versuchen sollte, diese zu verstehen. Jeder Versuch ist ein Konstrukt des Kopfes und lässt die Realität verblassen. Es doch zu verstehen, benötigt eine absolute empathische Fähigkeit. Nur, ohne die wahre Liebe gibt es auch keine wirkliche Empathie! So dreht sich alles im Kreis und lieber verseucht man seinen Geist mit Hass, als die Wahrheit zu leben.

Wäre der Klavierlehrer der Wahrheit gefolgt, hätte er verstanden, dass er nach der Trennung das erlebte, was seine Frau in ihrer Beziehung erfuhr. Die Trennung von einem geliebten Menschen, noch dazu in seiner Nähe. Ich kann diesen Schmerz beider gut nachvollziehen und dies spiegelt mit Sicherheit Szenen von vielen. Solange ihr in dem Spiel des Egos verhaftet bleibt, gibt es keine Heilung. Doch eine große Wahrheit stand auch hinter diesem Ereignis: Die Fähigkeit, sein Leben selbst in der Hand zu halten. In diesem Fall die Wechselwirkung zwischen positiv und negativ. Dass eine so derart schnelle Veränderung seines Tumors stattfand, zeugt doch nur von der Größe der Menschheit! Wie sonst könnte es sein, dass seine Gedanken bereits in wenigen Sekunden eine enorme Verkleinerung seines Tumors auslösten? Das ist nur ein Beispiel dafür, zu was der Mensch wirklich fähig wäre. Sind wir nun manipuliert, um dieses Wissen nicht im alltäglichen Leben miteinfließen zu lassen? Macht euch mal Gedanken!

Wasserkristalle als Grundlage der Erkenntnis

Masaru Emoto war ein japanischer Parawissenschaftler. Er war Präsident der 1986 in Tokio von ihm gegründeten International Hado Membership, der Office Masaru Emoto und vielen anderen Institutionen.

Emoto beschäftigte sich seit Anfang der 1990er Jahre mit Wasser. Er vertrat die Auffassung, dass Wasser die Einflüsse von Gedanken und Gefühlen aufnehmen und speichern könne. Zu dieser Auffassung gelangte er durch Experimente mit Wasser in Flaschen, die er entweder mit positiven Botschaften wie „Danke" oder negativen Botschaften wie „Krieg" beschriftete und anschließend gefror, fotografierte und anhand von ästhetisch-morphologischen Kriterien den entstehenden Eiskristall beurteilte. So stellte er einen gewissen Zusammenhang zwischen dem Aussehen der Eiskristalle und der Qualität beziehungsweise dem Zustand des Wassers her. Seinen Hypothesen zufolge formt mit positiven Botschaften beschriftetes Wasser stets vollkommene Eiskristalle, während Wasser mit negativen Botschaften unvollkommene Kristallformen annimmt. Die bekannten Grundlagen der Kristallbildung von Schneeflocken wurden hierbei außer Acht gelassen.

Alles was ist, schwingt

Dr. Masaru Emotos Erkenntnisse aus seinem Buch

„Die Antwort des Wassers"

Warum Wasser auf Worte und Gefühle reagiert – die Struktur des Wasserkristalls spiegelt die Schwingungen der Umwelt

Wasser ist Lebenskraft und Wasser ist ein vorzüglicher Energieträger. Mit seiner Erfindung der Wasserkristall-Fotografie gelang es dem japanischen Wasserforscher Dr. Masaru Emoto nachzuweisen, was empfindliche Menschen immer schon spürten und Homöopathen seit langem nutzen: Wasser nimmt Informationen verschiedenster Art auf. Selbst Gedanken übertragen sich auf das Wasser und verändern es. Daraus folgt: Da der menschliche Körper zu 70 - 80 Prozent aus Wasser besteht, ist die Sauberkeit und Qualität des Wassers für die Gesundheit des Menschen ebenso wichtig, wie die Reinheit und Qualität seiner Gedanken. Im folgenden Auszug aus seinem Buch „Die Antwort des Wassers" erklärt Emoto das Geheimnis des Wassers: Dem gesamten Universum liegt das Phänomen der Schwingung zugrunde, alles schwingt in seiner je eigenen Frequenz. Und Wasser hat die Eigenschaft, in Resonanz zu diesen Schwingungen zu geraten, sie zu „kopieren" und weiter zu tragen.

Die Bilder der Wasserkristalle berühren uns tief in unseren Herzen und keiner kann sich ihrer Botschaft entziehen. Warum sind die Menschen so fasziniert von den Wasserkristallen? Weil in ihnen der Schlüssel zur Auflösung der Geheimnisse des Universums verborgen liegt, der das Tor des Herzens aufschließt und das Wesen des Menschen und des Universums offenbart.

Das Wasser ist der Spiegel des Herzens. Es hat verschiedene Facetten: Das Wasser erlaubt dem menschlichen Bewusstsein, es zu formen und zeigt uns diese Gestalt. Warum rückt wohl das Wasser das Herz des Menschen ins rechte Licht? Was ist denn eigentlich Bewusstsein?

Um dies zu erklären, möchte ich, dass Sie zuerst Folgendes verstehen: Jedwede Existenz ist Schwingung. Alles im Universum schwingt, alles hat seine eigene Wellenlänge. Alles, was ich Ihnen erzähle, baut auf dieser Voraussetzung auf und da ich das Wasser schon lange erforsche, weiß ich, dass dies das grundlegende Prinzip des Universums ist.

Um es in Worten auszudrücken, braucht man nur eine einzige Zeile, aber für Menschen, die dies zum ersten Mal hören, ist es womöglich sehr schwer zu verstehen. „Alles ist Schwingung? Auch der Tisch vor mir, der Stuhl, sogar mein Körper?

Was soll das bedeuten, dass alles Sichtbare vibriert?“

Tatsächlich kann man zunächst nicht glauben, dass auch Dinge aus Holz, Stein und Beton, die man anfassen und von deren Festigkeit man sich überzeugen kann, schwingen. Aber in der heutigen Quantenmechanik gehört es zum Allgemeinwissen, dass die Materie in Wirklichkeit nichts anderes als Schwingung ist. Wenn wir Dinge in immer kleinere Einheiten aufspalten, kommen wir in eine unerklärliche Welt, in der alles nur noch aus Teilchen und Wellen besteht.

Nehmen wir einmal an, Sie hätten einen Körper, der sich nahezu unendlich verkleinern ließe und Sie würden aufbrechen, um die Herkunft des Universums zu erforschen. Hätten Sie dann Atomgröße erreicht, so würden Sie erkennen, dass alles auf dieser Welt aus nichts anderem besteht als aus Elektronen, die sich um einen Atomkern herum bewegen. Je nach Anzahl und Anordnung der Elektronen besitzt das Atom eine charakteristische Schwingung. Auch die Elektronen, die negativ geladenen Teilchen, bestehen nicht aus fester Materie, sondern sind etwas Wellenartiges, was ständig um einen Atomkern herum schwingt. Alles vibriert und bewegt sich. Alles schwingt unaufhörlich mit extrem hoher Geschwindigkeit.

Auch der Mensch vibriert. Jeder einzelne Mensch hat eine ihm eigene Schwingung. Und jeder Mensch hat auch einen Sensor, der Schwingungen aufnehmen kann.

Menschen, die tiefes Leid erfahren haben, strahlen auf der Wellenlänge der Trauer aus. Ein Mensch jedoch, der allem, was ihm widerfährt, mit Freude begegnet und es genießt, wird wohl auf einer Wellenlänge des hellen Lichtes senden. Wer andere Menschen liebt, strahlt Schwingungen der Liebe aus und von Menschen, die Böses tun, gehen tief dunkle, dichte Schwingungen aus.

Dasselbe gilt nicht nur für Menschen, sondern auch für Dinge und Orte. Warum gibt es zum Beispiel Orte, an denen häufig Verkehrsunfälle geschehen oder Orte, an denen es Glück bringt, einen Laden zu eröffnen, der dann auch ganz sicher sehr gut geht? Andererseits hört man immer wieder Geschichten von bestimmten Edelsteinen, die ihre Besitzer von einem Unglück ins nächste stolpern lassen.

Nicht nur materielle Objekte, auch die verschiedenen Phänomene in dieser Welt besitzen eine ihnen eigene Wellenlänge. Die Veränderungen der Energie der Erdatmosphäre lassen Gewitter und Wirbelstürme entstehen. Das sind gewaltige Energien, die großen Schaden anrichten können. Wenn man es aber recht bedenkt, ist dies nicht unbedingt etwas Negatives, denn wenn dabei, wie wir wissen, die schlechte Energie, die sich in der Welt angestaut hat, mit enormer Kraft weggewirbelt wird, dann sollten wir wohl eher dankbar sein für Gewitter und Wirbelstürme.

Dies lässt uns auch verstehen, warum Menschen von alters her Feste lieben. Wo sich viele Menschen versammeln, in festlichen Kleidern singen, tanzen und Spaß haben, da wirbeln auch fröhliche und gute Schwingungen herum. Wie gesagt, alle Dinge vibrieren und besitzen ihre eigenen Schwingungen. Wenn man das erkennt, kann man sein Verständnis von dieser Welt vertiefen. Man wird auch dessen gewahr, was man bisher nicht bemerkte oder ins tiefste Unterbewusste verdrängt hatte. Neue Entdeckungen und Gefühle verleihen dem Leben eine neue Dimension.

Wasser ist empfänglich für alle Schwingungen

Alles was ist, schwingt in seiner spezifischen Frequenz. Doch nicht alle Frequenzen sind als Töne hörbar. Es gibt kaum Menschen, die die Fähigkeit haben, die Stimmen der Bäume zu hören und sich mit Gräsern und Blumen zu unterhalten – die meisten können die Töne der Pflanzen nicht wahrnehmen.

Es heißt, dass wir Menschen nur die Töne mit Frequenzen zwischen 15 und 20.000 Hertz hören können. „Hertz" bedeutet die Anzahl der Schwingungen in der Sekunde. Wenn wir alle Töne hören könnten, dann könnten wir wohl nachts nicht mehr schlafen. Man kann die ureigenen Wellenlängen aller Dinge (nach dem Prinzip der Oktave; Anm. d. Red.) auf die Wellenlängen der entsprechenden Töne transferieren. Die Welt der Natur ist wirklich gut entwickelt. Wenn alles schwingt und damit tönt, so gibt es auch einen Meister, der diesen Ton hören kann. Und der ist das Wasser.

Warum verändert sich die Struktur der Eiskristalle, wenn wir dem Wasser Musik vorspielen? Warum zeigt das Wasser ein ganz anderes Bild, wenn wir mit ihm sprechen oder ihm Schriftzeichen zeigen? Das kommt daher, dass alles Schwingung ist. Das Wasser ist empfänglich für die ureigenen Wellenlängen der Dinge und überträgt sie so, wie sie sind.

Jeder weiß, dass Musik oder gesprochene Worte Schwingungen sind. Beim Hören von Musik nehmen wir unterschiedliche Schwingungen auf und da auch beim Rezitieren der Sutren der buddhistischen Zeremonien die Stimme erschallt, werden wohl auch hierbei heilende Schwingungen erzeugt.

Worte und Schriftzeichen hinterlassen im Wasser ihre Spuren

Wie kann man erklären, dass Wasser auch bei geschriebenen Schriftzeichen eine Veränderung im Kristall zeigt? Ich denke mir, dass Schriftzeichen selbst eine Schwingung haben, die das Wasser erspüren kann. Das Wasser kopiert exakt alle Schwingungen in der Welt und wandelt sie in eine für uns sichtbare Form um. Wenn man dem Wasser Schriftzeichen zeigt, erkennt es die Schwingungen und drückt sie jeweils ganz konkret als Bild aus.

Was sind denn die Worte ursprünglich? In der Bibel steht: „Am Anfang war das Wort." Bevor das Universum geschaffen und alle Dinge geboren wurden, gab es zuerst „Worte", steht dort geschrieben. Ich glaube, dass die Worte nicht von den Menschen geschaffen worden sind. Haben die Menschen nicht die Worte von der großen Natur gelernt?

Am Anfang aller Zeiten, als die Menschen noch im Einklang mit der Natur lebten, haben sie um des Überlebens willen auf die verschiedenen Schwingungen der großen Natur gelauscht und sie fühlten, ob Gefahr nahte oder ob das, was sich da näherte, für sie sicher war.

Der Ton des wehenden Windes, der Ton des plätschernden Wassers, der Ton der im Grase umherstreifenden Tiere – solche Töne konnten sie unterscheiden und mit Hilfe der Lippen und Stimmbänder mitteilen. Man nimmt an, dass die ersten Worte, welche die Menschen lernten, zwei oder drei besonders einfache waren. Die Zivilisation entwickelte sich, immer mehr Erfahrungen wurden gemacht und damit stieg wohl auch allmählich der Umfang des Vokabulars. Doch warum unterscheiden sich die Sprachen je nach Land und Region? Vermutlich, weil die Worte ursprünglich von den Schwingungen der Natur gelehrt wurden und die natürliche Umwelt der Menschen unterschiedlich ist, je nachdem, wo sie leben. An einem Ort gibt die Natur andere Töne von sich als an einem anderen. Glühend heiße Wüsten oder Europa mit wechselhaftem Wetter, die Inseln des schwülen Asiens – jede dieser Regionen erzeugt unterschiedliche Laute.

In Japan wechseln sich vier Jahreszeiten ab und dieses Land ist reich an natürlichen Tönen entsprechend der Jahreszeit. Deshalb gibt es sehr viele Wörter in der japanischen Sprache, welche die natürlichen Schwingungen ausdrücken. Es sind lautmalende Ausdrücke wie „shinshin" (der Ton des immer dichter fallenden Schnees oder der hereinbrechenden Nacht), „shitoshito" (der Ton des sanft fallenden Regens), oder „potsupotsu" (der Ton von einzeln fallenden Tropfen).

Die Wurzeln der natürlichen Ordnung sind überall gleich

Wenn man das Wort „Danke" auf japanisch, englisch, deutsch oder in anderen Sprachen dem Wasser zeigt und dann Kristallfotografien anfertigt, ergibt dies in jeder Landessprache jeweils einen wohlproportionierten und schönen Kristall. Andererseits war bei „Dummkopf" und anderen Worten, mit denen Menschen beschimpft und angegriffen werden – in welcher Landessprache auch immer – der Kristall in tausend Stücke zersprungen. Es war ein grauenvoller Anblick.

In der Geschichte vom Turmbau zu Babel, die in der Bibel geschrieben steht, heißt es, dass in alter Zeit die Menschen alle dieselbe Sprache gesprochen haben. Das bedeutet doch wohl, dass – selbst wenn die Regionen und die natürliche Umwelt sich unterscheiden – doch die Wurzeln der natürlichen Ordnung überall die gleichen sind.

Man könnte meinen, dass, wenn beim Fotografieren des Wassers ein wohlproportionierter, sechseckiger Kristall erscheint, das Wasser zu dem Zeitpunkt, als der Kristall fotografiert wurde, eins war mit den natürlichen Phänomenen des Lebens. In Reaktion auf die Dinge, die erst geschaffen wurden, nachdem der Mensch die natürliche Ordnung vergessen hatte und in Reaktion auf die verunreinigten Dinge, bildet das Wasser keine Kristallstruktur aus.

Eine Welt schaffen, in der man gut leben kann

Wie sollen wir also unser Leben führen? Ich habe immer betont, wie wichtig Liebe und Dankbarkeit sind. Dankbarkeit weckt Gefühle der Liebe. Die Liebe führt zu einem Gefühl der Dankbarkeit. Wie das Wasser verbreitet sich das in der ganzen Welt. Wir haben eine Mission zu erfüllen. Es ist die Mission, das Wasser in etwas Sauberes zu verwandeln und eine Welt zu schaffen, in der man gut leben kann. Dazu muss jeder Einzelne der gesamten Menschheit ein reines und sauberes Herz haben. Bisher haben wir die Erde geplündert und verschmutzt. Das Wasser erinnert sich an jede Einzelheit dieser Geschichte. Und jetzt hat das Wasser zu sprechen begonnen. Das Wasser sendet uns durch die Kristalle eine Botschaft. Genau jetzt müssen wir eine neue Geschichte schreiben. Das Wasser beobachtet still den Kurs der Menschheit. Auch Sie, die Sie gerade lesen, werden vom Wasser beobachtet. Was fangen Sie damit an? Bitte nehmen Sie möglichst viel von dem, was das Wasser lehrt, in sich auf. Dann erzählen Sie es bitte vielen Menschen weiter."

Aus: Emoto, Masaru: „Die Antwort des Wassers". (Koha-Verlag, Burgrain 2002). Entnommen aus: Visionen 2003

Die Vielzahl der Erkenntnisse

Jedem wird bereits klar gewesen sein, dass Wasser nicht nur Leben, sondern auch Weisheit ist. Ohne Wasser könnten wir nichts auf Erden tun, es gäbe kein Leben. Der Reichtum, den wir auf Erden haben, ist unter anderem dem Wasser zugeschrieben. Mit der Erde und der Sonne kann Leben erschaffen werden. Was jedoch zusätzlich nicht vergessen werden darf, ist die Komposition aus allen Faktoren. Würden wir nur die drei Komponenten sehen, wäre es wiederum nur eine halbe Wahrheit. Alles Lebendige enthält eine Schwingung und ist auch beseelt. Also ist Schwingung Energie, ergo ist die Seele Energie, denn sie ist es, ohne die wir als Mensch nicht lebensfähig wären. Man könnte noch so viel Erde, Sonne und Wasser haben, ohne eine Energie würde nichts leben.

Nun haben wir bereits zwei wichtige Faktoren, die uns zeigen, dass der Mensch nicht nur ein Bündel von Umständen ist, sondern die Umstände durch uns als Bündel erschaffen wurden. Alle Menschen sind fähig, die Energien, die wir in uns haben, zu leiten. Der Fokus ist wichtig, denn nur, wohin unsere Augen, Ohren und unser Fühlen gerichtet sind, wird auch die Energie geleitet. Energie ist auch gleich Veränderung. Wir verändern unser Umfeld jede Sekunde unseres Lebens. So wie der Klavierlehrer seine Gedanken und Gefühle in eine Richtung lenkte und seine Zukunft damit besiegelte, so ist es mit allem, was wir tun und besonders mit allem, was wir fühlen. Wenn wir nun berücksichtigen, dass unser Körper großteils aus Wasser besteht, dann kann man leicht nachvollziehen, wie wichtig unsere Gedanken sind. Wesentlich wichtiger als unsere lauten Worte, die wir im alltäglichen Gebrauch nutzen. Denn Gedanken können nicht gehört werden, also finden sie freien Lauf. Unsere Gedanken sind der Heilbringer oder die Vernichtung dieser Welt. Je mehr negative Gedanken wir in die Welt setzen, desto schlimmer wird es global. Je mehr positive Gedanken wir in die Welt bringen, desto reicher werden wir aus der göttlichen Essenz belohnt. Dass wir mit unserem Denken mehr beeinflussen als wir glauben möchten, zeigt das nachstehende Kapitel. Verknüpft nun die letzten zwei Kapitel damit und macht eine Einheit daraus. Schon bald werdet ihr stückchenweise erkennen, dass hinter dem Wissen der universellen Kraft, die in uns schlummert, es nur eines zu erkennen gibt. Das zu erkennen, liegt an dir.

Unsere Gedanken und die Welt der Pflanzen

Untersuchungen und Literaturquellen zur Gefühlswelt der Pflanzen

Es gibt eine Vielzahl von Untersuchungen, die nachweisen, dass Pflanzen Sinneswahrnehmungen haben, darauf abgestimmt reagieren, miteinander kommunizieren und auf Geschehnisse mit Gefühlen reagieren.

Zusammenfassung der Forschungen von Cleve Backster zu Empfindungen von Pflanzen

Oft heißt es, wenn Menschen bei der Pflege von Pflanzen besonderen Erfolg haben, der- oder diejenige habe einen "grünen Daumen". Ist das nur eine volkstümliche Erklärung für etwas, was sich sonst nicht erklären lässt oder ist da doch mehr daran? Kurzum, haben Pflanzen so etwas wie Bewusstsein? Ein orthodoxer Wissenschaftler wird diese Frage wahrscheinlich ohne lange Überlegung verneinen. Pflanzen brauchen Nährstoffe und Sonnenlicht und dann werden sie ihrer Natur gemäß schon wachsen. Und wie ist es mit dem alten Mütterchen im Hinterhof-Stübchen, in das kein Sonnenstrahl fällt und sie zu arm ist, um Dünger, sprich Nährstoffe, zu kaufen, dafür aber liebevoll mit ihren Pflanzen redet? Diese blühen und gedeihen, dass einem professionellen Gärtner der blasse Neid kommt. Purer Zufall, sagt der Fachmann. Dr. Cleve Backster ist anderer Meinung. Er meint: „Da ist was dran, für mich ist der Fall klar, Pflanzen haben ein Bewusstsein und reagieren auf ihre Umwelt." Er hätte es untersucht und wissenschaftlich dokumentiert.

Dr. Backster geriet eigentlich per Zufall an die etwas ungewöhnliche Untersuchung von Pflanzen. Er hatte beruflich mit den sogenannten Lügendetektoren zu tun. Eines Tages stand so ein Gerät zufällig neben einer Zimmerpflanze, die Elektroden berührten die Pflanze und durch irgendeinen Umstand war der Apparat nicht ausgeschaltet worden. Das Instrument registrierte irgend etwas. Das war der Anfang einer außergewöhnlichen und bis heute umstrittenen Untersuchungsreihe. Backster ging danach systematisch vor. Er arbeitete mit mehreren Detektoren, die er an verschiedene Pflanzen anschloss. Dann ließ er, über längere Zeiträume, verschiedene Personen sich den Pflanzen nähern. Solche, die den Pflanzen gegenüber wohlwollend eingestellt waren und diese pflegten und andere, die ihnen feindlich entgegen traten und sie beschädigten, etwa ihnen Blätter und Stängel abrissen. Die Geräte registrierten die Reaktionen der Pflanzen. Bei freundlicher Behandlung waren sanfte Kurven auf den Registrierstreifen zu sehen. Bei feindlicher Behandlung hatte das Gerät Ausschläge, bei denen der Schreibstift fast über die Papierrolle schlug, sodass es aussah wie ein schriller Schrei. Es war zuletzt so, berichtet Backster, dass die betreffenden Personen nur den Raum zu betreten brauchten ohne irgend etwas zu tun, um bei den Pflanzen bereits eine entsprechende Reaktion auszulösen. Sie erkannten die Personen wieder! Und das Verblüffende war, die nicht direkt betroffenen Pflanzen zeigten die gleiche Reaktion, sie verständigten sich also untereinander. Soweit Backster.

Als Backster sein Buch über diese Untersuchungen veröffentlichte, stieß er bei den Esoterikern auf helle Begeisterung und bei den Botanikern auf krasse Ablehnung. Humbug, Scharlatanerie und Schwindel hieß es. Einige wollen sogar die Experimente wiederholt haben, angeblich mit negativem Ergebnis. Nun kann man einwenden, wer einen Negativbeweis führen will, der findet auch einen. Das gilt andersherum natürlich auch für die Experimentatoren, die Backsters Versuche bestätigen wollten. Die Kontroverse ist nicht beigelegt.

Ein Auszug aus dem Buch: "Reisen in die Ewigkeit" von Johannes v. Buttla

Erst als Cleve Backster, einer der führenden Lügendetektorexperten, im Februar 1966 die psychogalvanischen Reaktionen von Pflanzen entdeckte, die während des Wässerns an einen Polygraph (Lügendetektor) angeschlossen waren, widmete man sich der Ausstrahlung von Pflanzen intensiver. Backster wollte an seinem Galvanometer nur verfolgen, wie lange es dauerte, bis die Feuchtigkeit zu den Blättern aufgestiegen war. Zwei, an je einer Seite eines Blattes befestigte Elektroden wurden mit Schwachstrom beschickt und setzten durch einen Galvanometer einen Schreiber auf einer Papierrolle in Bewegung.

Emotionelle Impulse beeinflussen die elektrischen Eigenschaften des Organismus und verursachten eine direkte, sofortige Reaktion des Schreibers. Backsters Überraschung war groß, als der Polygraph Aufzeichnungen festhielt, die denen von Menschen glichen, die starken Gemütsbewegungen ausgesetzt sind. Einem Impuls folgend, wollte Backster ein Blatt von der Pflanze verbrennen. Doch noch bevor er das Streichholz anreißen konnte - praktisch als er den Gedanken fasste - schlug die Nadel des Polygraphen wie wild aus. Als erstaunlichste Tatsache zeigte sich jedoch, dass keine Reaktionen verzeichnet wurden, wenn er, ohne die ernste Absicht zu haben, nur vorgab, die Pflanzen verbrennen zu wollen. Nur bei echten Bedrohungen des Lebens der Pflanzen wurden Reaktionen registriert.

Bei einer Reihe sorgfältig kontrollierter Versuche stellte Backster anschließend fest, dass bei Pflanzen und Tieren ähnliche Reaktionen aufgezeichnet wurden. Philodendronpflanzen zum Beispiel reagierten auf den Tod von Krabben in kochendem Wasser, sogar noch hinter verschiedenen geschlossenen Türen und in unterschiedlichen Räumen, in einer Art, die im botanischen Bereich wohl dem "Grauen" gleichkommt. Auch bei der Vernichtung anderen organischen Lebens schlug der Polygraph exzentrisch aus. Ein Vorgang, der Backster überlegen ließ, ob sterbende Zellen etwa an andere lebende Zellen eine Art Warnsignal ausstrahlen. In einer Reihe von Experimenten, die sich mit der Vernichtung anderer Lebensformen befassten, wurden im Zusammenhang mit dem Tod von Zellen immer wieder die gleichen Reaktionen registriert. Es spielte dabei keine Rolle, ob es sich um Obst, Gemüse, Amöben,

Hefe oder Samenzellen handelte. Je öfter allerdings das Krabbenexperiment wiederholt wurde, um so mehr ließen hier die Reaktionen nach. Backster zog daraus den Schluss einer Art "anpassungsfähigen Logik" oder sogar Erinnerungsvermögen. Die Pflanzen waren zu der "Erkenntnis" gelangt, dass der wiederholte Tod von Krabben zu ihrem eigenen Wohlbefinden keine Beziehung hatte und für sie daher keine Bedrohung war. Wenn Pflanzen übermächtiger Bedrohung oder Schädigung ausgesetzt werden, "fallen sie in Ohnmacht".

Zu dieser Erkenntnis kam Backster durch einen Zufall. Eine kanadische Physiologin wollte bei einem Besuch die Reaktionen des Galvanometers auf pflanzliche Ausstrahlungen mit eigenen Augen verfolgen. Schon bei der ersten Pflanze blieb jede Reaktion aus, der Galvanometer verzeichnete einen fast geraden Strich. Backster war sprachlos. Dann kam ihm ein Gedanke und er fragte die Besucherin, ob ihre Forschungsarbeit auch die Beschädigung pflanzlichen Lebens mit sich bringe. Es stellte sich heraus, dass sie alle Pflanzen, mit denen sie arbeitete, in einem Ofen röstete, um ihr Trockengewicht festzustellen.

Die Pflanzen erholten sich erst eine dreiviertel Stunde später - nachdem die Besucherin gegangen war - von dem Schock und reagierten wieder normal.

Weitere Forschungsergebnisse zeigen, dass Pflanzen und ihre Betreuer in engem Verhältnis zueinander stehen, was auch durch Entfernungen nicht beeinflusst wird. Das ergab sich aus einer automatischen Vermessungsanlage mit exakt synchronisierten Stoppuhren. Backster konnte damit feststellen, dass seine Pflanzen, ganz gleichgültig wo er sich befand, auf die Ausstrahlungen seiner Gedanken reagierten. So registrierte er auf einen spontanen Entschluss hin, von dem etwa 15 Meilen entfernten New Jersey nach New York zurückzufahren, eine sofortige positive Reaktion seiner Pflanzen. Die Überprüfung pflanzlicher Ausstrahlung über eine Entfernung von mehr als 1.000 Metern gelang ihm, mit Hilfe der Pflanzen einer Bekannten, auf die gleiche Weise. Sie befand sich auf einer 3.000-Meilen-Rundreise durch Amerika und bei jeder neuen Landung oder jedem Start des Flugzeuges reagierten ihre Pflanzen auf die Angstgefühle ihrer Betreuerin. Welche Energiequelle die Gedanken oder Emotionen eines Menschen auf Pflanzen überträgt, ist noch unbekannt. Backster hat jedenfalls versucht, Pflanzen sowohl in einem faradayschen Käfig als auch in einem Bleibehälter zu isolieren. Doch keinerlei Abschirmung war in der Lage, die Verbindung zwischen Mensch und Pflanze zu unterbrechen. Backster schließt daraus, dass diese Strahlung außerhalb des elektromagnetischen Spektrums liegt, viel schneller als das Licht ist und unberührt bleibt von Zeit und Raum.

Ein geradezu sensationelles Experiment auf diesem Gebiet gelang dem Elektro-Ingenieur und Erfinder Paul Sauvin. Durch ein von ihm entwickeltes Spezialgerät konzentrierte er einen geistigen Befehl auf eine Philodendronpflanze, die etwa fünf Kilometer von seiner Wohnung entfernt auf der Fensterbank des Laboratoriums platziert war. Als die Philodendronpflanze den Befehl Sauvins empfing, sandte sie ein Signal aus, das den Zündschlüssel eines Wagens auf dem Parkplatz des Laboratoriums in Bewegung setzte und den Motor startete. Der Moment von Sauvins Gedankenübertragung und deren Empfang durch die Pflanze wurden von der 2.000 Meilen entfernten Kurzwellen-Radio-Station Boulder, Colorado, gleichzeitig gemessen. Alle Ergebnisse dieser Experimente, die in vielen Forschungsanstalten der Welt unabhängig bestätigt wurden, beweisen, dass biologische Energieübertragung für Kommunikationszwecke den konventionellen elektromagnetischen Wellen in vielerlei Hinsicht überlegen ist.

Ein Auszug aus dem Buch: "Der Ruf der Rose" von Dagny und Imre Kerner

Viele Menschen sprechen mit ihren Blumen und sind überzeugt, sie auch zu verstehen. Sie haben recht. Pflanzen kommunizieren nicht nur untereinander, sondern auch mit Tieren und Menschen. Die Sprache der Pflanzen läuft auf verschiedenen Ebenen ab: Über chemische Stoffe, über Wellen, durch elektrische Signale und sie können sogar Gedanken lesen. So verfügt zum Beispiel der Wald über ein Alarmsystem: Wenn Holzfäller den ersten Baum ansägen, wissen alle anderen Bäume Bescheid. Pflanzen können sich an frühere Erfahrungen erinnern und ein Aprikosenbaum in Kalifornien produziert Lyrisches.

Alle Pflanzen strahlen ununterbrochen, Tag und Nacht, die Aura aus, das Licht des Lebens. Darin ist eine Fülle von Informationen gespeichert. Mit der Entschlüsselung dieser Informationen wird jetzt begonnen. Von der Aura wird in verschiedenen Kulturen seit Jahrtausenden berichtet; mit hochempfindlichen physikalischen Geräten ist sie jetzt messbar. Alle Lebewesen, vom Einzeller bis zum Menschen, besitzen eine Aura. Sie ist der Schlüssel zur Kommunikation der Natur schlechthin.

(Quellenangabe:www.doc-nature.com/literatur-pflanzen-gefuehle.php)

Unser Denken bestimmt nicht nur unser Leben

Wenn auch die Pflanzenwelt in unserem Leben eine wichtige Rolle spielt, so ist nach obigen Erkenntnissen wissenschaftlich erwiesen, dass Pflanzen unser Fühlen erkennen. Der Mensch ist wesentlich mehr, wenn man all die Gesichtspunkte näher betrachtet. Wenn Pflanzen die Fähigkeit besitzen, uns zu fühlen, dann können sie es nur, weil der Mensch fähig ist, diese Informationen zu senden. Also sind wir als Mensch ebenfalls nicht nur Empfänger, sondern zugleich auch Sender. Ohne dass es euch bewusst wird, sendet ihr nonstop Gedanken und Gefühle in die Welt. Abgesehen von der Natur und dem Wasser, wie in den letzten beiden Kapiteln erklärt, sendet ihr zusätzlich noch an alles, was euch umgibt. Das ist ein sehr gefährliches Spiel, welches außerhalb der bewussten Realität abläuft. Seid ihr euch wirklich in jedem Moment bewusst, was ihr denkt und fühlt? Eure Gedankenwelt besteht nur aus Vergangenheit und Zukunft, welche euch seit eurer irdischen Existenz verfolgen. Die Gegenwart wird zum Spielball und durch absolutes Handeln zum Gift oder Heil der Welt. Obwohl es so einfach wäre, ein allgemeines Heil auf Erden zu besiegeln, geht jeder Mensch in die unbewusste Haltung eines Schlafenden, der lediglich seinen Vorgaben folgt. Freiheit wird verwechselt mit materiellem Besitz, der einem das Gefühl von Freiheit nur vorgaukelt. Der Geist wird zum Sklaven eures Tuns und verwehrt euch euren wirklichen Reichtum und somit den Weg in das Paradies. Wie weitreichend eure Gedanken sind und euer Handeln eure Gefühle manipuliert, sollte euch mittlerweile klar sein. Wer lieber Wut und Hass wählt und die Wahrheit der Liebe in den Hintergrund katapultiert, kann nicht erwarten, dass sich etwas verändert. Jeder, der nur einen Funken der Negativität in sich festhält, nährt seinen Körper mit toxischen Stoffen. Euer komplettes körperliches System gerät in Aufruhr. Ihr nährt euren eigenen Körper durch eure Gedanken und Gefühle. Nährt ihr ihn gut, mit heilenden Gedanken, nährt ihr eure positiven Gefühle. Nährt ihr eure positiven Gefühle, lasst ihr eurem Geist die Freiheit, euch zu nähren. Nährt euch euer freier Geist, wird euch die göttliche Essenz der Wahrhaftigkeit und Liebe zuteil. Erfahrt ihr die allumfassende Liebe, so sendet ihr alle energetischen Bestandteile des Universums in euer Umfeld. Wenn ihr so frei seid und alles in alles einschließt, wird die Erde in einem höheren Level schwingen. Denn vergesst nicht, die Erde besteht aus einer unglaublichen Naturvielfalt, die eure Gedanken und Gefühle aufnehmen. Sie sind es, die wiederum die Erde nähren und in ein höheres Level versetzen können.

Ergebnisse über die psychisch-geistigen Kräfte des Menschen

Im PEAR Labor (Princeton Engineering Anomalies Research Lab, Universität Princeton) sollten Hellsichtige die Orte beschreiben, an denen sich verreiste Probanden befanden. In einer zweiten Versuchsanordnung sollten sie das gleiche tun, aber schon ehe sie dort waren und zum Teil auch ehe die Probanden selbst wussten, wohin sie reisen würden. Dies wurde erst später durch einen Zufallsgenerator ermittelt. Die meisten dieser Versuche waren genauso erfolgreich wie die in Echtzeit durchgeführten. Der Zugriff erfolgte über einen Informationsraum, der anscheinend zeitlos war.

Nach dem Versuch mit hellsichtigen, also scheinbar außergewöhnlich veranlagten Menschen, beschäftigte sich der amerikanische Forscher Helmut Schmidt damit, ob auch gewöhnliche Menschen, die, wie schon erwähnt, Maschinen in Echtzeit beeinflussen konnten, dies auch im Nachhinein tun konnten. Er schaltete seinen Zufallsgenerator mit einem Audiogerät zusammen, das Rechts- und Linksimpulse als akustische Signale wiedergab. Dann machte er davon eine Tonbandaufnahme, die einer 50:50-Häufigkeit entsprach. Den Probanden gab er von dieser Tonaufnahme eine Kopie, mit der Anweisung, zu versuchen, die Tonsignale kraft der Absicht beziehungsweise des Willens in eine Richtung zu verändern.

Nach diesem Experiment zählte er die Rechts- und Linksgeräusche auf dem Ausgangsband nach. Es schien dem gesunden Menschenverstand zu widersprechen: Die Anzahl war bereits zum Ausgangszeitpunkt der Originalaufnahme verändert, so als sei der Proband bei der ursprünglichen Aufnahme dabei gewesen. Das heißt, auch rückwirkend konnte der Geist elektromagnetische Manifestationen (Speicherungen) auf dem Band verändern. Seine Probanden hatten das ursprüngliche Ereignis verändert und zwar zum Zeitpunkt der erstmaligen, originalen Aufnahme. Daraus kann man schließen: Gegenwärtige oder zukünftige Absichten wirken sich auf die ursprünglichen Möglichkeiten aus und legen fest, welche Ereignisse tatsächlich eintreten.

Schmidt stellte auch fest, dass es für den Beobachter wichtig war, der erste Beobachter zu sein. Gab er das einmal veränderte Band einer weiteren Testperson mit, war der Effekt deutlich geringer. Es war so, als gäbe es ein Copyright im morphogenetischen Feld. Ein einmal mental beeinflusstes Ereignis oder Feld ließ sich kaum noch verändern. Die Realität war somit ein leeres Tonband, das, einmal mit einer Absicht beschrieben, seine Form behielt. Die aufgezeichnete Absicht, oder auch schöpferischer Geist, wirkt hierbei aus einem höherdimensionalen Raum und ist nicht mehr an die vier Dimensionen des Raumes und der Zeit gebunden.

(Schmidt, H.: additional effects for pk, journal of parapsychology, 1985,49,229-44)

1998 bauten Nelson und verschiedene Forscher ein Netzwerk mit mehr als 40 Zufallsgeneratoren weltweit auf. Ereignisse wie die Ermordung von Jitzchak Rabin, die Bombardierung des ehemaligen Jugoslawiens, der Absturz der Concorde, die Hurrikane über New Orleans und der 11. September 2001 erzeugten statistisch deutliche Ausschläge, die mit einer Wahrscheinlichkeit von mehr als 1:1000 von der Zufallsverteilung abwichen. Bei dem Tod von Mutter Teresa konnte er aber keine Abweichung feststellen. Dies lag wahrscheinlich daran, dass sie krank gewesen war, ein erfülltes Leben gehabt und man mit ihrem Tod gerechnet hatte.

Einer erdrutschartigen Sensation kam die Untersuchung zum 11. September 2001 (9/11) gleich: Die Welt der REGs (random event generatoren) zeigte den höchsten jemals gemessenen Ausschlag an, allerdings schon circa vier bis sechs Stunden vor dem Ereignis! Etwas Ähnliches erzählte auch Gregg Braden: Die Amerikaner betreiben seit Jahren Satelliten, die in circa 15.000 Kilometer Höhe das Erdmagnetfeld messen. Auch hier habe es am 11. September 2001 den jemals stärksten gemessenen Ausschlag gegeben. Er deutet dies als elektromagnetische Impulswellen unserer Emotionen, die so stark seien, dass sie das gemessene Erdmagnetfeld beeinflusst hätten. Sollte dies der Fall sein, wäre die Kraft synchronisierter geistiger oder emotionaler Aktivitäten durch Menschen immens.

(Vortrag zu Fractal Time 2010 in Hamburg, Themis Project, Intention: Mit Gedankenkraft die Welt verändern; McTaggart, L. und Seidel, I.: Globale Experimente mit fokussierter Energie)

Teil III

„dem Patriarchat die Macht entzogen“

Über die Befugnis der Energiequelle

Seit Menschengedenken steht der Mensch im Widerspruch zu seiner Existenz. Der Sinn der Existenz wurde reduziert auf ein Häufchen Glück im Leben. Alles, was den Menschen wirklich ausmacht, kann man lesen, aber nicht fühlen. Manche Momente im Leben gewähren euch ein kurzes Erleben von wirklich tiefer Zufriedenheit. Also versucht man, diese Momente einzufangen, um dem Vergessen zu entkommen. Es ist vergleichbar damit, Wasser zu trinken, ohne den Durst löschen zu können. Egal wie viel Wasser ihr zu euch nehmt, der Durst bleibt. Nur, dass es hier nicht um euren Durst geht, sondern um eure Existenz, die sich nie als das zeigt, was sie wirklich ist. Nicht, dass man es nicht wüsste, beziehungsweise fühlen könnte, denn tief in euren Herzen könnt ihr das. Nur, der Minderwert steuert eure Gefühle und macht euch wesentlich kleiner als ihr seid. Bei allen, die ich in meinem Leben kennenlernen durfte, zeigte sich in den Höhen (und nicht in den Tiefen) ihrer seelischen Existenz ein wunderbares Wesen, welches nach einer Art Rückkehr dürstet. Verwundet, geknechtet und benutzt stehen diese Wesen mit ihrer seelischen Verbindung an einem Punkt der Trennung von ihrer wirklichen Herkunft. Alle Menschen, die neu geboren werden, haben den Zugang zur höheren Wirklichkeit, der ihnen mit unglaublicher Gewalt und Grausamkeit entzogen wird. Die Erde und somit die Menschheit stecken in den Fängen eines grausamen Patriarchats, wie es gewaltiger nicht sein kann. Dieses Patriarchat lässt keine menschlich-seelische Entwicklung zu, damit es selbst im Vordergrund als Herrscher der Erde stehen kann. Sich dem zu entziehen, wäre jedoch sehr einfach: Zu erkennen, welcher Weg euch in die seelische Verbindung und somit wieder in euren Heimathafen bringen kann. Das ist einzig und allein die Kraft eures Herzens und somit die der Liebe, mit der allumfassenden Wahrheit getränkt. Seht euch die Umstände auf dieser Welt an und kehrt alles Negative ins Positive. Wenn ihr die universelle, bedingungslose Liebe in ihrer vollen Wahrheit leben könnt, seid ihr in der Befugnis der uneingeschränkten, universellen Energiequelle. So lange ihr diese übergeordnete Liebe nicht leben könnt, werdet ihr darauf beschränkt, das Minimum an Energie zu erhalten. Das ist es, was euer Leben so verzweifelt gestaltet.

Wenn ihr nun diese Erkenntnis verinnerlicht und das Blatt wendet, erschließt ihr euch der wirklichen Essenz des Göttlichen.

Die letzten drei Kapitel sollten euch erkennen lassen, dass auch normale Menschen, ohne die Erfahrung einer höheren Gabe, die Fähigkeit der übernatürlichen Kraft besitzen. Übernatürlich deswegen, weil diese Energie, diese Fähigkeit, nicht erdgebunden ist. Der Part, der erdgebunden ist, ist in einem niedrigen Schwingungslevel und würde eine Entfaltung und ein Erkennen eurer Fähigkeiten untergraben. In allen der drei oberen Kapitel, die euch die Augen öffnen sollen, werdet ihr feststellen, dass zu dem Zeitpunkt des Erkennens und der Wirkung ein erhöhter Zustand eingenommen wurde. Für diese Zustände bedarf es keiner wirklichen Technik. Diese ist nur vonnöten, um euch bewusst zu machen, dass ihr einen anderen Raum, also eine andere Dimension, betretet und euer Bewusstsein eine Kopplung aufbaut. In Wirklichkeit würde es nur ein Fingerschnippen brauchen, um sich darin wiederzufinden, so wie nach mehrmaliger Hypnose zum Beispiel. Es geht sehr leicht von der Hand. Lediglich der Kopf schränkt euch ein, diesen übergeordneten Zustand dauerhaft einnehmen zu können. Wahrlich, jeder Mensch wäre dazu fähig! Doch das vorgefertigte Wissen, von wo auch immer, gibt euch den einschränkenden Rat, euch in eine bestimmte Position zu begeben oder etwas anderes zu tun. Lasst euch aber gesagt sein: Alles, was euch als Hilfsmittel dient, sollte nur eine kurzfristige Brücke sein, denn es macht euch abhängig und schränkt euch ein.

Ihr benötigt nichts außer euch selbst mit weit geöffnetem Herzen. Diese Herzöffnung hat keinerlei Bindung an irgend etwas oder irgend jemanden. Wenn keine Bindung vorhanden ist, gibt es keine Urteile, keine Vorgaben, keine Einschränkungen, keine Vergangenheit und keine Zukunft. Diese Herzöffnung, von der ich spreche, ist die göttliche Essenz der Gegenwart und beinhaltet eine Ruhe. In dieser Stille bekommt ihr die Verbindung zu eurer Seele, die in ihrer Reinheit euch und nur euch auf den Weg in die übergeordnete Wirklichkeit führt. Eure übergeordnete Wirklichkeit kann euch niemand bringen. Weder ich, noch ein Guru, kein Wissenschaftler, keine Religion oder was auch immer. Wenn ihr es schafft, euren eigenen Raum zu betreten, seid ihr frei. Weshalb ihr das nicht könnt, ist lediglich der Umstand, dass ihr eure Energie an andere weiterreicht. Eure Energie ist die Ausrichtung eures Fokus. Lest ein Buch! Wohin ist euer Fokus gerichtet? Seht in euer Telefon! Wohin ist euer Fokus gerichtet? Euer Leben besteht nur darin, euren Fokus auszurichten, fast ausschließlich bezieht dies andere Menschen mit ein. Alles gut und schön und darf auch ruhig sein! Doch es sollte nicht zu eurer Lebensaufgabe werden, denn ihr sollt euch selbst am nächsten stehen. Das ist keine negative Egobelastung, sondern unumgänglich, um euch selbst gegenüberzustehen. Habt dabei keine Angst, andere Menschen mit eurem Verhalten verletzen zu können, denn wenn alles aus dem Herzen heraus geschieht, ihr euch das Gefühl der uneingeschränkten und übergeordneten Wirklichkeit schenkt, werdet ihr die Bereicherung anderer. Vorausgesetzt, ihr verwendet euch selbst nicht zur Machtausübung, denn damit verliert ihr euch selbst wieder. Sich zu verlieren ist der Kreislauf, um in einer Endlosschleife gefangen zu bleiben.

Solltet ihr es schaffen, euch aus der Leichtigkeit euch selbst zu nähern, stärkt ihr alle erdenklichen Gaben, die in euch schlummern: Die Selbstheilung, die Verbindung zur Natur und die übernatürliche Fähigkeit der erweiterten Wahrnehmung.

Letztendlich - und das ist der wichtigste Punkt von allen - werdet ihr ohne euer bewusstes Zutun zur Heilung aller, zur Verbindung mit allem und zum Beitrag der Freiheit. Ab diesem Augenblick kann euer Geist, gesetzesgemäß im Sinn der göttlichen Ordnung, euch in ein dauerhaft erhöhtes Schwingungslevel erheben. Wenn die Menschen in einem unbewussten Kollektiv fähig sind, das Erdmagnetfeld zu beeinflussen wie oben beschrieben, zu was wären sie fähig, wenn sie das Stadium ihrer seelischen Form leben könnten?

Lebensverändernde Wahrnehmung

Lebensverändernde Wahrnehmung verändert ein Leben in die absolute irdische Harmonie. Die Frage, wie diese aussehen könnte, solltet ihr euch selbst beantworten. Dazu seid ihr alle fähig, wenn ihr euch in die Norm eines Freigeistes bewegt. Ein Freigeist beinhaltet bereits in den Worten „freier Geist" alles, was ihr dafür benötigt. Lasst eurem Geist freien Lauf in eurem Leben. Seht euch dafür eure Gedanken und Gefühle an. Solange es eure unmanipulierten und ungeprägten Gedanken sind, werden sich euch eure wahrhaftigen Gefühle zeigen. Versucht euch klar zu machen, dass euer bisheriges Leben ab sofort neu beginnt. Wenn ihr Familie habt, dann lasst sie in diesem Gefühls- und Gedankenspiel außer Acht, was nicht bedeuten soll, dass ihr sie verlassen oder vergessen sollt. Das ist eine Moral gegenüber eurem Nächsten. Dieses Spiel sollte euch lediglich zeigen, wo ihr seelisch steht oder stehen wollt. Alleine diese geistige Freiheit für einen kurzen Moment aufflackern zu lassen, wird euch automatisch in eine neue Richtung führen. Auffällig bei diesem Szenario ist, dass ihr es nicht schafft, gegenwärtig zu bleiben und das mit gutem Grund. Es ist der erste Schritt, den ihr tun solltet, um euer inneres Selbstgefühl zu entfachen. Natürlich werdet ihr dabei vor den Vergangenheits- und Zukunftseinflüssen stehen. Da müsst ihr durch, ob ihr wollt oder nicht. Nur so könnt ihr euren Geist wieder in die richtige Richtung kommen lassen. Bleibt dabei nur bei euch und seid ehrlich, denn das ist nun eure Wahrheit. Sie führt euch ohne Zutun in die Richtung der universellen, geführten

Liebe. Weshalb das so ist? In diesem Szenarium werdet ihr euch sicher kein Leid als Vorstellung wählen. Ihr fühlt und seht nur das, was ihr tatsächlich wollt. Dabei kommt es zu einer Bereinigung, die über das Bewusstsein eingeleitet wird. Macht das, so oft es euch in den Sinn kommt. Wichtig ist nur, dass ihr es für euch allein tut, also unabhängig von Dritten. Habt dabei keine Angst, jemanden auszuschließen, denn genau das Gegenteil würde passieren. Nur wenn ihr zu euch selbst ehrlich genug seid und sich dabei euer Herz öffnet, könnt ihr das tatsächlich auch für andere. Eure Zufriedenheit schließt dabei niemanden aus, sondern führt andere zu euch. Dabei erhebt ihr euch ohne Zutun auf ein höheres Schwingungslevel.

Ab diesem Augenblick der Durchführung eures Szenariums seid euch eurer Gefühle immer gegenwärtig. Es ist sehr wichtig, um nicht in eine Illusion zu geraten. Ihr werdet bald spüren lernen, dass sich zu allem ein Gefühl zeigt, das richtungsweisender nicht sein kann. Alles, was man denkt, hört oder sieht, auch vor dem inneren Auge, ist mit einem Gefühl verbunden. Folgt nun eurem Gefühl und lernt zwischen den verschiedenen Gefühlseindrücken zu unterscheiden. Ihr werdet bald feststellen, dass es enorm viele davon gibt. Die könnt ihr nun gerne unterteilen. Die guten behaltet bei euch und die schlechteren seht euch an und gebt sie einfach ab, wie auch immer das aussehen mag.

Die Übung mag sich vielleicht einfach anhören, doch bald

werdet ihr merken, dass es anfänglich sehr schwer ist, da sich vergangene Situationen immer wieder mit einspielen. Werdet euch stets bewusst, wenn so etwas passiert, dass das in eurem Raum absolut nichts verloren hat. Nichts, was nicht eures ist, gehört in euren alleinigen Raum, in dem ihr euch dabei befindet. Es mischen sich andere Energien mit hinein, die euch beeinflussen. Das Ganze sollte unbedingt nur euch selbst gewidmet sein. Schafft ihr es über einen längeren Zeitraum, beginnt euer Geist sich in eine neue Richtung zu bewegen. Ihr fangt mit einer neuerlichen seelischen Verbindung an, euer Leben neu auszurichten.

Als zweite Stufe - und das ist nun ein entscheidender Faktor - bildet sich nach einiger Zeit die gegenwärtige Lebenseinstellung. Solltet ihr es wirklich schaffen, euch geistig so weit zu erheben, nimmt euer Leben die gegenwärtige Haltung ein. Diese ist nicht geprägt von äußeren Einflüssen, sondern verbunden mit eurer inneren Geisteshaltung.

Ich kann euch nicht versprechen, dass es sofort gelingt. Es kann Wochen, Monate oder auch Jahre dauern. Wollt ihr euer Leben in die erhöhte Schwingung bringen, wird es euch nicht erspart bleiben, einen Schritt in diese Richtung zu gehen. Je früher, desto besser, denn je länger ihr dem Lauf des Hamsterrades beiwohnt, desto schwieriger wird es, daraus zu entkommen. Zur Erinnerung: Bleibt dabei immer bei euch und verbindet es nie mit anderen Personen! Ihr dürft gespannt sein, was passiert!

Diese Übung hat schon seinen tiefen Hintergrund, weil sich euch zeigen wird, dass es nicht einfach ist, wirklich bei sich zu bleiben. Man könnte meinen, dass es nicht so wichtig sei, vor allem, wenn man gerne in seiner Komfortzone bleiben möchte. Trotzdem sollte euch bewusst gemacht werden, dass wir in einer Phase einer neuen Ordnung sind - obwohl auch das Wort „Ordnung" vieles in sich trägt. Eine Ordnung braucht eine Unordnung. Wenn nun einige Weltenherrscher meinen, es bräuchte eine neue Ordnung, ist ihnen also bewusst geworden, dass eine Unordnung besteht. Wie die neue Ordnung aussehen kann oder wird, wird euch sicherlich nicht gefallen, zumindest nicht in den Übergängen und dem Desaster, welches entstehen wird. Ihr solltet euch klar darüber werden oder zumindest die Vermutung haben, dass ihr wesentlich mehr seid, als euch zuvor bewusst war. Dann erkennt ihr auch die Signale einer Handlungsnotwendigkeit. Glaubt aber nicht, dass bei dieser Notwendigkeit eine Form des Widerstandes helfen könnte, denn dann schlagt ihr genau die Richtung ein, die gewollt herbeigeführt wird. Eure persönliche Befreiung ist die Entwicklung eines neuen Bewusstseins. Ein Widerstand würde jegliches Bewusstsein zur Erweiterung eindämmen.

Nur in einer ruhigen Phase kann ein erhöhter Schwingungszustand eintreten, euer Herz sich öffnen und den Kanal zur seelischen Anbindung verstärken. Geht ihr in einen Widerstand, passiert genau das Gegenteil, was natürlich im Sinne einer unteren Ebene ist. Sobald ihr eure Kraft auf das lenkt, was ihnen nichts mehr bringt, werden sie machtlos. Wenn euch klar ist, welchen Abschnitt der Entwicklung der Erde wir gerade durchleben und aus welchen Dimensionen er besteht, dann dürfte euch auch klar sein, weshalb man durch Maßnahmen versucht, die Menschheit weiterhin klein zu halten. Untere Ebenen benötigen eure Energie, um weiter existieren zu können.

Was wäre eine Religion ohne Anhänger, was wäre eine Politik ohne Wähler, die sie unterstützt, was wäre eine Organisation ohne Menschen, die dahinter stehen? Überall, und ihr könnt alles durchleuchten, werdet ihr eine Abhängigkeit finden, die genau euch braucht. Sie versuchen mit allen Mitteln, dass euer Fokus genau in diese Richtung gelenkt wird. Die Welt besteht fast nur aus diesem Spiel. Jeder versucht, einen Fokus eines anderen zu erhaschen. Je mehr es werden, bei denen dies gelingt, desto besser. Auch die Gelehrten und Gurus nähren sich daraus: Sie brauchen euch und eure Energie. Also erzählen sie euch, was ihr hören wollt oder euch Angst bereitet. Es sind genau diese kleinen, unbeachteten Faktoren, die bis in die kleinsten Winkel dieser Welt Gehör finden. Die Angst hält euch gebannt und das, was ihr hören wollt, lässt euch euch besser fühlen. So unterliegt ihr einem Sturm von Unwahrheiten und macht euch dadurch klein, untertänig und willenlos.

Genau das sollte dieser kleine Test euch zeigen: Jeder Mensch sollte sein eigener Herr sein und Entwicklung kann nur bei einem selbst anfangen. Die Wahrheit ist jedoch, dass ihr bei allem, was ihr tut, mit jemandem oder vielen verbunden seid. Weshalb es euch schwer fallen wird, nur an das zu denken, was ihr wollt, ohne eine andere Person mit einzubeziehen, ist, dass ihr allein Angst habt oder glaubt, keine Lust darauf zu haben, allein zu sein. Doch wer es nicht schafft, im Alleinsein seine Glücksgefühle zu finden, ist manipulierbar. Personen und Organisationen stehen hinter euch und deshalb fühlt ihr euch sicher? Dann seid ihr Sklaven eurer eigenen Existenz und lenkbar. Entfesselt euch und erkennt, dass hinter dieser jetzigen Existenz wesentlich mehr steht, als ihr in euren Vorstellungen überhaupt begreifen könnt. Menschen, die ihre Unabhängigkeit wahrhaftig leben, können auch wirklich lieben. Wer nichts zu verlieren hat, kann nichts anderes als gewinnen. Wer gewonnen hat, kann nichts anderes als verlieren. Also müsst ihr alles loslassen, was euch bindet und ihr werdet euch selbst finden. Dazu müsst ihr nicht in Armut leben oder euch von eurem Partner trennen, sondern gebt alles frei, was ihr habt. Wenn ihr jemanden frei gebt, kann er seine Freiheit genießen und ihr befreit euch selbst. Wenn euch klar wird, dass ihr nie etwas besitzen könnt, sondern alles nur eine vorübergehende Möglichkeit ist, dann fühlt ihr euch wesentlich freier. Nur als freier Geist könnt ihr Neues erfahren!

Das Paradies erschaffen, um es zu verlassen

Nach Jahren des Reisens entschlossen Brigitte und ich uns dazu, uns zurückzuziehen. Also suchten wir uns nah einer Küste ein schönes Häuschen mit Blick auf das Meer. Als wir die Vermieterin kennenlernten, sah ich eine wunderschöne Ausstrahlung mit einem Leid verbunden. Ich sprach sie lange Zeit nicht darauf an und ließ allem seinen Lauf. Wir lebten dort in diesem kleinen Paradies und schauten tagein, tagaus von einem Wintergarten auf das offene Meer hinunter. Wir lagen auf einer Anhöhe circa 380 Meter über dem Meeresspiegel und bei guter Sicht konnten wir die Lichter von Marokko sehen und die Skyline der spanischen Küstendörfer und -städte genießen. Nun, alles hat einen Beginn und ein Ende. Unsere Finanzen wurden immer kleiner und wir wussten, dass wir dieses Haus verlassen würden. Wir waren dankbar für diese Erfahrung und ließen uns gern auf Neues ein. Einen Plan gab es nicht und so warteten wir. Dass wir immer noch unser Wohnmobil hatten, erleichterte die Situation sehr. Eines Tages kam die Vermieterin und ich sah wiederum ihren leidenden Ausdruck. Dieses Mal sprach ich sie darauf an und sie erklärte mir, dass sie seit vielen Jahren unter Migräne litte. Zu dieser Zeit jeden zweiten Tag und ohne Schmerzmittel nicht zu ertragen. Also half ich ihr und nach gut drei Wochen war sie fast komplett von ihrer Migräne befreit. Ich nahm natürlich kein Geld dafür, so etwas sollte in der menschlichen Selbstverständlichkeit liegen und von Herzen kommen. Aber sie bestand darauf, dass wir blieben. Nachdem wir ihr erklärt hatten, dass wir nicht ohne Bezahlung in ihrem Haus bleiben mochten, gab sie uns ein 5.000 Quadratmeter großes Grundstück mit demselben Ausblick auf das Meer. Wir einigten uns auf einen kleinen monatlichen Obolus, der für uns leistbar war und so erhielten wir ein neues Zuhause. Sie ließ einen Bagger kommen, der das Grundstück zurechtmachte und verlegte selbst, zusammen mit ihrem Sohn, einen Wasseranschluss. Unser Wohnmobil, nicht gerade klein, war uns gut genug als Unterkunft. Schließlich hatten wir 95 Prozent der Zeit, die wir in dem Haus gelebt hatten, im Wintergarten verbracht und dieser war nicht viel größer als unser Wohnmobil. Das Stück Land wurde von uns gestaltet mit mediterranen Bäumen, einem Garten und einer Terrasse, die wir anlegten. Zusätzlich hatten wir noch ein 80 Quadratmeter großes Festzelt, dieses wurde an kalten Tagen bei Sonneneinstrahlung als warmer Außenbereich genutzt sowie für die Anzucht von Gemüse. Bereits nach einem halben Jahr hatte dieses Grundstück eine charismatische Ausstrahlung, sodass unsere Gäste kaum noch weg wollten. Wiederum nach einem Jahr, nachdem ein neues Paradies erschaffen worden war, schaute ich Brigitte an einem ruhigen Abend an und sagte: „Ich habe das unerklärbare Gefühl, wieder gehen zu sollen!" Das Paradies erschaffen, um es wieder zu verlassen. Sie bestätigte mein Gefühl, das sie bereits seit Tagen verspürt hatte. Wir gaben unserer Vermieterin Bescheid, die es nicht fassen konnte und sehr betrübt war. Freunde verstanden uns überhaupt nicht und wollten sofort das Grundstück übernehmen, was die Vermieterin abschlug. Einige redeten auf uns ein und wollten uns überzeugen zu bleiben. Doch wir gingen noch weiter, denn wir verkauften unser Wohnmobil und alles, was wir hatten. Also standen wir da und hatten lediglich zwei Rucksäcke mit unseren Habseligkeiten.

Wir machten uns auf zu einer unglaublichen, experimentellen Erfahrung mit dem Thema: „Kann man dem Gefühl oder der Intuition ohne einen logischen Hintergrund trauen?" Mit gerade einmal 4.500 Euro befanden wir uns am Start. Natürlich brauchten wir einen fahrbaren Untersatz. Also, Gefühlsabstimmung und entschlossen: Ein Wohnmobil bis circa 3.500 Euro sollte es sein, etwas kleiner als das vorherige, in gutem Zustand und mit wenig gefahrenen Kilometern. Illusion? Wirklich nicht, sondern ein Gefühl. Wunschdenken auch nicht, weil es uns egal war. Es ging uns um das Grundvertrauen zur Intuition und die daraus resultierenden Erfahrungen. Ihr könnt mir gerne glauben, wenn ich euch sage, dass mein Kopf bei diesen Entscheidungen Kapriolen schlug. Im Internet gesucht und nichts gefunden. Ein kleines Grinsen zog sich in mein Gesicht und bald kam der Gedanke: „Von wegen Grundvertrauen, Intuition. Der Verstand sollte dabei nicht zu kurz kommen und ein Wörtchen mitreden." Ich saß mit Brigitte zusammen und redete über irgend etwas, als ich das Gefühl einer Dringlichkeit bekam. Ich stand auf, ging ins Internet und schlug eine Seite mit gebrauchten Wohnmobilen auf. Da sah ich eines für 3.333 Euro. Na, offensichtlicher ging es wohl nicht! Ich rief an, erkundigte mich nach dem letzten Preis und kaufte es per Telefon für 3.200 Euro. Mit der Bitte um Reservierung und einer Anzahlung von 50 Prozent war alles geklärt. Der Kopf schlug wieder Kapriolen, denn der wusste immer noch nicht, wie wir von Spanien nach Deutschland kommen sollten. Er sagte mir, dass wir wohl mit einem Kapital von gerade 4.500 Euro nicht weit kommen würden. Ich gab meinem Kopf Recht und beschuldigte sofort mein Gefühl einer Täuschung. Daraufhin hatte der Kopf die Oberhand und stimulierte mein Gemüt mit allerlei Dummheiten: „Die Anzahlung ist sicher weg, bis wir kommen; wir haben nichts in der Hand außer einer Email-Bestätigung; vielleicht ist der Motor kaputt...", bis hin zu was weiß ich nicht allem. Aber es blieb immer noch ein Experiment. Nun rechnete ich aus, was wir noch brauchen würden und was uns im Endeffekt bleiben würde: Caravan 3.200 Euro, Abholung und Anmeldung, Gasflaschen, Grundausstattung, Service et cetera 400 Euro. Dann kam noch der Flug nach Deutschland dazu, der Besuch bei unserer Tochter und die Weiterreise nach Österreich. Zuerst nach Wien zu unserer zweiten Tochter, danach weiter nach Bregenz zur Mutter, um von dort aus wieder nach Spanien zu fahren. Bei diesem Gedanken wurde mir nun doch ein wenig übel. Aber ich wollte es, das Experiment Grundvertrauen in Verbindung mit der Intuition. Die Intuition gab den Weg vor und das Grundvertrauen paarte sich damit und leitete unseren Weg. Also alles locker sehen, es kann ja nichts passieren.

Der Kopf rechnete mir immer wieder vor, dass es nicht klappen würde, mein Gefühl widersprach ihm, denn es sagte mir stets, dass ich genau den richtigen Weg gewählt hätte. Brigitte war sowieso immer locker und meinte nur: „Passt schon!" Wohnmobil mit allen Kosten circa 3.600 Euro, einen Flug gefunden für circa 120 Euro pro Person, na, dann blieben doch noch 660 Euro! Mein innerer Widersacher lächelte schon wieder. Allein die Fahrt von Bregenz nach Spanien würde mehr kosten, als uns Geld übrig bleiben würde. Mein Gefühl schloss sich Brigitte an und sagte: „Passt schon!" Also ab ins Grundvertrauen und sehen wir weiter, was passiert.

Kurz bevor ich die Tickets für den Flug kaufen wollte, kam ein Freund von uns und bot uns an, mit ihm mit dem Auto nach Deutschland zu fahren. Spritkostenbeteiligung 80 Euro und er würde uns bei unserer Tochter absetzen. Nun grinste meine innere Intuition und eine Stimme sagte: „Siehst du, bleib in deinem Grundvertrauen, alles wird gut!" Der Kopf lachte und zweifelte. Wir fuhren los nach Deutschland und kamen zwar müde, aber entspannt bei unserer Tochter an. Wir blieben über einige Wochen bei ihr, hatten bereits unser Wohnmobil abgeholt und waren sehr zufrieden. Nur für den Aufenthalt bei unserer Tochter wollten wir natürlich unseren Beitrag leisten, wir bezahlten teils die Einkäufe und luden sie ein, gemeinsam mit uns essen zu gehen. Der Tag der Abreise kam näher und wir hatten noch ungefähr 200 Euro in der Tasche. Von wegen gelebte Intuition und Grundvertrauen! Trotzdem blieb ich meinem Experiment treu und ließ alles auf mich zukommen. Wir machten einen Zwischenstopp in Linz bei zwei guten Freundinnen. Schon einige Zeit zuvor war der Vorschlag gekommen, dass ich einen Vortrag halten sollte. Die zwei machten die Organisation und ein paar Tage vor dem Termin hatten sich circa sieben bis acht Leute angemeldet. Mit 200 Euro mussten wir froh sein, wenn wir es überhaupt bis Wien schaffen würden. Das Gefühl hatte schon im voraus die Reise nach Linz mit einem Vortrag gekoppelt. Ohne Vorbereitung und ohne ein gewähltes Thema parat zu haben, hatte ich damals zugesagt. Nun kamen gerade einmal ein paar Leute. Doch nur zwei Tage vorher bekam ich von einer der Bekannten einen Anruf. Aus unerklärbaren Gründen hatten sich insgesamt circa 40 Leute angemeldet. Und wieder machte sich mein innerer Lehrer bemerkbar und meinte grinsend: „Siehst du, bleib in deinem Grundvertrauen und hör auf dein Gefühl!" Mein Kopf wurde nun ein wenig leiser und jetzt musste ich grinsen.

In Linz angekommen, traf ich mich mit einer der Freundinnen und wir durften in ihrer Wohnung in Linz übernachten. Sehr fürsorglich füllte sie den Kühlschrank und bat uns, uns wie zu Hause zu fühlen. Am nächsten Tag fand der Vortrag statt und ohne Vorbereitung schwafelte ich, was mein Gefühl mir gerade zeigte. Nach zwei Tagen, denn so lange dauerte die Veranstaltung, hatten wir weitere 400 Euro an Spenden erhalten. Alles in allem gut 450 Euro. Es war mir nun klar, dass irgend etwas Außergewöhnliches passieren musste, damit wir das Geld für die Reise nach Bregenz und weiter nach Spanien zusammenbekommen würden. Mein Kopf wurde alles in allem eigenartigerweise ruhiger. Eine innere Zufriedenheit streifte mich und ein Glücksgefühl kehrte ein. Die Nervosität, die ich teilweise verspürt hatte, verschwand. Dabei wurde alles wesentlich klarer, wie etwa das Grundvertrauen in die existenzielle Grundsubstanz, die Führung der eigenen Intuition und das Wissen, dass der Kopf einfach nur Blödsinn im Kopf hat. Woher ich das wusste, weiß ich nicht, mein Gefühl sagte es mir. In Wien blieben wir gut zwei Wochen und waren auf einem Campingplatz. Wir hatten lediglich einen Parkplatz und durften dort übernachten.

Nun kam es zu dem Tag, an dem ich das machen musste, was ich auf keinen Fall machen wollte. Das Geld reichte gerade, um nach Bregenz zu kommen, weiter ging es auf keinen Fall. Meine Ruhe verließ mich trotzdem nicht und bald erkannte ich, weshalb in diesem Experiment ein Zwiespalt entstand. Es waren die extremen Gegensätze: Einerseits meine Sicherheit in das Gefühl und die Intuition, der ich gerne mein Dasein widme, um aus ihr heraus einfach nur Ruhe in meinem Leben zu finden. Andererseits der Kopf, der mir immer wieder den Strick reichte, um mir symbolisch zu zeigen, dass ich mir dabei gleich den Strick geben konnte. Der Kopf wollte die Oberhand mit Logik erreichen und damit die Gefühlsebene dominieren. Das entsprach nicht meinem Naturell und ich ging in die Resignation des Widerstandes. Ich ließ den Kopf sein, was er bei jedem ist: Der dominante Part des Herrschenden. Doch plötzlich, nachdem ich den Widerstand zur Seite gelegt hatte, war es still. Weshalb kam nicht ein Jubel und ein Siegesgefühl des Kopfes? Mir dämmerte die Antwort: Der Kopf ist der Widerstand! Wenn ich ihn aufgebe, entbinde ich den Kopf als Herrscher meines Tuns. Mit dieser Erkenntnis verbannte ich das charakteristisch gewohnte Denken tatsächlich zu dem Nutzbringer, der es sein sollte.

Ich rief von Wien aus noch meine Mutter an und leider musste ich das tun, was ich niemals hatte tun wollen: Ich bat sie, uns zu helfen und uns das Geld für die Rückreise nach Spanien zu leihen. Somit war mein Experiment zu diesem Zeitpunkt gescheitert. Meine Mutter erwiderte darauf: „Ich wollte dich schon vor einigen Tagen anrufen! Deinen Bruder möchte ich gerne mit 800 Euro unterstützen, da er Verbesserungen an seinem Haus vornimmt. Dieselbe Summe habe ich auch für dich vorgesehen und weiß nun, dass es einen guten Sinn hat. Das ist mein Weihnachtsgeschenk an meine Söhne und kommt von Herzen." Ich war wirklich zu Tränen gerührt. Nicht wegen der 800 Euro, für die ich sehr dankbar war, sondern wegen eines Experimentes, an dessen Ende ich die Siegesmedaille in der Hand hielt. Meine innere Stimme begleitet mich seither bei allem, was ich tue und das mit großem Erfolg. Was an Eindrücken, Erfahrungen und Freiheit resultierte, ist kaum in Worte zu packen. Es so reell wie möglich wiederzugeben, ist schwer genug.

Es soll euch dieselbe Türe öffnen, die wir gefunden haben, um das Unmögliche möglich zu machen. Alle Menschen tragen dieses Gut der Führung in sich, wenn sie nur fähig werden, den Widerstand gegen das Denken aufzugeben. Auch wenn es paradox ist, denn niemand weiß, dass der Kopf diese Widerstände aufbaut durch die vielen und ständigen Fragen, das Hinterfragen, das Abwägen, das Für und Wider. Ein ständiger Irrglaube, der die Menschheit wirklich irre macht. Übergehe deine Gefühle, deine Intuition, dein Grundvertrauen und du verirrst dich in deinen Illusionen, gesteuert durch deine niemals endenden Gedanken.

Die Synchronizität des Lebens

Vor einigen Jahren las ich einen Bericht über eine Studie, die in den Vereinigten Staaten von Amerika durchgeführt wurde. Die Wissenschaft versucht seit jeher, die Zeit zu verstehen und zu isolieren, um Unerklärbarem auf die Spur zu kommen. In einer Klinik kamen Wissenschaftler auf die Idee, einem Probanden eine Zelle zu entnehmen und diese, solange sie noch aktiv war und Leben enthielt, in einem Nebenraum aufzubewahren. Nun fügten die Wissenschaftler dem Probanden einen kleinen Schmerz zu, um zu erforschen, ob oder wie die getrennte Zelle darauf reagieren würde. Zum Messen der Aktivitäten wurden spezielle Messgeräte verwendet, um die Intensität und Aktivität, sowohl von dem Probanden als auch von der getrennten Zelle, feststellen zu können. Das Ergebnis verblüffte die Wissenschaftler, denn die aufgrund der Reaktionen des Probanden und der isolierten Zelle gemessenen Ausschläge des Gerätes waren absolut synchron. Dabei spielte es keine Rolle, wo der Proband eine Schmerzempfindung spürte, die Zelle reagierte immer zeitgleich.

Nun wollten die Wissenschaftler die Schnelligkeit der Übertragung messen. Die schnellste uns bekannte Geschwindigkeit ist die des Lichtes. Also installierte man ein weiteres und sehr komplexes Gerät. Dieses Mal wurde die Zelle an einen Ort gebracht, der einige 1.000 Kilometer vom Probanden entfernt war. Die Entfernung wurde aufgrund der Lebendigkeit der Zelle gewählt. Erlosch ihr Licht, konnten auch keine Messungen mehr durchgeführt werden. Wichtig war zusätzlich, dass eine gewisse Entfernung eingehalten werden musste, denn je größer der Abstand zwischen dem Probanden und der Zelle, desto detailliertere Ergebnisse konnte man erzielen. Nach Beendigung und Auswertung der Messungen war eines bestätigt: Es gibt etwas, das schneller ist als das Licht! Es gab keine zeitliche Verschiebung zwischen der Schmerzauslösung und der Reaktion der isolierten Zelle. Das bedeutet, dass es eine absolute, außerhalb der Zeit befindliche Kommunikation gibt. Ohne Zeitverzögerung wurden die Informationen von einem Punkt zum anderen gereicht. Dabei spielten Hindernisse wie Berge, Gebäude oder Erdkrümmung keinerlei Rolle. Also gibt es eine Art der Kommunikation, die alles durchdringt und außerhalb von Zeit und Raum existiert.

Andere wissenschaftliche Untersuchungen machten Braud und Targ mit der Beeinflussung von Lebewesen. Dabei waren normale Probanden in der Lage, kraft ihrer Vorstellung mongolische Rennmäuse in ihrem Laufrad schneller laufen zu lassen. Sie veränderten bei Seepferdchen die Schwimmrichtung und ließen Erythrozyten in einer Salzlösung, die sie zur Zellauflösung brachte, länger überleben. Es ist anzunehmen, dass eine solche Einflussnahme mit Sicherheit auch auf das Immunsystem erfolgen kann. Die Testanordnung für den menschlichen Körper war dafür allerdings zu komplex.

Nach diesen Erfolgen suchte Braud ein Gerät, um die Ergebnisse auch messbar zu machen und entdeckte für sich den Lügendetektortest. Beim Lügendetektortest registriert das Gerät jede Erhöhung der elektrischen Leitfähigkeit der Haut. Diese wird durch eine gesteigerte Aktivität der Schweißdrüsen verursacht, welche ihrerseits vom autonomen (unwillkürlichen) Nervensystem gesteuert werden.

Erhöhte Werte der elektrischen Leitfähigkeit der Haut zeigen eine verstärkte Aktivität des autonomen Nervensystems an, also vor allem Stress oder psychische Erregung. Braud testete mit diesem Gerät die Reaktionen von Menschen, wenn diese angestarrt wurden. Merkten die Probanden, dass sie angestarrt wurden, reagierte das Gerät auf den ausgelösten Stress. Interessanterweise zeigten die Probanden aber dieselben Reaktionen, wenn sie nicht wussten, dass sie beobachtet wurden, zum Beispiel in einem Wartezimmer, wo sie von einer versteckten Kamera jeweils unterschiedlich fokussiert wurden.

Zurück zu den Fremdbeeinflussungen. Es zeigte sich, dass die Versuche am besten bei Personen funktionierten, die Hilfe brauchten. Hier war der Einfluss fast genau so groß, wie wenn Menschen sich beispielsweise durch autogenes Training selbst beruhigten. Es gab auch eine Reihenfolge der Höhe der Erfolgsquote: An erster Stelle Menschen, dann Mäuse und letztlich Fische – so, als gäbe es eine Art Übertragungssignatur, die umso stärker wirkte, je näher die evolutionäre Verbindung war. Ein Phänomen, das durch Spiegelneuronen erklärt werden könnte.

(McTaggart, L. und Kretzschmar, G.: Das Nullpunkt-Feld: Suche nach der Ur-Energie)

Im Folgenden möchte ich noch zwei Studien zitieren, bei denen das EEG zur Messung der Effekte eingesetzt wurde:

In der ersten Untersuchung gab es während der Meditation der beteiligten Personen höhere Fremdbeeinflussungen bei mentaler Abschirmung der Empfängerprobanden. Meditation öffnet größere Gebiete der Hirnrinde und stärkt die Verbindung zwischen den Hirnhälften für die Wahrnehmung. Wenn zwei eng verbundene Personen aneinander dachten, gab es im EEG (Elektroenzephalogramm, misst die elektrische Aktivität der Hirnrinde) erhöhte Synchronisationen (zeitliche Abgleichung von Vorgängen), wobei das höher kohärente Gehirn die Dominanz übernahm.

(Grinberg-Zylberbaum, J.: Pattern of interhemisphere, correlations during human communications, international journal of neuroscience, 1987)

In einer anderen Studie schirmte man die EEG-Wellen nicht ab und konnte so eine Überlagerung der EKG-Wellen (Elektrokardiogramm, misst die elektrische Aktivität des Herzens) im Gehirn sehen. Waren zwei Menschen in Liebe verbunden und dachte einer der beiden an den anderen, waren seine EKG-Ausschläge und sein -Rhythmus (Herzaktion) im EEG des anderen zu sehen. Dieser Effekt war am größten bei Menschen, die in der Studie angaben, eine glückliche Kindheit und zwei liebende Eltern gehabt zu haben. Das bedeutet, dass unsere Erziehung und unsere Liebesfähigkeit einen Einfluss auf unsere Befähigung haben, Energie, Liebe und wahrscheinlich auch Heilenergie zu senden.

(McCraty, R.: The electricity of touch detection, 1998)

Nach den Beeinflussungsversuchen experimentierte Braud damit, mit Wünschen Einfluss auf gewisse Vorhersagen auszuüben. Er war der Ansicht, dass unser Universum durch unsere Wünsche und Absichten bis zu einem gewissen Grad kontrollierbar sei, im Sinne des Geistes, der die Materie beherrsche. Es funktionierte bei ihm besser, wenn er sich etwas sanft und behutsam wünschte, als wenn er es mit Nachdruck forcierte. Es war so, als würde man sich anstrengen, sich selbst in den Schlaf zu zwingen. Braud interpretierte es so, als würden die Menschen auf zwei Ebenen wirken - in der von hartem, motiviertem Streben bestimmten Welt und der entspannten, passiven, rezeptiven Welt des Nullpunktfeldes.

Nachdem sich seine Wunschquoten immer mehr verbessert hatten, erkannte Braud für sich, dass beides ein permanenter Zustand gegenseitiger Beeinflussung war. Zellverbände und einzelne Lebewesen sowie Organisationsstrukturen mehrerer Lebewesen zeigten ebenfalls dieses Phänomen. Sie können durch Informationsaustausch mit einem chaotischen, ungeordneten System, nämlich dem Nullpunktfeld, Zustände hoher Kohärenz und Ordnung schaffen. Durch den Akt der Beobachtung und Absicht haben wir die Fähigkeit, eine Art Superstrahlung auf die Welt auszudehnen, die eine sogenannte Negentropie, also Ordnung, schafft.

Die fundamentale Frage, die Brauds Arbeit aufwirft, hat mit der Individualität zu tun. Wo endet das Individuum und wo beginnt es? Wenn alles, was geschieht, eine Wechselwirkung ist und Gedanken ein gemeinschaftlicher Prozess sind, brauchen wir vielleicht eine gute Gemeinschaft positiver Absichten, um in der Welt gut zu funktionieren oder sie zum Besseren zu verändern.

(McTaggart, L. und Seidel, I.: Intention: Mit Gedankenkraft die Welt verändern - Globale Experimente mit fokussierter Energie)

Wo steht der Mensch gegenwärtig mit der Synchronizität?

Je weiter die Menschen voranschreiten, eine Ordnung in die Welt zu bringen, desto sicherer wird es wohl sein, dass genau das Gegenteilige geschieht. Als Individuum betrachtet und als weltliches Kollektiv erkannt, steht die Welt an einem Abgrund. Wenn ihr euch eurer Fähigkeiten als Mensch wirklich bewusst werdet, könnt ihr aus diesen Faktoren bald erkennen, dass sich auf dieser Welt gerade alles spaltet. Solange ihr euch noch in eurem Schlafmodus bewegt, seid ihr ein leichtes Spiel für alle Organisationen, die eure Kraft der universell verfügbaren Gaben nutzen. Wenn ihr eure Augen und Ohren nicht verschließt und begreift, dass alles, was auf der Erde geschieht, aus eurem Denken, Handeln und Fühlen heraus resultiert, dann kann nichts mehr aufgehalten werden, was eine positive Veränderung herbeirufen könnte. Wenn meine Worte dafür nicht reichen, um euch im Glauben zu stärken, dass ihr sehr viel mehr seid, als man euch glauben lassen möchte, dann können es womöglich die bereits vorhandenen wissenschaftlichen Fakten.

Sinniert darüber und wendet das Blatt eurer Wahrnehmung!

Wenn die Menschen als Kollektiv weltverändernde Maßnahmen erreichen können, ihr alleine durch eure Gedanken, Wünsche und Emotionen euch untereinander verständigen könnt, ohne Geräte dafür nutzen zu müssen, ihr durch eure Herzöffnung andere Menschen erreicht und laut obigen Studien zu so vielem fähig seid, weshalb kann dann ein globaler Wandel nicht stattfinden?

Ich versuche einmal, eine Theorie aufzustellen:

Ihr seid tagein, tagaus damit beschäftigt, in das Handy zu schauen, den Nachrichten zu folgen und euch gegenseitig auszutauschen. Alles, was euch in diesen Momenten erreicht, festigt sich in euren Gedanken und Gefühlen. Euer Fokus richtet sich dementsprechend aus und lässt euch handeln. Jedoch nicht nur in eurem Umfeld! Es geht über euer Überbewusstsein in alle Winkel der Erde, bis hin zur energetischen Struktur des Planeten im Universum. Die Rückkopplung, vom Universum auf die Erde zurück, wirkt als Verstärker im Kollektiv. Vergesst nicht, von jedem Menschen! Somit sollte euch klar sein, dass eine Idee eines Menschen, der noch dazu Macht und Geld hat, nur in den Medien veröffentlicht werden muss. Sie kann positiv oder negativ sein. In Windeseile werden diese Informationen im Internet die Runde drehen - geliked, geteilt und beurteilt. Die Inhalte werden aufgenommen und beeinflussen den kompletten Globus. Diese Manipulation, als Idee geboren und von euch weitergeleitet, wird zum künftigen Ereignis auf diesem Planeten. Eine Idee wird zur Realität oder zum Leben erweckt. Einmal in die Welt gebracht, ist es schwer, sie wieder aus der Welt zu schaffen.

Dabei geht es den oberen Zehntausend ebenfalls nicht anders. Sie sind genauso nur ein Spielball in diesem exzentrischen Gefüge. Wie kommen diese Situationen überhaupt zustande? Nun gelangen wir wieder zu dem Thema der niedrig schwingenden Ebenen der Erde: Die zugehörigen Wesen sind Bestandteil unseres Planeten in einer anderen Schwingungsebene. Es gibt sie seit Menschengedenken. Jeder hat eine gewisse Angst vor ihnen oder verliert sich in dem Glauben, dass es sie nicht wirklich gibt. Dazu kann ich euch sagen, dass man keine Angst vor diesen Wesenheiten haben muss. Einerseits sind die Menschen höher schwingend und zum anderen normalerweise nicht physisch angreifbar, so wie manche glauben. Was einem Unbehagen bereitet ist, dass die niedere Schwingung dieser Wesen zum Beispiel Gefühle von Angst und Schauer auslöst. Da ihr nicht wisst, weshalb ihr euch so fühlt - denn diese Schwingung liegt nicht in eurem Sichtbereich - geht ihr davon aus, dass es eure Gefühle sind. Ebenso verhält es sich mit den Gedanken. Hätte ich diese Verbindung und Zustände nicht selbst erlebt, würde ich ebenso zweifeln. Doch vergesst nicht, auch ein Zweifel lässt die Tür einer Möglichkeit offen. Wenn nun diese im Hintergrund liegende Macht Macht über euch hat, dann nur, weil ihr es zulasst. Ein Mensch, der sich im Nahkampf ausbildet oder seine Muskeln stärkt, tut das, damit er sich sicherer fühlt. Stärker als ein anderer zu sein verbindet sich mit dem Gefühl, unantastbar zu sein. Im Unterbewusstsein weiß er jedoch, dass eines Tages jemand kommen und ihn besiegen wird. Das ist die Angst, die er niemals los wird. Es gab noch nie einen unbesiegten Menschen und jeder Goliath findet seinen David. Es gibt noch eine andere Alternative und die ist, sich den Mächtigen anzuschließen. Somit erhalten diese wesentlich mehr Stärke in dieser Welt und sind einflussreicher als diejenigen, die sich dem widersetzen. Diejenigen, die sich widersetzen, werden somit zu den Unterdrückten dieser Welt. Doch die Unterdrückten haben Gehorsam zu leisten und wenn sie sich dieser Gehorsamkeit entziehen, kann das schwerwiegende Folgen haben.

Weshalb dieser Kampf um eine Vorherrschaft?

Kein Leben ohne die Energie des Lichts - und ich meine damit nicht die Sonne, sondern die Kraft des Prana, eine Energie des Universums, die für alle zur Verfügung steht, den einen mehr, den anderen weniger.

Es gibt Menschen, die sich lichtvoll ernähren, sprich, frisches Obst und Gemüse zu sich nehmen. Diese Menschen brauchen wesentlich weniger Nahrung als diejenigen, die sich von lichtloser Nahrung ernähren. Dazu zählt zum Beispiel Fleisch. Lebloses Fleisch nährt, durch das Fehlen von Licht, den Körper und nicht den Geist. Erinnert euch an das Kapitel mit den Biophotonen, also dem Zelllicht. Menschen, die lichtvoll leben, schaffen es in kurzer Zeit, sich ohne Fremdenergie zu entwickeln. Damit meine ich, dass diese Menschen mit der Zeit keine Unterworfenen mehr benötigen. Fast alle Menschen haben einen Unterworfenen, dazu zählt auch ein Haustier, das ihnen guttut. Ein Haustier zu halten, ist oft die unbewusste Reaktion von Menschen, die glauben, dass es ihnen damit besser gehe, denn sie entziehen dem Tier eine gewisse Energie. Trotz alledem kann es zu einer harmonischen Koexistenz kommen, wenn man dem Tier seinen Spielraum für seine Entwicklung lässt. Ebenso ist es mit den meisten Menschen in einer höheren Position. Sie haben einen Machtstatus und entziehen den untergeordneten Personen Energie. Das ist auch der Grund, weshalb sich viele Menschen unter solchen Arbeitsbedingungen schlecht und krank fühlen. Die ganze Welt ist in eine hierarchische Struktur gebunden und somit entzieht der eine dem anderen Energie. Nur weshalb? Weshalb entziehen die Menschen anderen Menschen Energie, wenn aus dem Universum eine unglaubliche Kraft strömt und ein unerschöpfliches Potenzial an Energie vorhanden ist?

Die Antwort ist subtil und trotzdem leicht. Weil es niemand weiß und keiner daran glaubt! Dabei würde es keine Rolle spielen, ob man daran glaubt oder es weiß. Wäre es denn nicht einfacher, ein harmonisches Leben zu führen, in dem sich Menschen Hand in Hand, ohne Zwietracht, Neid oder Missgunst begegnen könnten? Wenn man leben könnte, ohne einen Kampf austragen zu müssen, David und Goliath sich umarmen würden, anstatt sich gegenseitig zu töten? Wo steht der Mensch, der sich angeblich zivilisiert benimmt, sich aber eher mit distanzierenden Gedanken quält und andere Menschen dafür verantwortlich macht? Das alles, genauer betrachtet, ist ein himmelschreiendes Paradox. Keiner würde sich als solches Individuum sehen, denn innerlich fühlt man ein herrliches Wesen, das aber nicht wirklich zum Vorschein kommt, zumindest, wenn man sich aus Ehrlichkeit heraus selbst betrachtet. Es fällt einem immer eine Entschuldigung ein und bekannterweise kann man alles entschuldigen.

Doch die wirkliche Antwort liegt im Unbekannten:

Der Mensch dient den unteren Ebenen als Transformator der für sie unerreichbaren Energien! Es dürstet sie danach, aber sie können diese Energien eigenständig nicht erreichen, da es ihr Schwingungslevel nicht zulässt. Wenn ihr euch in der Herzebene bewegt, fällt es ihnen wesentlich schwerer, euch zu benutzen. Deshalb gibt es Menschen, die einen Pakt eingegangen sind, um die Richtlinien dieser Erde konstant auf einem niedrigen und überschaubaren Level zu halten. Die Nahrung ist lichtlos, Medikamente und Impfungen sollen euch schwächen und willenlos machen. Die Systeme und ausnahmslos alle Religionen blenden euren Geist, um euch kleiner zu machen und zu halten, als ihr in Wirklichkeit seid. Der Planet Erde ist ein politisches und religiöses Patriarchat, das keinen Widerspruch erlaubt. Dieses pervertierte Schauspiel geht soweit, dass allein schon Freiheitsgedanken euch mit Angst behaften und euch in eine Starre versetzen. Selbst die Aussage, dass die Erde lebenswert sei, klingt nach einem mit Grausamkeit getränkten Geist, der zu einer immerwährenden Reinkarnation gezwungen wird. Ein Ausweg scheint in absolut weiter Ferne zu liegen.

Doch der Ausweg ist bereits seit langem da. Er ist vor eurer Nase und könnte für euch der Weg in die Freiheit sein, euch aus der gezwungenen Reinkarnationsschleife zu befreien und euch die erhöhten Dimensionen zu zeigen, die euch hin zu eurem wirklichen Zuhause einladen. Dabei entbindet ihr euch aus dem Patriarchat, das die Welt regiert und zwar ohne Schmerz, ohne Einspruch und ohne Einschränkung. Ihr braucht nur euren Geist zu öffnen, euer Herz sprechen zu lassen und eurer Seele die Ermächtigung zu geben, den Weg vorzubereiten. Ihr wisst bereits auch aus den wissenschaftlichen Studien, dass ihr fähig seid, Materie zu erschaffen. Doch macht es nicht hier auf Erden, sondern macht es für euch, um euren Geist zu befreien!

Seelische Grausamkeit oder das Resultat der Unkenntnis

Die Arbeit an der Promenade der spanischen Küste Andalusiens war für Brigitte und mich nicht nur eine sehr schöne, sondern auch eine sehr lehrreiche Zeit. Die Erzählungen der Passanten an der Promenade und die Gespräche, die zustande kamen, wurden sehr oft zur Erkenntnis. Das Mysterium Seele beschäftigte uns seit jeher und wir kamen nur schrittweise mit dem Bewusstsein, was die Seele ausmacht, weiter. Oft waren es zufällige Situationen, die sich durch Stolpersteine - also man stolpert über etwas - ergaben.

So sprach mich an einem schönen Herbsttag eine ältere Dame an. Direkt und unverblümt meinte sie: „Ich bin nur mehr drei Tage hier und nutze die Chance, einem Menschen, den ich nicht kenne und niemals wieder in meinem Leben sehen werde, meine Geschichte der seelischen Verstümmelung zu erzählen. In meinen letzten Lebenstagen will ich einfach alles los werden. Ich weiß, dass ich mich ihnen gegenüber nicht schämen muss, weil es in meinem Umfeld keine Verknüpfung zu Ihrem Leben und Bekanntenkreis gibt. Also bleibt es unter uns." Ausgesprochene Worte, verschollen und vergessen. Ich war ganz Ohr und sie fing an, mir die Story ihres Lebens zu erzählen, die sie zeitlebens hatte leiden lassen.

Sie war ein Kriegskind des Zweiten Weltkrieges. Damals im Alter eines Teenagers, mit denselben Problemen wie alle anderen auch. Sie erzählte mir alle Details, die sie während des Kampfes erlebt hatte. Damals, als die russischen Invasoren einen Teil Deutschlands besetzten, waren viele Frauen die Opfer von Vergewaltigungen. Ihre Geschichte war wirklich sehr heftig und sie gewann mein uneingeschränktes Mitgefühl. Trotzdem blieb ich in der Achtsamkeit und studierte während der Erzählung ihre Ausstrahlung und ihre Energiefelder. Sie erzählte alles in einem wie auswendig gelernten Monolog. Zusätzlich konnte ich während der Erzählung bei ihr keine Regungen verspüren, sondern eher eine vergangene Tatsache, wie aus einem Buch gelesen. Das schreckliche Highlight der Geschichte war, dass die Russen, nachdem dieser Teil Deutschlands besetzt worden war, von den militärischen Führungsebenen die Freigabe zur Vergewaltigung der Frauen bekamen. Ein angeblich allgemeiner Schachzug im Krieg und nicht nur durch die Russen ausgeführt. Es dient in Kriegszeiten generell zur Demoralisierung und Unterwerfung. Also versteckten sich verständlicherweise viele Frauen, aber einige traf es mit voller Wucht. Die ältere Dame fuhr nun weiter fort: „Ich stand in der Küche und hörte aus der Ferne bereits heftige Aufschreie. Ich erschrak zutiefst und wollte flüchten, aber ich war wie angewurzelt und konnte mich nicht mehr bewegen. Ich starrte auf die Tür, als würde ich wissen, was jetzt geschehen würde. Es dauerte nicht lange und ein dumpfer Schlag brach die Tür auf und vor mir stand ein russischer Soldat mit einer Waffe in der Hand. Hinter ihm sah ich noch andere Soldaten. Er sagte nichts, ging auf mich zu, packte mich und warf mich auf den Tisch. Er riss mir die Kleider vom Leib und ohne Umschweife wurde ich vergewaltigt. Ich sah noch, wie die anderen Soldaten sich hinter ihm aufstellten, so, wie sich die Leute beim Einkaufen in einem Lebensmittelladen in Reih und Glied anstellten und warteten, bis sie dran kamen. Ich konnte die Abscheulichkeit nicht verstehen, war unfähig zu denken und alles geschah wie in einem Albtraum. Einer nach dem anderen folgte, bis auf einmal während der Vergewaltigung ein Offizier den Raum betrat, seine Waffe zog und den Vergewaltiger während des Aktes erschoss. Daraufhin, zumindest hatte ich das so verstanden, hätte er jeden weiteren Soldaten erschossen, der sich an mir vergriffen hätte."

Nach dieser Erzählung fuhr sie weiter fort, dass sie einige Frauen kenne, denen es wesentlich schlimmer ergangen wäre. Sie hätte die Qual nur mit drei Soldaten gehabt, bei einer Freundin wären es mehr als zwanzig gewesen. Diese spezielle Freundin hätte nach diesem Ereignis einen Mann geheiratet und zwei Kinder geboren. Sie hätte ihrem Mann alles erzählt und dieser wäre verständnisvoll und liebenswürdig gewesen. Somit hätte ihre Freundin über diesen Gewaltakt hinauswachsen können und sähe ihn als ein vergangenes Ereignis an.

Sie selbst wiederum konnte nichts davon vergessen und quälte sich seither. Mit ihrem Mann, den sie geheiratet hatte, führte sie anfangs eine intensive Beziehung. Dann wollte sie ihm dieses Geheimnis offenbaren, um nicht weiter mit einer gefühlten Lüge leben zu müssen. An einem Abend, beim Essen, erzählte sie ihm die Geschichte. Von diesem Zeitpunkt an konnte ihr Mann nicht mehr lachen und wollte keinen sexuellen Kontakt mehr. Sie hatten keine Kinder gezeugt, verdrängten dieses Erlebnis und hüllten es für den Rest ihres Lebens in Schweigen. Als sie die Geschichte fertig erzählt hatte, sagte sie nur: „So, endlich bin ich das los!“ Ich fragte, was sie jetzt erwarte, nachdem sie mir das erzählt hätte. Sie meinte, dadurch eine seelische Erleichterung zu finden.

Irgend etwas schien mir dabei ein wenig unrund zu sein und ich stellte ihr die Frage, was sie denn als seelisch grausam empfunden habe, denn eigentlich sei ihrer Seele ja kein Schaden zugefügt worden. Das kam so schnell aus meinen Mund, dass ich selbst erschrak, als ich es ausgesprochen hatte. Doch es war passiert und ich konnte es nicht mehr rückgängig machen. Also versuchte ich, meine Aussage zu mildern. Sie sollte mir erzählen, was sie definitiv glaubte, denn die Vergewaltigung, die sie erfahren habe, wäre nicht ausschlaggebend für die seelische Qual. Nun sprach sie lauter und wurde emotional. Erstaunlicherweise sagte sie, dass sie die Vergewaltigung nicht wirklich mitbekommen, aber der Gestank es war, der sie angewidert hätte. Ich antwortete fragend, wie sie heute die vergangenen Vergewaltigungen spürte und vor allem die Tatsache, dass ein Offizier während des Aktes jemanden erschossen hätte. Ihre Antwort war nur, dass sie das nicht mehr wirklich nachvollziehen könnte. Einzig der Gestank von den ungewaschenen Soldaten hing ihr nach und danach die Reaktion ihres Mannes. Sie fühlte sich seitdem schuldig und minderwertig. Ich sagte ihr, dass sie keine Schuld träfe, weder sie, noch ihren Mann, noch sonst irgend jemanden. Diese Zeit wäre eine generelle Vergewaltigung aller Beteiligten gewesen, doch ihre Seele hätte es nicht betroffen. Der Zeitpunkt des Ereignisses sei sicher schlimm gewesen, doch ein seelisches Leid könne ich bei ihr nicht feststellen. Sie sagte daraufhin nichts mehr, außer ein Dankeschön für die Zeit, die ich ihr geschenkt hatte. Sie drehte sich um und ging ihres Weges. Mich beschäftigte es noch eine Zeit lang und ich glaubte, dass ich mit meiner Aussage wohl ziemlich schroff gewesen war. Nun war es geschehen und ich hätte es auch gerne rückgängig gemacht. Sie tat mir sehr leid und ich betete, dass sie nicht durch das, was ich so aus meiner Wahrnehmung erzählt hatte, vielleicht noch einen weiteren Schaden nehmen würde. Wusste ich ja, dass sie nur noch drei Tage hier bleiben und die Promenade sicher meiden würde.

Umso mehr freute ich mich, als sie an ihrem Abreisetag doch noch kam, um sich zu verabschieden. Aus unerklärlichen Gründen, so sagte sie mir, sei alle Last, die sie über Jahre hinweg getragen hätte, von ihr abgefallen. Ihr sei tatsächlich bewusst geworden, dass nicht ihre Seele unter den Ereignissen des Krieges gelitten hätte, sondern es die Moral war, die auf ihren Schultern gelastet hätte. Verbunden mit der Reaktion ihres Mannes sei ihr Leid durch die vorgefertigte, moralische Voraussetzung zumindest in dieser Zeit zum Albtraum geworden, so wie bei vielen Menschen.

Nicht die Seele, sondern das Bewusstsein erzeugt das Leid

Abgesehen von der Grausamkeit, die jemandem begegnet und zum Teil zu dauerhaftem Leiden führen kann, hat es keine Schädigung der Seele zur Folge. In dieser Welt finden wir genug Grausamkeit und Leid. Die Frage stellt sich nur, weshalb so etwas überhaupt ausgelöst wird. Viele meinen, es sei eine seelische Grausamkeit oder die Seele leide, und allgemein bekannt ist die Auflösung von Traumata, um seinen Seelenfrieden wiederzufinden. In all diesen Aufzählungen glaubt man an eine seelische Last. Dem kann und will ich so nicht zustimmen. Die Seele ist ein absolut unbelasteter Teil unserer Existenz, dem kein wirklicher Schaden zugefügt werden kann. Tatsache ist jedoch, dass Ereignisse, die unser Bewusstsein treffen und die wir aufnehmen, wie zum Beispiel eine Gewalttat, etwas in uns verstummen lassen. Dieses Verstummen führt dazu, dass wir uns von unserer Seele entfernen. Je schlimmer die Ereignisse, desto mehr muss der Mensch sein Herz verschließen. Wie könnte der Mensch sein Herz geöffnet halten unter einer derartigen bewussten Last? Ab diesem Augenblick, wenn jemand sein Herz verschließt, entfernt er sich von der seelischen Verbindung! Es ist wie eine Aortaverengung. Das sauerstoffreiche Blut wird an das Herz geführt, um es durch den Herzschlag an den Körper weiterleiten zu können. Ist die Aorta verengt, muss das Herz mehr leisten, um den Körper weiterzuversorgen. Mit der Seele ist es ebenso. Ein Trauma verengt die seelische Verbindung und der Mensch erhält weniger von der Energie, die ihm aus der seelischen Existenz zur Verfügung steht. Seht euch die Menschen, die ein Trauma mit sich tragen, genauer an. Sie wirken energie- und teils leblos. Allein diese sichtbare Tatsache zeigt, dass eine seelische Verbindung wesentlich schwerer zu erreichen ist. Das Fatalste an dieser Geschichte ist, dass durch medikamentöse Einnahme die seelische Verbindung noch stärker blockiert wird. Wie, in Gottes Namen, kann man so etwas überhaupt zulassen? Herzliche und liebende Wesen auf dieser Erde werden von ihrer Existenz getrennt! Schon wieder sind wir an dem Punkt des „Weshalb?" angekommen und die Antwort ist wiederum dieselbe: Aus dem Hintergrund agierende Einflüsse, ausgerichtet auf die Stilllegung der seelischen Verbindung, um die Menschen in einen Modus zu bringen, der die Hoffnungslosigkeit als Träger einer transformierten Energie zur Verfügung stellt. Es ist so unvorstellbar, dass man es kaum glauben möchte.

Doch es gibt für alles Heilung, auch für alle Traumata und Ereignisse, die einen Menschen negativ prägen. Hier auf Erden wird sie jedoch meist in das Gegenteil der wirklichen Hilfe gewandelt, denn die meisten Menschen verschließen sich immer weiter, werden oftmals beziehungsunfähig, gewalttätig, uneinsichtig oder depressiv. Der einzige Grund, weshalb sie in diese Richtung tendieren, ist, dass sie ihre seelischen Anteile kaum noch spüren. Es reicht gerade, um sich am Leben zu erhalten. Das Schwingungsfeld setzt die Energien auf ein niederes Level, was für die Menschen in dieser irdischen Dimension absolut toxisch wirkt. Doch diese vergiftende Energie nährt andere und deshalb ist diese toxische Eigenschaft überhaupt auf Erden vorhanden. Die Wahrheit ist jedoch, dass ihr mit euren Fähigkeiten kein langfristiges Leid erfahren müsstet. Ist das Bewusstsein an das Seelische wieder angeschlossen, würde jegliche Erfahrung einfach in eine Erfahrung tauchen und das Trauma würde sich von selbst lösen. Leid und Schmerz würden dabei aus allen Ecken der Erinnerung weichen, was bedeutet, dass ihr euch erinnern könntet, ein Leid erfahren zu haben, aber ohne die Kopplung an den Schmerz des Leides.

Als die ältere Dame an der Promenade hörte, dass ihre Seele nicht leiden musste, trat so etwas wie eine Erinnerung ein und es fand wieder eine Ankopplung an die seelische Verbindung, in wahrscheinlich vollem Ausmaß, statt. An ihrer Ausstrahlung war es kaum zu übersehen.

Der Junge, der einen Autounfall hatte und im Rollstuhl landete, fand seine Heilung nicht im körperlichen, jedoch im seelischen Bereich. Er sah sich die Details des Unfalls und der Operation an. Als schwebender Geist verspürte er kein Leid und keinen Schmerz. Dieses Bewusstsein, eigentlich als Geist mit der Verbindung zur seelischen Existenz weder Schmerzen noch Hass zu verspüren, ließ ihn in das seelische Bewusstsein gleiten. Nach dieser Erfahrung konnte er mit offenem Herzen sein neues Leben genießen, trotz Einschränkungen.

Sobald ihr euch darüber klar seid, dass ihr leidet, sollte euch in diesem Augenblick auch bewusst werden, dass ihr fühlende Wesen seid. Wenn ihr fühlende Wesen seid, dann fühlt in die Seele und nicht in den Schmerz, denn der Schmerz ist euch sowieso schon bewusst! Nun ist es an der Zeit, dass eure Seele die Aufgabe übernimmt, eure wirbelnden Energiekörper in die richtige Position zu bringen.

Dazu benötigt ihr nur das bewusste Ich-Bewusstsein. Das Ich ist euer geistig-seelischer Verbund und nicht das irdische Häuflein, das aus der Erde hervortrat und wieder zu Erde wird!

Ihr seid nicht die Vergänglichkeit, sondern das Unendliche. Das wahrhaftig Unendliche ist nicht das unendliche Leid, sondern die unendliche Freiheit! Nur müsst ihr sie erkennen und nicht ignorieren. Wenn ihr das schafft, seid ihr zur Vollkommenheit geweiht!

Wie wir mit unserer Seele verbunden sind

Alles an Materie ist gebündelte Energie, wie es auch der Wissenschaft heutzutage bekannt ist. Ihr müsst nicht nachvollziehen, wie das genau funktioniert. Es reicht, dem Gehör zu schenken und dazu keinen Widerstand aufzubauen. Der Seele ist es gleichgültig, wie ihr sie erkennt oder als was ihr sie deutet. Für euch und für die Seele ist es wichtig, eure Verbindung frei zu halten und das geschieht durch einen widerstandsfreien Kanal. Wer sich dem verweigert, dem kann diese universelle, ausgleichend wirkende Kraft nicht vollständig übermittelt werden. Wie bereits beschrieben, ist die Seele eine energetisch existente, feinstoffliche Materie mit multiplem Bewusstsein. Sie ist eine spektrale Lichtquelle mit einer persönlichen Signatur und einzigartig im ganzen Universum. Schon vor dem Moment, als euer Geist den menschlichen Körper betrat, wurde eine seelische Verbindung hergestellt, um diese Signatur zu übermitteln. Somit konnte euer Geist den körperlichen Raum jederzeit betreten. Ab diesem Augenblick des geistigen Hauches in den Körper, beginnt in kleinen Schritten der Zeitraum der irdischen Bewusstwerdung. Bei jeder Kleinigkeit wird vom Geist jegliche Information an die Seele weitergeleitet. Dabei wird die spektrale Signatur als erkennende Symbiose der Seele identifiziert und die Informationen somit aufgenommen. Jegliche Art von Information wird dabei dauerhaft gespeichert. Als ständigen Ausgleich sendet die Seele, zumindest unter normalen Umständen, eine spektrale Lichtinformation zurück zum Geist und schlussendlich wird der Körper mit den

Informationen gespeist.

Die Biophotonen sind das Leben auf Erden, die jede Zelle beleben. Auch wenn sie alle gleich aussehen, haben sie in ihrer Beschaffenheit eine Einzigartigkeit. Sie sind euch als Individuum zugewiesen und somit schließt sich der Kreis. In dem Augenblick, in dem die körperliche Eigenschaft diesen Raum der Symbiose verlässt, erkennbar durch das veränderte spektrale Licht, versucht die Seele normalerweise, diese Disharmonie auszugleichen.

Bei einer Erkrankung zum Beispiel verändert sich, wenn auch nur in einem kleinen Ausmaß, ein Teil eurer Lichtsignatur. Diese Lichtsignatur betrifft den irdischen Teil dieser Symbiose des Lebens, jedoch nicht die individuelle Signatur. Die individuelle Signatur ist undurchdringbar und versiegelt. Die körperliche ist den äußeren Umständen angepasst und veränderbar. Da eure Seele sofort erkennt, dass irgend etwas nicht in Ordnung ist, wird sie reagieren und Maßnahmen einleiten, um die Harmonie wiederherzustellen.

Es wirkt eine unglaubliche und göttliche Intelligenz dahinter, die Leben erschaffend wirkt. Menschen versuchen, diese Intelligenz auf Erden zu integrieren und somit kommen Errungenschaften, wenn auch nur annähernd, hier auf die Erde.

Um einen banalen Vergleich zu schaffen:

Zur Übertragung von Informationen werden hier auf Erden Glasfaserkabel eingesetzt. Als Informationsträger wird Licht verwendet. Licht ist also der Faktor Nummer eins bei allem, was uns umgibt und uns ausmacht. Wir alle sind von Licht umgeben, selbst unser Körper strahlt unsere Emotionen und Gefühle, sogar die Intensität unserer seelischen Anbindung, weiter. Man benennt diese Ausstrahlung auch als Astralkörper, Emotionalkörper, Schmerzkörper et cetera, um nur einige zu nennen. Im Endeffekt ist es die Aura, die uns umgibt und wären wir fähig, sie detailliert zu lesen, könnten wir, bis hin zur seelischen Signatur, unser ICH-Bewusstsein erfahren. Davon ist der Mensch, Gott sei Dank, noch weit entfernt. Dazu fehlt ein Bewusstsein, nämlich das der höher schwingenden, absoluten Reinheit.

Ein Beispiel dafür, wie eine seelische Verbindung stückchenweise vermindert wird, ist das Verschließen unseres Herzens. Wenn uns unentwegt Trauer, Wut und Hass begegnen, begibt sich das körperliche System in eine niedrigere Schwingung als die, die uns unsere Seele zukommen lässt. Ab diesem Zeitpunkt kollidieren die seelischen Lichtfrequenzen mit den unteren irdischen. Eine absolut dem Körper zugeordnete Information kann nur teilweise aufgenommen werden. Als Vergleich nehmt Farben, die ihr miteinander mischt. Wenn Rot und Weiß aufeinandertreffen, erhaltet ihr ein sanftes Rosa. Wenn es nun Rot und Schwarz wären, ergäbe es eine Farbe mit niedrig schwingenden Farbtönen und signalisierte uns ein unharmonisches Bild.

Schwarz selbst wird so beschrieben:

„Schwarz ist eine unbunte Farbe, jedoch ihr Symbolgehalt ist unumstritten.“ Der Maler Wassily Kandinsky beschrieb das Schwarz so: "Wie ein Nichts ohne Möglichkeit, wie ein totes Licht nach dem Erlöschen der Sonne, wie ein ewiges Schweigen ohne Zukunft klingt innerlich das Schwarz." Schwarz wird in vielen Redewendungen verwendet und sehr oft mit negativen Gefühlen assoziiert.

Das Herz, als unsere Zentrale des Irdischen, ist der Richtwert für höhere oder niedrigere Schwingungen. Wenn wir uns der Herzensgüte verweigern, reagiert unser Herz darauf. Daraus folgt oft der Satz: „Ich verschließe mein Herz und erleide keinen Schmerz!“

Das trifft den Nagel auf den Kopf, denn damit fängt die Entseelung an: Man weicht vom seelischen Kurs ab und begibt sich in die Dunkelheit. Die Auren werden dadurch immer dunkler, lichtloser und teils mit schwarzen Löchern versehen. Die Seele ist dabei nicht mehr imstande, die seelische Lichtstruktur wieder komplett herzustellen. Was daraus folgt, ist eine Kettenreaktion. Eine verfälschte Struktur erscheint und ist mit der niederen Schwingung eines schwarzen Tones vermischt. Die ursprünglichen Farben verändern sich somit. Die Seele reagiert mit einer Notfallreaktion und leitet eine minimale Übertragung der Energiezufuhr ein. Der Geist wird dabei wie in Stücke gerissen und ist als Bindeglied zwischen dem einen und dem anderen nicht mehr vollends mächtig.

Was daraus resultiert, ist die Erkrankung des Körpers. Wenn nicht die absoluten, dem Körper zugeordneten Lichtfrequenzen zur Verfügung stehen, wird die DNA durch ein nicht zugehöriges Licht beeinflusst. Die DNA wird folglich mit einem nicht ordnungsgemäßen Licht versorgt und verändert ihre Struktur. So entstehen Krankheiten, wie zum Beispiel der euch bekannte Tumor. Lediglich eine mutierte Zelle!

Es gibt Menschen hier auf Erden, die es geschafft haben, ein so reines Licht zu erschaffen, dass allein ihre Gegenwart bewirkt, die dunkleren Lichtelemente anderer zu beseitigen. Dazu wird nur ihre Anwesenheit benötigt. Menschen, die es erfahren durften, sprechen davon, dass sie in diesem Moment eine Herzöffnung und nur noch Liebe verspürten. Mit diesem Ereignis beginnt die Heilung, da das Herz sich wieder öffnet und die reinen, individuellen Energien wieder fließen können und für Heilung sorgen. Leider geschieht das allzu selten dauerhaft. Die Kraft des Dunklen ist sehr groß, da die Wahrnehmung so derart gedämpft ist, dass Emotionen nur mehr zweitrangig werden. Das einzig befriedigende Gefühl erhalten solche Menschen aus dem Bereich der negativen Bestandteile auf Erden - Wut, Hass und Habgier. Dazu wird der Verstand benutzt und in diese Richtung geführt.

Die niedrige Schwingung braucht eine Aktion. Die Aktion von Habgier ist das ständige Mehr von allem: Mehr Geld, mehr Einfluss, mehr Macht. Doch dafür müsst ihr etwas tun! Der Hass benötigt die Aktion der Schuldzuweisung an andere, daraus folgen Rechtfertigungen, Lügen, Korruption und Zerstörung. Auch dafür müsst ihr etwas tun. Ein Fokus muss genau in diese Richtung gelenkt werden und bedarf einer Handlung. Die Wut benötigt einen Angriff (eine Handlung), durch irgend etwas ausgelöst, der eine bestehende Existenz stört oder zumindest behindert. Auch dafür braucht es eine Aktion. Je weiter man sich in diese Tiefen begibt, desto tiefer fällt man in dieses dunkle Loch. Einzig was einen an der Oberfläche hält, ist die Erweiterung der negativen Erscheinungen: Noch mehr Hass, Wut und Habgier. Das ist auch der Grund, weshalb es zur Sucht werden kann.

Da bereits die seelischen Schwingungsfelder nicht mehr an ihr Ziel kommen und die göttliche Ordnung gestört wurde, benötigen diese Menschen eine andere Quelle und die besteht darin, andere Menschen zu dominieren. Auch nach deren Ableben geht der Albtraum für solche Menschen weiter. Sie können durch die entstandene Disharmonie nicht mehr zu ihrem seelischen Ursprung zurück. Ihr spektrales Licht ist sehr oft in dunkles Grau bis hin zu Schwarz getaucht. Von der eigenen Seele fast getrennt, tauchen die Geister dieser Menschen in den astralen Raum ein, um eine Chance zu haben, in einer neuen Reinkarnation ihren seelischen Ursprung wiederzufinden. In diesem astralen Übergangsraum leiden sie Hunger und Angst, denn es ist lediglich die Reflexion ihrer selbst. Somit suchen sie nach Energie, die ihren Hunger mildert und finden sie in den irdischen Existenzen.

Das Wort Liebe besteht nur aus diesem Wort und enthält alles, was man für ein sorgloses Leben benötigt. Es ist der Türöffner für all unsere Gaben. Die universelle Liebe wird zur Heilung von allem und man benötigt nichts außer seiner eigenen Existenz. Im Ableben des Irdischen bildet sich die Resonanz zur höheren Wirklichkeit und der Übergang führt den Geist der Seele wieder in seinen Ursprung zurück. Das Gefühl ist die unendliche Liebe und Freiheit einer Existenz, die nun zur nächsten wandert, um den Strahl der Liebe zu verwirklichen. Eine uneingeschränkte Vollkommenheit, die jeglichen Minderwert aus der Gegenwart verbannt, wird zum Erkennen göttlicher Vielfalt. Als multidimensionale Wesen stehen euch Tür und Tor offen, um einzutreten, wo immer ihr möchtet. Je reiner die gelebte Liebe auf Erden, desto höher die unglaublichen Realitäten der höheren Dimensionen. Das ist, was ihr unter dem „Himmel" verstehen könnt. Unglaublich viele Räume der Glückseligkeit.

Unsere assoziierte, subliminale Welt

Ob die Welt als etwas Reales oder Unreales in das Augenscheinliche rückt, ist nicht mehr dem Zufall überlassen und kreuzt die Errungenschaften des Geistes. Wo es neue Erkenntnisse gibt, erschließt sich sofort ein Hintergedanke, um einen Eigennutz daraus zu erzielen. Die menschliche Psyche ist darauf konditioniert, das zu erringen, was als das Beste erscheint. Ihr habt nun den freien Willen, zu entscheiden! Zumindest sagt man euch das. Es ist aber nicht so! Eine Vielzahl von Wissenschaftlern, Psychologen, Neurologen und Biologen sind damit beschäftigt, natürlich im Sinne der Menschheit, den Geist zu erforschen. Ob die Forschungen dazu dienen, den Menschen weiterzubringen oder den Nutzen zu erkennen, um eine nicht sichtbare Macht ausüben zu können, sei einmal dahingestellt. Wie gefährlich das für den Menschen werden kann, sollen nun die nächsten Seiten aufzeigen. Denn eines ist sicher: Hat man den Menschen mit seinen Fähigkeiten und Gaben als Untertan, steht einem bei der Machtausübung nichts mehr im Wege. Dieser Weg der unterschwelligen Manipulation ist zwar sehr langsam, aber dafür sehr effizient und dauerhaft. Vor allem ist er einfach. Die Bereitwilligkeit und Naivität des gemeinen Volkes kommt ihnen dazu sehr gelegen.

Hier nun einige Fakten über die Kraft des Menschen und wie der Geist in die gewünschte Richtung einiger Nutznießer gerichtet werden kann und wird. Bitte achtet darauf, dass ich nicht die Richtung der Verschwörungstheorie einschlagen möchte, sondern versuche, die Fähigkeiten eines normalen Menschen in den Vordergrund zu bringen. Die Beispiele sollen euch stärken, um an euch selbst zu glauben und wenn es bereits die Wissenschaft und die Geheimdienste tun, dann dürft ihr es ihnen dieses Mal auch glauben.

Da es ihnen schwer fällt, stichhaltige Beweise für übernatürliche Kräfte zu erbringen, nutzen sie die nicht stichhaltigen Beweise. Somit können keine großartigen Vorkommnisse bestätigt werden. Werden sie nicht bestätigt, kann es sie auch nicht geben. So einfach ist das. Doch Übernatürliches funktioniert anders. Es ist das Chaos in Perfektion. Will man es, klappt es nicht. Übernatürliches passiert aus dem Nichtgewollten und zufällig Ereigneten. Sehr viele Male wurde ich Zeuge von solchen Fähigkeiten, und ich bin noch dazu sehr kritisch. Das, was ich erlebt habe, ist für mich eine unumstrittene Tatsache. Doch bewusste Wiederholungen funktionieren nicht wirklich und deshalb gibt es keine wissenschaftlichen Beweise. Weshalb meiner Meinung nach die Geheimdienste weitermachen ist, weil sie die unbewussten Erfolge zu nutzen wissen.

Den Tod um einen Tag übersprungen

Vor einigen Jahren las ich etwas sehr Interessantes. Es ging um einen Mann, der sich durch ein Ereignis in seinem Leben in eine unbehagliche Situation gebracht hatte. Da er keinen Ausweg mehr fand, kam er auf die Idee, sich von einer Frau, die sehr bekannt war, aus der Hand lesen zu lassen. Als er ihr gegenüber saß und sie ihm all das sagte, was sie sehen konnte, passierte es, dass sie ihm das Datum seines Todes mitteilte. Dieser Mann erschrak so sehr, dass es ihm durch Mark und Bein fuhr.

Ab diesem Zeitpunkt änderte sich sein Leben von Grund auf. Er wusste ja, dass er nur mehr ein paar Jahre zu leben hatte. Seine Frau war ebenso bestürzt darüber, aber man konnte das, was geschehen war, nicht mehr ungeschehen machen. Je näher das Datum heranrückte, desto schlechter wurde sein allgemeiner Zustand. Einige Monate vor dem besagten Datum wurde bei ihm eine schwere Krankheit diagnostiziert. Jegliche Behandlung schien wirkungslos und Besserung war nicht in Sichtweite. Die Familie war verzweifelt und alle glaubten uneingeschränkt an die Wahrheit der Handlesung. Es gab, aufgrund des Zustandes des Mannes, keine Zweifel mehr. Je näher der Tag heranrückte, desto sichtbarer war die Verschlechterung. Mittlerweile wussten so ziemlich alle in seinem Umfeld, dass eine Handleserin ihm das prophezeit hatte.

Jemand hörte diese Geschichte und ihm kam eine Idee. Sie war so banal, dass sie sowieso keinen Schaden anrichten würde, noch dazu hatte der Erkrankte nichts mehr zu verlieren. Das Sterbedatum war nur mehr einige Tage entfernt. Ein Hypnotherapeut sprach mit der Frau des im Sterben liegenden Mannes und teilte ihr eine mögliche List mit. Jedoch dürfte diese nur einen Tag vor dem Sterbedatum durchgeführt werden. Die Frau stimmte zu und somit ging ein ungeheuerliches Experiment vonstatten. Niemand außer der Gattin wusste Bescheid, was geschehen würde. Fest stand nur, dass, laut den Aussagen der Ärzte, der Mann nicht mehr lange leben würde. Alle Werte waren klar und eindeutig. Vor dem vorhergesagten Tag des Todes versammelte sich die Familie. Der Therapeut begab sich zum Bett des Sterbenden und leitete, mit dessen Einwilligung, einen hypnotischen Schlaf ein. Der im Sterben liegende Mann hörte der Stimme zu, ließ sich in den Schlaf wiegen und folgte den Worten. Der Hypnotiseur suggerierte nun das Datum! Aber... den Tag danach, also einen Tag nach dem ihm genannten Todesdatum. Das wurde dem Sterbenden, ihm unbewusst, ins Ohr geflüstert, aber der Geist reagierte sofort. Als der Mann aus der Hypnose erwachte, war er außer sich vor Freude und es ging ihm schlagartig gut. Die fehlende Kraft, was ihn viel Pein hatte ertragen lassen, kehrte binnen Minuten wieder zurück, wenn auch nicht gleich vollständig. Wichtig war nur, dass er nicht erfahren durfte, dass das Datum nicht korrekt war. Er musste über den Todestag hinauskommen und daran glauben, dass er ihn bereits überschritten hätte.

Der Mann erholte sich sehr schnell und für die Ärzte war es natürlich unerklärbar.

Die Quintessenz daraus ist, dass durch eine banale Aussage ein geistiges Konzept in Gang gebracht wurde, welches alle körperlichen Aktivitäten manipulierte. Der Glaube an seinen Tod ließ ihn fast sterben. Eine unwissentliche Manipulation ließ ihn wieder leben. In diesem Fall wirkte der Einfluss positiv.

Aus dem Glauben heraus zum Tode verurteilt, aus Nichtwissen daraus befreit. So komplex und chaotisch der Mensch auch sein mag, liegt trotz alledem eine gute Grundlage vor. Die wenigsten Menschen können das wirklich nachvollziehen und die wenigen sind aus dem Schlafmodus erwacht. Der Unterschied zwischen den einen und den anderen ist lediglich die Bewusstwerdung, wie die Zusammenhänge aufeinander reagieren. Die Wissenschaft weiß ebenfalls nur, dass die Zelle ein Chaos ist und sich trotzdem organisiert. Das gleiche gilt für den Geist. Es ist ein geordnetes Chaos. So wie die Grundlage des Denkens nicht verstanden werden kann, so weiß man auch nicht, in welche Richtung sich das Denken und schon gar nicht der Geist bewegen. Wenngleich die Wissenschaft glaubt, viel darüber zu wissen, so hat sie doch nur an der Oberfläche gekratzt.

Woran die Wissenschaft zur Zeit festhält, ebenso wie einige Organisationen, ist die Nutzbarkeit des Kollektivs. So wie in dem oben beschriebenen Fall eine Information weitergegeben wurde, an die man glaubte, die jedoch im nächsten Augenblick durch eine andere Falschinformation einfach übersprungen, neutralisiert oder verändert wurde. Da wir in dieser Welt nur noch aus Informationen bestehen, ist es ebenso einfach, diese zu lenken, um einen Nutzen daraus zu erzielen. Nun sollten sich alle bewusst sein, dass es auf die Informationen ankommt, denen wir uns aussetzen. Durch die Informationsflut ist zu erkennen, wo jeder einzelne steht und wohin der Fokus gerichtet ist. Daraus ergibt sich sowohl eine Spaltung des kollektiven, menschlichen Geistes, als auch das Chaos. Aus diesem Chaos entsteht eine neue Einheit, ein neues Leben oder auch eine neue Bewusstseinsstufe. Wenn ein Mensch durch den Glauben an seinen Tod sich selbst zerstört und durch einen banalen Trick ein neues Leben erhält, wie glaubt ihr, wird sein neu gewonnenes Leben aussehen? Gebt euch selbst die Antwort!

Die assoziierten Titel

Das Verb „assoziieren“ bedeutet, Vorstellungen unwillkürlich mit etwas zu verknüpfen, wie zum Beispiel: „Ich assoziiere Sonne mit Wärme“. Es kann aber auch heißen, verschiedene Parteien oder Gemeinschaften zusammenzuschließen oder zu vereinigen.

Tagein, tagaus werden Assoziationen erzeugt. In der Werbebranche, den Medien, der Politik, den Religionen und so weiter. Sie grenzen die Möglichkeiten von Situationen ein, um einen bewussten Geist klein zu halten. Das ist nicht immer eine Böswilligkeit, sondern eher eine Unwissenheit. Politiker haben die Unwissenheit des Geistes und die Kraft des Kopfes. Die Religionen haben die Unwissenheit und den Glauben der religiösen Bücher. Was sie auf diesem Standpunkt hält, ist der Glaube und dieser bedeutet nichts anderes als „nicht wissen“. Fragt einen Politiker, wie die Zukunft aussieht und er wird euch seine Version dazu erklären. Im Endeffekt geschieht meist das Gegenteil. In den Religionen ist es nicht anders. Fragt einen Geistlichen (auf welcher Grundlage sie sich geistlich nennen, ist mir ein Rätsel) und er wird nur sein Glaubensbekenntnis zitieren. Der freie Geist reagiert gegenteilig, aus dem Chaos heraus und es kommt zu einer Implosion. Das bedeutet das Gegenteil einer Explosion, um das besser zu veranschaulichen. Wenn der Mensch emotional explodiert, tritt eine Kraft oder Energie nach außen, sowohl negativ als auch positiv, je nach Situation.

Der Geist ist die Kraft der Implosion, sprich, er reagiert durch ein Ereignis mit einem Druck im Zentrum des Menschen, um eine Aktion auszulösen. Das wird zum Bewusstsein, wenn man es zulässt. Eine Implosion entwickelt ungeheure Kräfte. Dieser geistigen Kraft wird jedoch entgegengewirkt mit einer Isolation in Form einer assoziierten Mechanik. Das sind Sprache und vorgefertigte, moralische Glaubenssätze, die in den Köpfen der Menschen wie inszeniert wurden. Macht macht eine bühnenreife Inszenierung des Lebens daraus und hält die Kraft des Geistigen durch Assoziationen klein. Somit wird man in der Entwicklung kleiner gehalten als man wirklich ist. Wie gesagt bin ich der Überzeugung, dass auch diejenigen, die dieses Schauspiel in ihren Händen halten, sich dieser Tatsache ebenso nicht bewusst sind. Der Weg, um aus diesem Szenarium auszutreten, ist wie das Überspringen des Todestages. Danach sieht man das Leben als etwas anderes, nicht mehr als das, was einem vorher durch Verknüpfungen im Leben assoziiert wurde.

Weshalb der Mensch eher emotional explodiert, liegt an der fehlgeleiteten geistigen Verbindung. Wenn der Mensch es schafft, seinen eigenen Nullpunkt zu erlangen, sprich, seinen Kopf frei zu bekommen, kann die geistige Information von außen nach innen integriert werden. Der Nullpunkt ist die geistige Ruhe, die auch Buddha erreichte und somit die universelle Verbindung erhielt. Universelle Energien umgeben und durchdringen uns und erheben den Geist. Die einstrahlenden Energien erheben die Existenz und lassen den Menschen in einem Licht erstrahlen, der Ausstrahlung.

Auch hier weiß die Wissenschaft, dass Menschen, die in einen besonderen Zustand kommen, ob durch Methoden oder auf natürliche Art und Weise, ein messbar erhöhtes Energieniveau aufweisen. Zur Messung wurde die Methode von Schumann verwendet, um zu erkennen, auf welchem energetischen Level sich zum Beispiel Heiler oder Hellseher bewegen. Die Erde und auch die Menschen befinden sich in einer durchschnittlichen Schwingungsfrequenz von 7,86 Hertz. Hingegen waren Heiler und Hellseher während der größtmöglichen positiven Wahrnehmungen oder Heilungen auf einem Level von 8,1 Hertz. Man muss hierbei nicht verstehen, was Hertz bedeutet und wie die Messung funktioniert. Wichtig ist zu erkennen, dass bei einem geistig harmonischen Ausgleich die Fähigkeiten der persönlichen Energieanhebung eine Rolle spielen. Wenn es nun Menschen gibt, die dieses Niveau dauerhaft, auch unter jeglichen Umständen, halten können, dann ist Heilung in deren Umfeld eine unbewusste Tatsache - es geschieht einfach.

Nun seid ihr in der Gegenwart der Bewusstwerdung. Nicht die Erde erhebt sich, sondern der Mensch. Er gelangt aus der assoziierten Welt an den Nullpunkt. Durch weitere Prozesse ebnet sich der Weg der geistigen und freien Hierarchie der seelischen Verbundenheit.

Weshalb das Unbewusste kräftiger ist als das Bewusste

Das ist das göttliche Paradox und mit einer genialen Note versehen. Hätte unser Bewusstsein in der jetzigen Evolutionsstufe die Vorherrschaft, hätten die Erde und ihre Bewohner ein weitaus größeres Problem als momentan. Der niederschwingende Egozustand würde uns bewusst in die Genüsse des Irdischen verleiten, was momentan nur begrenzt möglich ist. Würden wir das Unbewusste in die Bewusstheit erheben können und würde das Denken immer noch die Vorherrschaft haben, hätten wir ein unkontrolliertes Chaos. Das Bewusstsein gedämpft und das Unterbewusstsein, der eigentliche Regulator, hält das kontrollierte Chaos im Vordergrund. Das ist auch der Grund, weshalb nur bei wenigen die tatsächlichen Gaben zum Vorschein kommen - es ist eine Schadensbegrenzung. Nur ein erhöhter Geist ist fähig, Ursache und Wirkung zu erkennen. Dazu benötigt es wieder diesen sogenannten geistigen Nullpunkt. Ist dieser noch nicht erreicht, ist es einem Zufall überlassen, sprich, einer aus dem Unterbewussten und dem Herzen entspringenden Energie. Sicher ist euch schon aufgefallen, dass, sobald sich das Herz in eine Situation miteinbringt, sich wesentlich bessere Ergebnisse einstellen. Da das nun nicht willentlich erzeugt werden kann, ist es abhängig von persönlichen Erkenntnissen im Bereich der gelebten harmonischen und universellen Liebe.

Das Wunder eines Baumes

Als wir damals nach dem Experiment der intuitiven Führung endlich wieder in Spanien ankamen, lebten wir für einige Monate in einem Holzhaus im Hinterland von Andalusien. Eine herrlich grüne Umgebung inmitten einer Fruchtplantage, die sich nicht in Reih und Glied ordnete, sondern in einem harmonischen Durcheinander, welches für eine Plantage sehr ungewöhnlich war. Vor der Reise nach Deutschland überließ ich einem Freund unsere Pflanzen mit der Bitte, sich um sie zu kümmern. Er meinte, er würde sie in Kürze zu sich holen. Es handelte sich um sehr seltene Bäume, eine brasilianische Kirsche und einen Acerolabaum. Leider sorgte sich mein Freund nicht um sie und beide standen einige Wochen ohne Bewässerung auf unserem alten Grundstück. Die brasilianische Kirsche hatte keine Blätter mehr und doch fühlte man noch eine Kraft in ihr. Im Gegensatz zum Acerolabaum, dieser hatte keine Blätter, der Stamm war stumpf und von einem Leben war nichts mehr spürbar. Trotz alledem nahmen wir beide mit, stellten sie vor die Veranda des Holzhauses und versuchten unser Bestes. Nach circa einem Monat der Pflege hatte die brasilianische Kirsche bereits kleine Austriebe, doch das Acerolabäumchen kümmerte genauso vor sich hin, wie wir es Wochen zuvor angetroffen hatten. In der Zwischenzeit bekamen wir Besuch von einer Freundin aus Österreich. Wir sprachen bis spät in die Nacht über allerlei und vor allem auch über die Essenzen der menschlichen Psyche, des Geistes und der Natur. Die Gespräche gingen immer wieder hin zu dem Acerolabaum. Während der Zeit des Besuches wurde der eigentlich nach wie vor tote Baum weiterhin bewässert. Ich selbst fand es schon eher sinnlos, doch sowohl Brigitte als auch unsere Freundin aus Österreich meinten immer wieder, dass der Baum die Kraft zum Leben noch in sich trüge. Ob das nun aus Mitgefühl heraus entstanden war oder unbewusst durch eine feinfühlige Eigenschaft wirklich etwas spürbar war, konnte nicht festgestellt werden. Ich glaube auch, dass es für niemanden wirklich erklärbar ist, wenn aus einem Gefühl heraus etwas in den Vordergrund gerät. Daraus entsteht vermutlich auch der Satz: „Ich kann es nicht erklären, weshalb ich es weiß. Ich kann nur sagen, dass es so ist!". Wenn man etwas unerklärt im Raum stehen lassen muss, kann man nur abwarten, was geschieht, um zu einer Erkenntnis zu gelangen. Das ist das unbewusste Chaos. Eine unerklärbare Situation, die einem einen unbekannten Weg offeriert. Wenn etwas unbekannt ist, schafft es ein gedankliches Chaos. Also bleibt nur die Wahl, den Weg zu gehen oder ihm auszuweichen. Ausweichen geht in die Richtung „unerfahren" und unbekannte Wege beschreiten in die Richtung „erfahren". Das wiederum ist die geistige Führung! Unbekannte Wege bekannt machen, um zu Erkenntnissen zu gelangen.

Also saßen wir tagelang mit Blick auf den „Nicht-wissen-was-geschieht-Baum" und bewässerten ihn weiter. Ohne Grund, ohne Vorstellung, ohne Hoffnung. Denn egal, wie man es betrachtete, es kam nie eine Lösung.

Eines Abends stand ich vor dem Baum und sah mir seine Leblosigkeit an. Dabei verblassten meine Gedanken und Gefühle auf einen Nullpunkt. Durch die gegensätzlichen Meinungen, ob belebt oder unbelebt, hoben sich diese Gegensätze in den Nullpunkt. Mit den Gefühlen passierte dasselbe. Nun gesellten sich Brigitte und unsere Freundin zu mir. Wir waren einfach nur still und schauten. Ab und zu kam es zu einem Kommentar, aber mehr auch nicht. So standen wir drei um den Baum und was ich dann fühlen konnte, war einzig eine Schwingung aus dem Herzen heraus, wie wenn die Gegenwart sich mit dem Herzen um den Baum geschlungen hätte. Plötzlich hörte ich einen gewaltigen Knall, der mich kurz taumeln ließ. Ich war erst erschrocken und fragte die zwei Frauen, ob sie etwas gehört hätten. Es schien so, als wäre ich der einzige gewesen. Jedoch konnten sie etwas fühlen, eine eingehauchte Lebendigkeit, die vorher nicht spürbar war. Ich kann mich noch gut daran erinnern, was es in mir auslöste. Es prägt sich bis heute sehr stark, vor allem, weil ich es ab diesem Zeitpunkt des öfteren erleben durfte. Wenn ich nicht beschreiben kann, wie so etwas möglich ist, tritt das „Wieso“ in den Hintergrund. Dass der Baum drei Tage nach diesem Ereignis Blätter bekam, ließ mich in ein höheres Bewusstsein der Schöpfung hineinfühlen.

Das Unbewusste mit dem Herzen verbunden

Die meisten Geschehnisse im Irdischen ereignen sich aus dem Unbewussten. Wenn der Mensch wirklich so bewusst wäre wie er glaubt, weshalb ist er sich dann nicht bewusst, wie er auf etwas reagiert? Seid einfach ehrlich zu euch, wenn ihr euch etwas wirklich Gutes tun wollt. Wenn ihr gefilmt werdet, weshalb verstellt ihr euch und zeigt alles so, wie ihr euch sehen wollt oder wie ihr glaubt, dass euch andere sehen wollen oder sollen? Bereits in dieser Situation seid ihr unehrlich. Wie peinlich ist es denn, wenn ihr mit laufender Kamera ohne euer Wissen gefilmt werdet? Die meisten finden es außerordentlich peinlich. Und so läuft einem im Leben die Peinlichkeit hinterher. Es ist auch kein Wunder, denn durch die ständigen Einflüsse wird jedem gezeigt, wie er sich zu benehmen hat und wie er sich geben sollte. Allein ein Vorstellungsgespräch zwingt euch, euch von der besten Seite zu zeigen. Nur, die beste Seite ist nicht wirklich eure beste Seite, sondern ein Schauspiel, dessen schauspielerische Leistung beurteilt wird. Ich bin davon überzeugt, dass ich nie einen Job bekommen würde, weil ich dieser Norm nicht entspreche. Bekäme ich trotz meiner mir entsprechenden, authentischen Eigenschaften einen Arbeitsplatz, würde ich ihn vermutlich nicht lange haben.

Dabei wäre es das Leichteste und Potenzialreichste, wenn jeder seine Stärken zum Vorschein bringen würde und sich eine einzigartige Ergänzung entfalten könnte. Solange die Menschen ihrer Entfaltung beraubt werden, kann sich die Eigenschwingung nicht erhöhen. Der Grund dafür ist die Tatsache, dass der Mensch gelernt hat, sein Schauspiel so derart in sein Leben zu integrieren, dass er selbst zu seinem Schauspiel wird. Deshalb geraten diese unbewussten Handlungen in das eigene Kreuzfeuer und wenn man sich bewusst wird, was sie hervorbringen, werden diese Handlungen unter den Teppich gekehrt. Dabei kehrt man sich selbst mit unter den Teppich. Im Laufe der Jahre häufen sich diese unbewussten Handlungen unter diesem Teppich, bis man sie nicht mehr ignorieren kann. Spätestens dann steht man vor dieser Konsequenz der Selbstverleugnung und sucht Hilfe. Die Wirtschaft dankt es euch und ihr dürft auch noch selbst dafür tief in die Taschen greifen, um eure Selbstverleugnung wieder aufzuarbeiten.

Das alles mag sich ein wenig dramatisch anhören, doch, auf das Wesentliche zusammengefasst, geht es sicher in diese Richtung. Ihr wisst bestimmt alle, wie schwer es ist, seine Handlungen, ob bewusst oder unbewusst, in sein Herz zu schließen. Es ist nur möglich, wenn ihr euch mit Haut und Haar oder in dem Fall mit Herz und Seele so annehmen könnt, wie ihr wirklich seid. Wem seid ihr das schuldig, diesen Schritt einzuleiten? Niemandem, weder euch noch einem anderen. Auch wenn eure spontane Antwort ein „mir" war: Ihr seid es euch nicht schuldig, sondern ihr solltet es euch wert sein. Es gibt auf dieser Welt kein größeres Gut als den eigenen Wert des Herzens zu erkennen und zu leben. Um all eure angehäuften Handlungen zu entschuldigen, braucht ihr kein Schuldbekenntnis, sondern ein Zugeständnis, welches euch befähigt, euch selbst zu repräsentieren. Glaubt mir, wenn ihr fähig seid, euch selbst zu leben und eure eigene Moral - also was ihr als Moral versteht - lebt, wird sich das Alte von selbst erledigen. Es hört sich vielleicht zu einfach an, aber probiert es und ihr werdet sehen, wie weit euer vorgefertigtes Muster euch in der Hand hat.

Sobald ihr euch annehmen könnt wie ihr seid, wird sich die unbewusste Handlung einer erhöhten Wirklichkeit in ihrer Vielfalt zeigen. Man wird fähig, sie zu erkennen, weil man nicht mehr damit beschäftigt ist, unter den Teppich zu kehren, sondern diese wunderbare Vielfalt als göttliches Geschenk erkennt. Dabei lernt man, sie zu lieben und diese Liebe führt euch weiter in die seelische Identifikation, ohne großes Zutun. Es wird zum perfekt abgestimmten Zustand und zum größten Lehrmeister. Weshalb das so ist, ist einfach zu erklären: Das Unbewusste oder auch das Überbewusstsein ist in die Gegenwart des Denkens nicht integriert. Das bedeutet, dass eine Handlung schneller getätigt ist, als der Kopf es überhaupt begreifen kann. Der Kopf sollte nun, nach der bewussten Handlung oder dem Erkennen, erfassen, was es damit auf sich hat. Also denkt man im Nachhinein darüber nach, denn ein Davor gibt es nicht. Nach einiger Zeit sind die Resultate des Erdachten die Ursache für eine weitere unbewusste Reaktion und dies wiederholt sich so lange, bis ein Ergebnis daraus entsteht. Es ist wie ein Bild ohne vorheriges Konzept. Man fängt an zu malen und schaut sich Schritt für Schritt das Entstandene an, um es schlussendlich zu vervollständigen.

Je weiter man sich im Leben damit beschäftigt und seiner wahren Natur immer näher kommt, desto offener wird die seelische Verbindung. Je offener die seelische Verbindung wird, desto größer werden die Wunder, die wir erleben dürfen.

Das Wort „Chaos“ bedeutet laut den meisten griechischen Kosmologien:

„Der Urzustand der gesamten Welt; ein leerer, unergründlicher Raum am Anfang der Zeit.“

Nun versucht man, aus diesem Chaos zu flüchten und erfindet die Ordnung. Es wird auf dieser Welt nie funktionieren, die Ordnung herzustellen, denn das würde den Untergang der Menschheit bedeuten. Da diese nicht untergehen kann, kann sie nur eines: Sich entwickeln. Selbst wenn es keine Menschen geben würde, dann erführe man sich in einer anderen Welt, um sich zu erfahren. Auch das ist ein Chaos, denn eigentlich weiß man nicht, wo unser weiterer Ursprung sein wird. Eine Vorahnung reicht dafür nicht aus.

Deshalb kann man ein Leben nach dem Prinzip der unbewussten Erfahrung (nicht gelenkt, denn das würde dem widersprechen) und der Bewusstwerdung nur als Ursprung oder Urzustand der seelischen Existenz bezeichnen. Das ist gleichzusetzen mit dem Prinzip des Chaos und geht Hand in Hand mit einer hochintelligenten Regelung des Lebens.

Der Grund, weshalb Gaben, die der Mensch in sich trägt, nicht wirklich zum Vorschein kommen, ist das Leben außerhalb der unbewussten Zone. Man kann und soll sein Leben bewusst genießen, sich aber auch den Luxus des Unbewussten gönnen. Mit eurem Herzen damit verbunden, werden sich euch die Weisheiten ganz von allein offenbaren.

wird es bereuen, ein Leben lang bereut zu haben. Dabei gibt es Unterschiede, je nachdem, wer bereut und wie jemand bereut. Ein Gewalttäter wird Reue zeigen müssen, um seinen bewussten, seelischen Zugriff wieder zu erhalten. Wenn man ein Leben in der Reinheit lebt, gibt es auch keine Reue. Wer zum Beispiel in einer herrschsüchtigen oder dominanten Beziehung lebt und den Ausweg nicht findet, lebt jeden Tag mit der Reue, diese Beziehung weiterzuführen. Dabei entsteht die Reue nur deswegen, weil man die Chance hat, die Situation zu beenden und es nicht tut. Was glaubt ihr, wie viele Frauen es zum Beispiel gibt, die eine gezwungene Beziehung führen ohne eine Wahl zu haben? Dabei kommt keine Reue auf, weil es keine Schuld dieser Frauen gibt. Lediglich die Ehemänner könnten Reue zeigen, weil sie einen Menschen in einer Zwangsmaßnahme halten.

In den sehr wenigen Büchern, die ich las, fand ich eine Geschichte, die mich nachdenklich machte. Es ging um eine angeblich wahre Begebenheit, die dem Gautama Buddha widerfuhr. Diese möchte ich hier gerne wiedergeben:

Er befand sich in einem Wald und meditierte. Als eine Gruppe von Räubern auf Buddha stieß, blieb sie stehen. Es war eine wirklich gefährliche Situation, denn der Anführer dieser Banditen war ein berüchtigter Mörder, der alle, die ihm über den Weg liefen, zuerst ausraubte und daraufhin tötete. Ein erbarmungsloser Mann, der den Opfern keine Chance ließ. Kein Bitten um Gnade, kein Versprechen von Reichtümern, die er sich sowieso holte, konnten seine Mordlust aufhalten. Nun stand der gewalttätige Räuber vor Buddha und schrie ihn an, ihm seine Habseligkeiten auszuliefern, bevor er ihn umbringen würde. Buddha erkannte die Gefahr, öffnete seine Augen und schloss sie wieder. Der Räuber traute seinen Augen nicht. So viel Unverfrorenheit und Arroganz war ihm noch nie begegnet. Buddha saß regungslos in seiner Meditation und zeigte keinerlei Anzeichen, um auf die Forderungen des Banditen einzugehen. Also schrie der Räuber noch lauter und aggressiver und drohte neuerlich damit, Buddha das Leben zu nehmen. Buddha öffnete nun seine Augen und bat ihn um etwas Zeit, damit er seine Meditation beenden könne. Wenn er damit fertig wäre, könne er ihn umbringen. Verwirrt stand nun der Räuber da und es hatte ihm die Sprache verschlagen. Also wartete er, um Buddha nach der Meditation töten zu können. Während der Meditation gelang es dem Räuber nicht. Es fehlte die Angst, die er von den anderen Opfern her kannte. Es war ihm unmöglich, Buddha, in seiner eingehüllten Harmonie und im Herzen weilend, etwas anzutun. Also strickte der Räuber einen Plan. Wenn Buddha aus der Meditation käme, würde er ihm so viel Angst einjagen, wie es noch keiner zuvor erfahren hatte. Also setzte sich der Räuber mit seiner Gefolgschaft vor Buddha hin und wartete. Sie warteten und warteten, Stunden vergingen und sie warteten noch immer. Dabei waren ihre Augen stets auf Buddha gerichtet. Als dann Buddha seine Augen öffnete, sagte er: „Nun bin ich mit meiner Meditation fertig und wenn du möchtest, kannst du mich jetzt töten. Ich bedanke mich für deine Geduld." Der Räuber war überwältigt von so viel Frieden und Herzensgüte. Er erkannte die Ausstrahlung als die pure Reinheit und das erste Mal in seinem Leben streifte sein Gefühl die Barmherzigkeit des Herzens. Dieses Gefühl muss so derart eindrucksvoll gewesen sein, dass der Räuber vor Buddha auf die Knie fiel und ihn darum bat, ihn dieses Gefühl des Herzens zu lehren. Er wäre nach dieser Begegnung und Erfahrung nicht mehr fähig, jemandem ein Leid anzutun. Das wäre er ihm jetzt schuldig! Buddha nahm ihn als Begleiter und Schüler auf und innerhalb dieses einen Lebens erfuhr der Räuber die Erleuchtung.

Sicher werdet ihr euch fragen, wie ein ehemaliger Mörder trotz seiner Taten die Erleuchtung erfahren konnte. Mit Sicherheit kam Reue auf und war Bestandteil seiner Erleuchtung. Doch was für einen Sinn hätte es haben sollen, ein Leben lang zu bereuen? Geht es nicht vielmehr um das Erkennen? Die Erkenntnis der wahren Existenz und der Kraft der Liebe? Wie sehr kann ein Mörder als Erleuchteter einem anderen Menschen zeigen, dass das Eintreten in eine höhere Schwingung nicht unbedingt abhängig ist vom vorher geführten Leben? Vielmehr ist es die Erkenntnis der Existenz der Wahrheit der Liebe aus der kosmischen Realität. Wer es schafft, aus solchen Umständen heraus die Erleuchtung zu erlangen, ist der Beweis dafür, dass ein lebenslanges Trauerspiel nicht zielführend sein kann.

Reue kann eine Brücke sein. Vergangenes kann dadurch verstanden werden. Doch zum Hindernis eures eigenen Lebens sollte sie nicht werden.

Wer oder was bestimmt unser Wesen?

Weswegen viele Menschen auf der Suche nach sich selbst sind, wird zum Rätsel des Lebens. Dieses Bewusstsein, um seinem eigenen Ich auf die Spur zu kommen, klingt paradox. Es hält sich bedeckt und ist sehr zurückhaltend. Um sich dem Ich anzunähern, gibt es zahlreiche Methoden, die einem vielleicht einen winzigen Blick in die Wirklichkeit gönnen. Ein kleines Lichtlein am Ende eines Tunnels. In der irdischen Realität verirrt man sich schnell in den weltlichen Belangen. Als Kind ist man in dieser irdischen Realität nicht so sehr mit dem Bewusstsein der Existenzsicherung behaftet. Man kann sich noch eher dem widmen, was sich als tägliches Bedürfnis zeigt. Die weltlichen Belange dominieren das Leben, obwohl die Menschheit in ein Zeitalter eingetreten ist, wo man eigentlich meinen sollte, dass für alles gesorgt wird, zumindest in den hochzivilisierten Ländern. Es herrscht ein Überangebot an allem und doch steigert sich, bereits bei den Kindern, die Unzufriedenheit.

Bei den Teenagern ist es noch schlimmer als bei den Kindern vor ihrer Pubertät. Einerseits verspüren sie den Drang nach Freiheit und freien Entscheidungen und andererseits sind sie durch unsensible Maßnahmen eingeschränkt. In dem Moment, in dem für die Teenager das Highlight des Lebens anfängt, beginnt auch die Verpflichtung. Genau ab diesem Augenblick verliert sich das kindliche Gemüt in jedem Menschen.

Es ist so, als würde man seine Persönlichkeit überschreiben, um dem Ruf der beeinflussten Realität zu folgen.

Während unserer Reisen durch die Welt fanden wir nur sehr wenige Schauplätze der Zufriedenheit. In den reichen Ländern beobachteten wir die allgegenwärtige Unzufriedenheit im Überfluss und dem ständigen Drang nach mehr. In den armen Ländern war es die Unzufriedenheit hervorgerufen durch den täglichen Überlebenskampf. Mag sein, dass viele glauben, in einer Zufriedenheit zu leben, doch schlummert und lauert in der Tiefe die wirkliche Wahrheit. Man kann eine Zufriedenheit nicht kaufen. Das zeigt allein schon die Tatsache, dass die Menschen, die glauben, zufrieden zu sein, meist den Aspekt des Glücks im Materiellen finden. Wie schnell sind diese Menschen dem Unglück geweiht, wenn sie diesen Aspekt verlieren. Der Fall in diese Tiefe zeigt lediglich den verworfenen Grund des Glücks.

Eines der Länder, welche wir bereisten, war Ecuador. Ein Land, dem man nachsagt, dass es ein Entwicklungsland sei. Oberflächlich betrachtet könnte man das so annehmen. Sieht man jedoch hinter die Kulissen der Einheimischen, findet man genau das, was man nicht erwarten würde. Wenn auch nicht im Allgemeinen, so spiegelte sich bei sehr vielen eine unglaubliche Zufriedenheit. Als uns unser Weg nach Vilcabamba in Ecuador führte, einem Dorf in den Bergen nahe der peruanischen Grenze, sah man eine natürliche Vielfalt in einer mystischen Gegend. Es verbarg sich eine unerklärbare Ruhe in diesem Gebiet und wir entschlossen uns, einige Zeit dort zu verbringen. Nach mehreren Tagen hatten wir eine kleine Wohnung gefunden und trafen Menschen, die uns sofort in ihr Herz schlossen. Erst ab dieser Zeit öffnete sich, auch bewusst, das Geheimnis dieser Gegend. Die Umgebung war reich an Wasser und somit blühte in allen Regionen von Vilcabamba allerlei. In den Gärten der Restaurants konnten wir beim Frühstück die Kolibris beim Nektar erhaschen beobachten. Die Freundlichkeit der Bedienung und der Einheimischen war immer die Sprache ihrer Herzen. Wenn auch kein wirklicher materieller Reichtum zu sehen war, fand man fast ausschließlich lächelnde Menschen. Auffällig war schon zu Anfang, dass sich einige Amerikaner und Japaner in diesem idyllischen Dorf aufhielten. Erst später erfuhren wir, dass es Wissenschaftler waren, die die Menschen aus Vilcabamba studierten. Ohne uns dessen bewusst zu sein, machten wir dasselbe. Die Gründe lagen nicht nur in der Ausstrahlung, Freundlichkeit und Herzenswärme, sondern auch in der Vitalität der Einheimischen. Das war auch der Anlass, weshalb dort die Wissenschaftler tätig waren. Sie studierten die Langlebigkeit der Bevölkerung. Vilcabamba hatte zu dieser Zeit circa 5.000 Einwohner. Der älteste und bereits verstorbene Bewohner hatte ein Alter von 136 Jahren erreicht. In der Zeit, in der wir vor Ort waren, gab es insgesamt 25 Menschen in diesem kleinen Dorf, die älter als 100 Jahre waren. Was mich in der Zeit unseres Besuches wunderte war, dass die älteren Leute nicht den üblichen Gebrechen unterlagen. Sie waren fit und vital, wie die uns bekannten ungefähr 60-Jährigen. Zusätzlich zur Vitalität war deutlich eine Zufriedenheit erkennbar. Neugierig wie wir waren, fragten wir damals einen der angehenden 100-Jährigen, weshalb im

Tal der 100-Jährigen die Leute so alt würden. Die Antwort war: „Keine Ahnung! Sie rauchen, sie trinken, sie leben. Bei allem, was sie tun, tun sie es aus der Freude heraus. Gedanken müssen sie sich keine machen, denn die Vielfalt der Natur sorgt für genügend Nahrung." Einmal sagte uns ein Einheimischer: „Wenn man sich keine Gedanken um das Essen machen muss, braucht man sich über das Alter auch keine machen."

Wenn man jemanden fragte, wie er lebte, konnte er nicht darauf antworten, weil er es nicht wusste. Es zeigte sich einfach jeden Tag aufs Neue. Fragte man jemanden, was er heute vor habe, wusste er es nicht und wenn er es wusste, konnte sich das auch jederzeit ändern. Also weshalb sollte er sich darüber Gedanken machen?

Ob das allein nun reicht, um so alt und glücklich zu werden, ist fraglich - meiner Meinung nach kann man aber davon ausgehen. Zusätzlich ernähren sich diese Menschen von frisch Geerntetem und vor allem sehr fruchtreich. Das Wasser von Vilcabamba ist sehr rein und insbesondere reich an Eisen. Ob deshalb die Leute so alt werden, ist ebenfalls ungeklärt. Wenn man nur einseitig denkt, kann man auch nur einseitige Antworten bekommen. Wer mehrseitig hinterfragt, wird der Gesamtheit immer näher kommen. Man muss der Lebensweise der Menschen in Vilcabamba auf den Grund gehen, um erahnen zu können, wie das Leben laufen kann. Hat man das verstanden und erlebt, zieht es einen in den Bann. Nicht umsonst kam uns der Gedanke, uns dort dauerhaft niederzulassen.

Nur, ist es nötig, sich einer Gegend zu verschreiben, um sich in die Bewusstheit zu begeben? Wer fähig ist, zum Leuchten in der Hölle zu werden, dem wird der Himmel sicher nicht die Pforten verschließen, auch wenn er aus der Hölle kommt. Außerdem bin ich überzeugt, dass die Hölle einen sehr gerne frei gibt!

Die Pfeilmacherin

Die Gefährtin von Saraha, dem König der Mahasiddhas

Indien vor vielen Jahrhunderten: Trotz zunehmender Verbreitung von Buddhas Lehren war das Land immer noch vom hinduistischen Kastensystem geprägt, welches die indische Gesellschaft in verschiedene Gruppen einteilte. Jeder Mensch gehörte von Geburt an einer davon an. In eine der untersten Kasten wurde ein Mädchen als Tochter eines Pfeilmachers geboren. Die damalige Gesellschaft erwartete von ihr, nur innerhalb ihrer Kaste Kontakte zu pflegen und zu heiraten, doch sie ging einen anderen Weg.

Als sie gerade einmal 15 Jahre alt war, begegnete ihr der buddhistische Lehrer Rahulabhadra. Er hatte einen hohen gesellschaftlichen Status, da er aus der obersten Brahmanenkaste stammte und einst ein hoch gelehrter Brahmane gewesen war. Die Begegnung mit einer Weisheits-Dakini hatte ihn jedoch auf den buddhistischen Weg gebracht. Nach jahrelangem Studium war er Leiter der berühmten Nalanda Universität mit 10.000 Schülern geworden. Doch plötzlich hatte er seine Position aufgegeben. Statt seine Gelehrsamkeit weiter zu entwickeln, hatte er praktische Erfahrungen sammeln wollen.

Als er die Universität verlassen hatte, begegnete er der jungen Pfeilmacherin auf einem Marktplatz, wo sie voller Anmut, Gewandtheit und Einsgerichtetheit Pfeile herstellte. Er sah, wie besonders dieses Mädchen war und suchte ihren Kontakt. Als erstes sagte sie: „Der Sinn der Lehre Buddhas kann durch Symbole und Handlungen erkannt werden, nicht jedoch durch Worte und Bücher." Rahulabhadra erkannte sofort, dass er eine wertvolle Lehrerin gefunden hatte und bat sie, mit ihm zu gehen. Aus gesellschaftlicher Sicht war eine Verbindung zwischen den beiden ausgeschlossen. So war es ein regelrechter Skandal, als sie eine Beziehung zueinander aufnahmen und die Umwelt reagierte entsetzt. Wie ein hoch angesehener Gelehrter einfach alles hinwerfen konnte, um mit einer Frau aus niederer Kaste umherzuziehen, konnte niemand verstehen. Das unschickliche Verhalten des Mädchens widersprach allen Regeln und die Dorfbevölkerung reagierte mit entsprechender Missachtung. Doch die Pfeilmacherin und ihr Gefährte scheuten die Verachtung und den Tadel der Gesellschaft, die sie durch ihr Verhalten auslösten, nicht.

Ungeachtet sozialer Konventionen blieben sie zusammen und ließen sich nicht voneinander trennen. Um die Leute nicht zu stören, verließen sie ihre vertraute Umgebung, zogen umher und ließen sich an einsamen Plätzen nieder, um gemeinsam die Vereinigungspraxis auf der Ebene des Diamantweges zu üben und eine Partnerschaft zu leben, die nicht auf gewöhnlicher Anhaftung beruhte. Sie lehrte ihn das Pfeilmacherhandwerk, mit dem sie fortan ihren Lebensunterhalt verdienten. Rahulabhadra wurde seitdem nur noch „Saraha" genannt, der „Pfeilmacher“ oder genauer „Der den Pfeil abgeschossen hat.“

Eines Tages bat Saraha seine Partnerin, ihm eine Rettich-Curryspeise zu kochen. Sie tat, wie ihr geheißen und bereitete liebevoll sein Wunschgericht. Als sie es ihm brachte, reagierte er weder auf Ansprache noch auf Berührung und sie erkannte, dass er in tiefe Meditation versunken war. Natürlich wollte sie ihn nicht stören, sondern warten, bis seine Meditation beendet war. In der Zwischenzeit kümmerte sie sich in gewohnter Weise um ihr Zuhause, erarbeitete sich ihren Lebensunterhalt und praktizierte Meditation.

Schließlich, nach zwölf langen Jahren, kehrte Saraha aus seiner meditativen Versenkung zurück und fragte: „Wo bleibt mein Rettich-Curry?“ Die Pfeilmacherin konnte es nicht fassen: „Zwölf Jahre lang sitzt du in Meditation und das erste, wonach du fragst, ist dein Rettich-Curry, das du vor zwölf Jahren bestellt hast! Du bist wirklich wahnsinnig! Was meinst du, wie dein Rettich–Curry jetzt aussieht? Das hat schon lange das Zeitliche gesegnet. Was ist das für eine Meditation, wenn du immer noch an deinem letzten Gedanken festhältst? Dafür hast du zwölf Jahre herumgesessen wie ein Rettich, der in einem Erdklumpen festhängt!“

Saraha war zuerst fassungslos über ihre Worte. Er beschloss, in die Einsamkeit der Berge zu gehen, um seine

Übung fortzusetzen. „Wofür soll das gut sein?" fragte die Pfeilmacherin. „Wenn du nach zwölf Jahren tiefster Versenkung immer noch an deiner Lust auf Rettich-Curry festhältst, was sollte in der Einsamkeit der Berge daran besser werden? Äußere Ruhe und Einsamkeit bringen noch lange keine Erfahrung von der Natur des Geistes. Statt dich von äußeren Sinnesreizen abzuschotten und noch mehr Zeit zu vertrödeln, solltest du lieber die dualistischen Konzepte, vorgefassten Meinungen und Begriffe deines engen, unflexiblen Verstandes loslassen und nicht daran festhalten."

Die vor brennender Weisheit lodernden Worte seiner mutigen Frau rüttelten Saraha wach und er konnte seinen Geist von Vorstellungen und dem Glauben an eine objektiv existierende Wirklichkeit befreien. Er erlangte die Erfahrung von Raum und Freude untrennbar, erkannte die Natur seines Geistes und erreichte die höchste Verwirklichung, das Große Siegel.

Auf diese Weise enthüllte die Pfeilmacherin Saraha die wahre Bedeutung der Dinge und befähigte ihn, die Wirklichkeit zu sehen. Sie inspirierte ihn zu vielen gesungenen Versen, wie zum Beispiel:

„Sitz nicht zuhause herum und auch nicht im Wald. Wo du auch bist, erkenne den Geist."

(Quelle: Buddhismus Heute: Die Pfeilmacherin (buddhismus-heute.de))

Wenn ihr nun eure Aufmerksamkeit in die Richtung der darin liegenden Weisheit lenkt und nicht mit einem Glaubensbekenntnis verknüpft, erkennt ihr die Essenz des Geschriebenen. Diese Geschichte enthält in wenigen Worten mehr, als oft bücherfüllende Seiten.

In Vilcabamba liegt womöglich, auch ohne einer bewussten Tatsache, dieses Wissen aus der natürlichen, universell-gesetzlichen Ordnung im Blut oder Geist. Wer nichts zu verlieren hat, kann nur gewinnen! Der Gewinn bei diesen Menschen liegt in der Zufriedenheit im Einklang mit allem.

Der Blick in die Realität

Solange euer Blick auf das ausgerichtet ist, was ihr als störend empfindet, könnt ihr nicht die Empfängnis erhalten, welche euch dorthin führen sollte, was ihr für euch ersehnt. Solange ihr in der Sehnsucht verharrt, könnt ihr nicht das erhalten, was ihr bereits seid.

Sofern ihr bereits alles seid, ihr aber gleichzeitig in der Sehnsucht nach euch selbst steckt, wie solltet ihr euch dann finden? Das ist ein Widerspruch! Der Widerspruch liegt in der Sehnsucht, denn ihr könnt nur etwas vermissen, was es nicht mehr gibt. Wenn jedoch alles, was euch als göttliches Individuum ausmacht, noch vorhanden ist, dann seid ihr ja nicht getrennt davon. Ihr seid nicht einmal davon entfernt! Es ist noch genauso vorhanden wie zur Zeit eurer Geburt! Was ihr empfindet, ist das Gefühl, dass ihr etwas in euch tragt und es nicht sehen könnt. Nur weil ihr es nicht sehen könnt, bedeutet das nicht, dass es nicht da ist.

Ihr seid durch euer Leben so konditioniert, dass ihr nur das wahrnehmen könnt, was ihr seht und alles andere ist und bleibt eine Theorie. Eine Theorie bedeutet die Möglichkeit, dass etwas sein kann, gestützt auf Fragmente einer Tatsache. Die Theorie würde also nichts anderes bedeuten als „kann sein", wenn nicht gleich ein „aber" im Hintergrund präsent wäre. Dieser im Hintergrund herrschende Faktor ist es, der euch eingeschränkt durch die Barriere schauen lässt. Eine begrenzte Sichtweise ist zwar zumindest ein Teil dessen, was möglich wäre, doch die Gesamtheit bleibt verborgen. Es wird zu einem unbefriedigten Umstand, der es nicht zulässt, weiter in die Höhen der Selbsterkenntnis zu gelangen.

Offen zu bleiben bedeutet nicht, euch für euer Denken zu öffnen, sondern es meint das Öffnen des Geistes. Wer für seinen Geist offen bleibt, kann die Wunder des Chaos der unterbewussten Fähigkeiten ergründen. Die Fähigkeiten folgen einem nicht zielgerichteten Weg, weshalb sie als chaotisch bezeichnet werden. Doch es steckt ein System dahinter, das System des Erforderlichen.

Als denkende Menschen verstehen wir „erforderlich" vollkommen anders. Bei Gesprächen hört man oft, zu was man als Mensch fähig ist. Als Beispiel steht das Wünschen im Vordergrund. Beim Einkaufen wünscht man sich vielleicht einen Parkplatz in der Nähe des Einkaufszentrums. Wenn es geschieht, dass gerade zum richtigen Zeitpunkt jemand aus einer Parklücke fährt und den Parkplatz frei gibt, freut man sich mit dem Gedanken: „Es hat geklappt!". Ich neige hingegen dazu, zu denken: „Typisch". Ist dieser Wunsch zielführend? Er erscheint eher egoistisch. Weshalb wünscht ihr euch nicht etwas, das der Allgemeinheit dient? Womöglich wäre es der Parkplatz für eine Familie gewesen oder für jemanden, der sich mit dem Gehen schwer tut. Möglicherweise führt euer Wunsch, einen Parkplatz in der Nähe zu haben dazu, einem anderen, der die Nähe wesentlich nötiger hätte, diesen Platz wegzunehmen. Bei den meisten Wünschen geht es fast ausschließlich in die Richtung der persönlichen Bedürfnisse. Auch wenn man anderen Personen etwas Gutes wünscht, ist meist die persönliche Befriedigung mit im Spiel. Selbst wenn es nur darum geht, jemandem eine Besserung zu wünschen, wenn er krank ist oder vielleicht im Krankenhaus liegt. Einer der Gründe dafür ist, dass es vielen mit der Nachricht, dass es jemandem schlecht gehe, selbst auch schlecht geht. Die meisten wünschen die gute Besserung oft mehr sich selbst als demjenigen, der wirklich betroffen ist.

Sobald ihr aufhört zu wünschen und euren Geist öffnet, stellt sich nach einigen Erkenntnisprozessen ein „Wunschlos Glücklich" ein. Das „Nichts verändern zu wollen" wandelt sich in eine übergeordnete Wirklichkeit. Das niedere Ego, das normalerweise die unangebrachten Ereignisse absorbiert, verwandelt sich in einen Raum der Gesamtheit. Dieser erblüht und auch die Kraft des Dahinter. Einen Parkplatz frei zu halten, um ihn jemand anderem von Herzen zu gönnen, der ihn wegen seines eingeschränkten Bewegungsapparates benötigt und dann auch mit Freuden erhält, macht euch in diesem Augenblick zum Mittelpunkt des Universums. Es entspricht dem Göttlichen Prinzip, denn mit diesem Bewusstsein, dass ihr jemandem diese Erleichterung zukommen ließt, erhebt ihr euch nach und nach in eine höhere Schwingungsebene. Dabei müsst ihr nicht einmal miterleben, wie sich jemand über den Parkplatz freut, denn wenn sich nach und nach euer Herz öffnet, werdet ihr die Freude zu diesem Zeitpunkt fühlen. Je öfter ihr in eurem Leben solche Ereignisse hervorruft, desto näher werdet ihr mit dieser universellen Liebe an die Wahrheit eures Wesens herangeführt.

Zusammengefasst bedeutet das nichts anderes als:

Schenkt eure Liebe jedem Wesen, ob bekannt oder unbekannt, ob sichtbar oder außerhalb eurer Reichweite und ihr taucht ein in die unendliche Kraft der erlösenden Substanz der Einheit.

Wenn ihr nur einen geringen Teil davon als Funken in eurem Herzen zulasst, anstatt einem Menschen nur gute Besserung zu wünschen, werdet ihr zur Heilung für alle und alles. Ab diesem Augenblick seid ihr selbst die gute Besserung! Das Wünschen macht also keinen Sinn, denn ein Wunsch liegt immer in der Zukunft. Wenn ihr so etwas seid wie die Besserung der Welt, die euch umgibt, dann macht es keinen Sinn, sich diese Besserung zu wünschen. Alles, was ihr dann in Wirklichkeit seid, ist die heilende Gegenwart. Also lasst das Wünschen, denn das gibt euch nur das Gefühl, dass etwas nicht in Ordnung sei und somit der Wunschzustand in der Zukunft läge. Ihr würdet ihm damit nur ständig hinterher laufen, so wie einem Rettich-Curry.

Wenn ihr das verstehen oder zumindest annehmen könnt, was damit gemeint ist, dann erkennt ihr wohl auch den Sinn darin, weshalb die Gaben, die bereits vorhanden sind, nach dem Zufallsprinzip handeln. Sie sind die Kennzeichnung der Herzöffnung. Je weiter ihr in eurer Existenz voranschreitet, desto weiter kann sich euer Herz öffnen. Je weiter sich das Herz dem Universellen öffnet, also für alles und jeden, desto weniger braucht ihr auf euer Glück zu warten, denn es kann fließen und wird euch finden. Grundlegendes Denken in eine spirituelle Richtung macht ab diesem Zeitpunkt keinen Sinn mehr. Es würde eure Fähigkeiten eher einschränken.

Dem absolut größten Teil der Menschheit fehlt der Sinn hinter einem Ereignis, welches ein scheinbares Unbehagen auslöst. Erkennt man den Sinn hinter einem Geschehen, so steuert ein Unbehagen hin zur Antwort. Alle Ereignisse haben einen Sinn, mögen sie noch so sinnlos erscheinen, sie werden zum Blick in die wirkliche Realität!

Das Unbewusste in das Bewusstsein rufen

Die Jahre der Reisen und der gelebten Freiheit bescherten uns ebenso eine Gefangenschaft. Es war die Gefangenschaft des Mitleids. Durch die erhaltene und gelebte Freiheit öffnete sich das Tor der unbewussten Stilllegung der unterdrückten Vergangenheit. Zu erkennen, welche Umstände einen in ein gezwungenes Leid drängten, ist dasselbe wie wenn ein Erblindeter nur noch schwach in der Erinnerung seines Sehens lebt. Die Vergangenheit verblasst und der Rest verbindet sich mit der Gegenwart. Je stärker die Differenz zwischen diesen zwei erlebten Situationen, also vergangener und gegenwärtiger, aufeinanderprallt, desto intensiver stellt sich die Zukunft in den Raum. Umso länger die zwei wichtigsten Zeiten, also Vergangenheit und Gegenwart, keinen Ausgleich erfahren, desto schwieriger wird es, eine ausgeglichene Zukunft zu finden. Nun werden die unter den Teppich gekehrten Situationen an die Oberfläche gebracht. Darin verstecken sich die sichtbaren Gegenspieler der seelischen Daseinsform: Dramen, Fehlverhalten, Trauma und Zwang. Je mehr sich ein extremer Lebenswandel, so wie wir ihn erfahren durften, einleitet, umso größer wird die Distanz zwischen Vergangenheit und Gegenwart. Diese Distanz meint nicht die zeitliche Entfernung, sondern die Distanzierung vom vergangenen Erlebten. Es erscheint jemandem als die durchlebte Hölle und erst ab diesem Augenblick wird eine Gegenüberstellung bewusst hervorgerufen. Als Beispiel vergleichbar mit einem Kind, das aus einem von Hunger geplagten Land in eine sichere Umgebung des Überflusses gelangt. Dem Kind werden die Unterschiede zwischen den Existenzen bewusst und das löst einen Prozess aus. Ein solches Kind erkennt erst im Nachhinein den Schrecken der eigenen Realität sowie die Brücke des Wandels zwischen Ungerechtigkeit und menschlichem Grundrecht. In fast jedem Menschen auf dieser Welt entwickelt sich im Leben eine solche Brücke, mehr oder weniger intensiv, je nach erfahrenen Situationen. Ich erlebte meine Kindheit, dank meiner Eltern, in einer sehr freien Umgebung. Brigitte durchlebte stattdessen als Kind eine aus Arbeit, Verantwortung und Ungerechtigkeiten bestehende Zeit.

Aufgrund der Unterschiede im Erleben der jeweiligen Vergangenheit wird einem, abhängig von der seelischen Reife, Folgendes bewusst:

Eine hochschwingende Seele empfindet Ungerechtigkeit und Unwahrheiten als etwas wesentlich anderes, als Menschen, denen in ihrer seelischen Entwicklung noch die Erfahrung dieser zwei Komponenten fehlt.

Brigitte war schon vom Kindesalter an hochsensibel und durch die belastete Kindheit geprägt. Für viele andere Menschen wäre dieselbe Erfahrung wesentlich weniger belastend gewesen, da sich deren Bewusstsein auf einer anderen Entwicklungsebene befindet. Deshalb kann man nicht von jemandes Schuld ausgehen, weder von der der Eltern noch von der anderer Umstände, die zu dem Gefühl von Ungerechtigkeit führten. Es ist immer von der persönlichen Reife und der eigenen Realität abhängig.

Somit erlebte Brigitte den schwerwiegenden Prozess der Freiheit durch die Befreiung von allen belasteten und belastenden Umständen. Das mitanzusehen, war für mich nicht einfach und drängte mich unweigerlich in Brigittes Realität. Ihren Schmerz und ihr Leid zu erfühlen, ließ mich ebenfalls in eine Situation von Trauer und Schwermut fallen. Brigitte entwickelte zusätzlich einige körperliche Symptome und Beschwerden, die sich im Laufe der Zeit immer weiter verschlimmerten.

Wie kann es sein, dass, wenn man eine Freiheit wie in unserem Fall so derart leben darf und kann, sich dann ein körperlicher Prozess einstellt?

In den Prozessen der Bereinigung meines Lebens und nach der Erfahrung der Depression sowie der dahinterliegenden Macht der niedrig schwingenden Wesen, kam es zu neuerlichen Erfahrungssituationen. Zusätzlich zu den Depressionen litt ich an Migräne und das nun in immer kürzeren Abständen. Eigenartig war auch, dass mich die Migräne von einem Tag auf den anderen erwischte. Es gab keinen wirklichen Grund dafür und auch kein spezielles Ereignis, außer die Depression. Auch nachdem ich den Hintergrund der Depression erkannt und mich schlagartig daraus befreit hatte, blieb die Migräne. Die Schübe kamen bereits alle zwei Tage und ohne Schmerzmittel war dem nicht mehr Einhalt zu gebieten. Zusätzlich musste die Dosis soweit erhöht werden, dass nur noch fünf starke Schmerztabletten es schafften, den Kopfschmerz in Schach zu halten. Freiheitsbewusstsein erhalten, um in die

Schublade des Schmerzes zu gelangen? Dem wollten wir nicht nachgeben und es akzeptieren noch weniger. Wer einmal dieses Gefühl der Freiheit erleben durfte, akzeptiert kein Leid mehr auf dieser Welt. Somit kämpften wir weiter und öffneten uns für alles, was sich bot, ohne es zu bewerten.

Als ich eines Tages wieder einen Ansturm der Migräne verspürte, strich ich unbewusst über meinen Nacken. Nachdem ich das eine Weile gemacht hatte, waren die Kopfschmerzen weg. Ich war natürlich überrascht und hielt es eher für einen Zufall. Doch, dieses Ereignis ins Bewusstsein gerufen, wartete ich das erste Mal mit einer Neugierde auf den nächsten Migräneanfall. Der ließ nicht lange auf sich warten und traf mich wie gewohnt zwei Tage später. Nun ging ich mit bewusster Haltung an die Sache heran und strich über meinen Nacken wie zwei Tage zuvor. Als nach einigen Sekunden der Schmerz wieder vorüber war, steigerte sich etwas wie eine Art Sicherheit, die mir sagen wollte, dass ich die Macht über meinen Schmerz hätte, wenn ich ihn nicht sogar beenden könnte. Also probierte ich es einige Male, um mehr Sicherheit in Bezug auf das bewusste Handeln zu bekommen. Es klappte immer besser und vor allem schneller, worüber ich mich sehr freute. Erst als ich mehr Gewissheit hatte, traute ich mich, einen Schritt weiterzugehen. Ohne Brigitte vorher davon erzählt zu haben, versuchte ich eines Tages, als es ihr körperlich wieder schlechter ging, dasselbe bei ihr. Dieses Mal stellte ich mich auf ihre Symptome ein, hielt jedoch meine Hand in einem gewissen Abstand zur betroffenen Stelle und versuchte in dasselbe Bewusstsein zu gelangen, wie ich es von mir selbst kannte. Ganz gespannt wie ein kleines Kind wartete ich, was nun geschehen würde. Es dauerte nicht lange, bis Brigitte tatsächlich bestätigte, dass die Symptome anfingen, sich aufzulösen. Damit gingen wir weiter in die Erfahrung des Geistes, was sich im Endeffekt, nach Jahren der Erkenntnisse, nicht als Freiheit im Gelebten entwickelte, sondern sich als Freiheit des Geistes abzeichnete. Die Erfahrungen mit der Kraft der Heilung über Jahre hinweg gingen soweit, dass irgendwann nur die Bewusstwerdung eines Ungleichgewichtes ausreichte, um spürbar die fließenden Energien zur Heilung werden zu lassen. Einerseits machte es mich glücklich, andererseits entstand eine andere Hürde: Bei jeder Sitzung, die ich abhielt, egal, um wen es sich handelte, spürten ich und vor allem Brigitte ein künftiges Ungleichgewicht in unserem Leben. Menschen zu helfen und ihre Probleme zu beseitigen, ging Hand in Hand damit, unsere eigenen Probleme wieder anzuhäufen. So als ob wir für unser Tun bestraft würden, wie in Form einer Übernahme. Das Übernehmen der Probleme und Krankheiten anderer? Dies schien mir zu diesem Zeitpunkt sehr absurd und doch fanden wir uns in einem Trümmerhaufen neuer Problematiken wieder. Als sich dann auch die Probleme von Brigitte wieder vermehrten und immer stärker wurden, fielen wir gleich in ein anderes tiefes Loch. Uns daraus zu befreien, schien nun noch schwieriger zu sein als zuvor. Brigitte wurde immer depressiver, gefolgt von körperlichen Symptomen, die eher unerklärlich waren. Dazu kam noch ihre Einstellung zur ärztlichen Inanspruchnahme, die einen Fremdeinfluss, zum Beispiel durch einen Arzt, eine Diagnose oder eine vermeintliche Krankheit, absolut ablehnte. Die Heilsitzungen, die ich Tag für Tag vornahm, waren nun nur mehr von kurzzeitigen Erfolgen gekennzeichnet. Ihr Zustand war mit meinem emotionalen Verständnis gekoppelt und führte zu einer tiefen und dauerhaften beidseitigen Melancholie.

Wie in Gottes Namen kann mit zwei freiheitsliebenden Menschen nur so etwas geschehen, vor allem, wenn man sich und der Welt einfach nur Frieden und Harmonie wünscht? Weshalb begibt man sich in solche augenscheinlich ausweglose Situationen, wenn man nur Liebe für alle Wesen dieser Erde im Sinn hat? Diese Zustände zermürbten mich sehr und ich fand den Ausweg in der Ausweglosigkeit. Wenn ein Weg vom Ende gekennzeichnet ist und sich kein Ausweg zeigt, ist es die größte Möglichkeit, einfach still zu sein. Wenn alles keinen Sinn mehr ergibt, kann der Kopf nichts mehr interpretieren. Genau ab diesem Moment verändert sich etwas und führt einen auf einen bis zu diesem Zeitpunkt nicht erkannten, neuen Weg.

Bald fand ich heraus, dass es keinen Sinn machte, wenn wir uns beide in einem melancholischen Zustand befanden und suchte das Glücksgefühl, welches ich ja bereits hatte leben dürfen. Also verließ ich mich auf die Intuition und begab mich in die Region des absoluten Fühlens, um die Dinge zu tun, wie sie sich zeigen würden. Auf diese Weise empfindet man die Momente des Momentanen. Wenn man sich dem immer wieder widmet, zieht einen die bewusste Resonanz in die Richtung, die man sucht. Der Kopf hat wiederum nicht die übergeordnete Rolle. Damit boten sich mir die Dinge, die wieder

Freude in mein Leben brachten. Anfänglich erschien es mir sehr egoistisch, wenn Brigitte sich in diesem tiefen Zustand befand und ich meiner Freude im Leben nachgab. Trotzdem distanzierte ich mich nicht von ihr, sondern konnte durch diese Freude und das Empfundene die universelle Liebe auf eine andere Art und Weise mit ihr teilen. Die Heilbehandlungen ließen wir ab diesem Zeitpunkt außer Acht. Brigitte stützte und fokussierte sich auf eine andere Art des Lebens und der Heilung.

Der Nullpunkt im Leben

Das ständige Erreichen-Wollen im Leben macht des Lebens müde. Was sich aus einer inspirierten Maßnahme in das Leben schleicht, wird sehr oft zur unüberschaubaren Belastung. So geschah es bei uns aus der Erkenntnis der Fähigkeit des Heilens, die mich sehr viele Menschen heilen ließ. Dauerhaft konnten diese heilen Situationen nicht aufrecht erhalten werden und schnell kam die Erleuchtung, dass das aus dem göttlichen Prinzip heraus auch nicht möglich war. Ein Mensch, der um Heilung bittet, kann nur durch die eigene Erfahrung und Erkenntnis an die höchste Wahrheit anknüpfen. Die höchste Wahrheit in diesem Fall ist das Erfahren, weshalb eine Krankheit überhaupt zustande kam. Eine Krankheit, wie bereits in diesem Buch beschrieben, ist eine Blockade des spektralen, seelischen Ausgleichs, hervorgerufen durch ein fehlgeleitetes oder nicht verstandenes Ereignis, jedoch immer selbst ausgelöst. Man kann nie eine Krankheit einfach ausradieren wie es einem in den Sinn kommt. Wenn ein Heiler dazu fähig ist, trägt dieser die Konsequenz der Krankheit und muss diese durchleben. Dabei muss er nicht zwingend dieselben Symptome entwickeln, es können auch andere Krankheitsbilder auftreten. Das habe ich selbst erlebt und dasselbe zeigte sich bei anderen Heilern, die mich dann oft um Rat baten. Die Hilfe suchenden Menschen, die erkrankt waren und Genesung erfuhren, konnten sich nur kurz daran erfreuen. Weshalb sollte es dann Sinn machen, seine Heilung durch einen anderen Menschen zu suchen? Dazu gibt es nur eine Erklärung: Wenn

Heiler darüber Bescheid wüssten und sich trotzdem dazu bereit erklärten, dann wäre es aufgrund von Unglauben oder eines wirtschaftlichen Interesses. Bei denen, die Heilung suchen, geschehe es infolge ihres fehlenden Grundvertrauens oder aus Bequemlichkeit.

Brigitte schlug den Weg des göttlichen Grundvertrauens ein, was immer es auch kosten mochte. Das war wohl die beste Entscheidung, die sie treffen konnte, wenn auch auf lange Sicht gesehen. Sie durchlitt einen Prozess, der sie in ein Stadium der Ausweglosigkeit brachte. Keine Hoffnung auf Heilung, keine Möglichkeit, um etwas Linderung zu erfahren und keine Zukunftsorientierung. An diesem Punkt angekommen und dem Tod näher als dem Leben, geschah eines Tages ein Wunder, ausgelöst von einem Nullpunkt im Leben. Genau dieser Nullpunkt war es, den wir so oft im Wechsel erfahren durften, um schlussendlich die Essenz des „Warum" erfahren zu können. Es wurde zum Schlüssel der Existenz als göttliche Wesen, um den Hintergrund der irdischen Essenz zu erkennen.

Dabei dreht sich alles um diesen Nullpunkt. Wenn der Nullpunkt nicht erreicht wird, findet die Seele über den Geist die Wege, um durch Erfahrungen den Menschen dorthin zu führen. Hier fängt auch, wie bereits einige Male darauf hingewiesen, die Manipulation an: Die Irrwege, die diesen Nullpunkt als nichtig erklären. Doch der Nullpunkt existiert mehr denn je, die Mitte, der Ausgleich der Waage. Die Dualität, die

Polarität, das Yin und Yang, Plus-Minus oder wie auch immer man es nennen möchte, sind nur die Randgruppen des Nullpunktes. Damit schafft man es lediglich, ihn tot zu reden und kommt nicht wirklich auf die Erkenntnisse der Null, des Universums oder der göttlichen Existenz. Jeder Faktor des Denkens, obwohl das Fühlen angebracht wäre, vertieft die Verwurzelung in die unteren Schwingungsebenen. Dabei ist, nach unseren Erfahrungen, der Nullpunkt der leichteste Weg mit größtmöglicher Erkenntnis. Der Nullpunkt, die Mitte, der Ausgleich der Waage. Die Dualität, die Polarität, das Yin und Yang oder Plus-Minus sind nur die äußere Hülle der Erkenntnis. Meiner Meinung nach ist diese äußere Hülle als gelebte Erfahrung oder Erkenntnis nicht zwingend notwendig, um die Mitte oder diesen Nullpunkt zu erfahren, sondern im Gegenteil: Den Nullpunkt leben, um aus dem Göttlichen die Hülle der Gegensätze bewusst zu machen! Den Nullpunkt leben und Yin und Yang, Plus-Minus, Positiv-Negativ, also die dualistischen Gegensätze, erkennen. Das Erfahren am eigenen Leib wird damit nicht mehr zwanghaft zur Realität werden müssen. So kann ein Leben ohne die uns bekannten Qualen und Einschränkungen gelebt werden. In Freiheit und Liebe den Fortschritt als allgegenwärtige Symbiose erkennen und leben.

Wie funktioniert dieser Nullpunkt?

Wer dieses Buch bis hierhin verinnerlicht hat, kennt nun die Hüllen, die den Nullpunkt umgeben. Es sind Gedanken, Manipulationen, vorgefertigte Glaubensmuster, Moral, der Sinn des Lebens, sowie niedrige und höhere Schwingungsebenen. Das alles umgibt die Erde, mitsamt dem Leben aller Wesenheiten und Daseinsformen. Alles, was bisher auf der Erde den Einlass in diese Nullpunktregion verhinderte, entsprang einzig dem Bewusstsein des Menschen und der Illusion. Was dem Menschen in der jetzigen Epoche alles anvertraut werden könnte, ist bereits bekannt oder es wird zumindest darüber spekuliert. Weshalb es nicht wirklich erfahren werden kann, ist den unteren Schwingungsebenen zuzuschreiben. Wenn auch nicht unbedingt aus Böswilligkeit, sondern eher aus der Resonanz heraus. Man kann Böses nur aus der Resonanz heraus wollen oder ihm Zutritt verschaffen. So kann man auch nur aus der Resonanz der Liebe wirkliche Liebe erfahren und ihr Einlass gewähren. Ist der Großteil der Menschen mit einer Seite verbündet, schwächt es die andere und umgekehrt. Es ist ein Entschluss, welche Seite man wählt. Ebenso kann man sich entschließen, den Kern der Existenz zu leben, was dann die Entscheidung in den Hintergrund rückt. Paradox und die göttliche Dichotomie!

So wie es einerseits meist das größte Problem ist, einen freien Raum des Denkens zu erschaffen, so ist es andererseits eine

Leichtigkeit, den Spielraum für freies Denken zu erkennen. Dieser Nullpunkt, der eigentlich euer Leben bestimmen könnte und dadurch sich die vollkommene, seelische Verbindung wieder integrieren ließe, wird durch den freien Raum im Nullpunkt erschaffen. Der Nullpunkt oder die eigene Mitte ist nichts ohne das Wissen über die Störfaktoren und deren Erkennen. Wie alles im Leben kann auch eine Resonanz der Liebe nur aus dem Erfahren des Gefühls erkannt und gelebt werden. Wer sich den Lastern der fundamentalen, niedrig schwingenden Eigenschaften zur Verfügung stellt oder diese nutzt, wird diesen Raum der Liebe nie finden. Auch das sind die Eigenschaften der Gegensätze, die in der äußeren Hülle der Gleichstellung schweben. Die Hülle der Gleichstellung und somit der Gegensätze besteht auf der einen Seite aus dem Wissen über die Liebe - zumindest der Kenntnis darüber, dass es die hohe Form der Liebe gibt - und auf der anderen Seite aus dem Wissen, dass der Hass, die Eifersucht und der Neid als Gegenstück dazu existieren. Der freie Raum im Nullpunkt des Denkens, Handelns und Lebens beginnt mit der Bewusstwerdung, dass all das tatsächlich vorhanden und ein existenzieller Bestandteil des Lebens ist. Der nächste Schritt wird allgemein in eine Richtung der aktiven Substanz geleitet. Meditation, Yoga und viele andere Lehren zeigen euch einen angeblichen Weg in den Nullpunkt, was auch nicht ganz verkehrt ist. Doch wie erreicht man einen freien Raum, wenn man aktiv etwas tun muss, um ihn zu erlangen? Schon hier fehlt eine wesentliche Information: Ein freier Raum kann nie aktiv erkämpft werden, denn das wäre ein Widerspruch in sich. Die Dinge sollten einfach geschehen und die Resultate einfach nur durch das Vakuum der Transparenz fließen. Der Nullpunkt ist dabei das

Tor des Flusses. Der Freiraum des Nullpunktes ist das Vakuum. Das Vakuum zieht das Gefühl durch einen leeren Raum in euer Herz und das integriert es in jede einzelne Zelle eurer irdischen Existenz. Wenn man sich, frei von Einflüssen, in diesen Raum begibt, herrscht eine unglaubliche Stille und eröffnet einem die größtmögliche Errungenschaft auf Erden. Wie diese Errungenschaft aussehen kann, ist mit der Individualität verbunden und kann nicht vorherbestimmt werden. Auch hier sollte euer Kopf nicht die Vorherrschaft erlangen und euch sagen, was gut für euch ist. Lasst einfach alles geschehen, ohne darüber nachzudenken, wie es sein könnte, denn was aus diesem Vakuum der Freiheit des Nullpunktes kommt, ist euch zugewiesen und kann nie einen Fehler oder etwas Ungewolltes beinhalten, was durch ein Kopfkino oder durch Vorgaben sehr schnell passieren könnte.

Das alles eindeutig zu verstehen, ist sicher sehr schwer. Also lasst es mich im nächsten Kapitel mit einem Beispiel erklären.

Der Freiraum des Nullpunktes

Der Freiraum des Nullpunktes und die daraus entstehenden Vorkommnisse sind weder planbar noch erlernbar. Sie existieren in dem einen Moment, lassen sich womöglich auch integrieren und können im nächsten Augenblick wieder von der Bildfläche verschwinden. Das nennt man Zufall oder auch Chaos. Es ist allerdings nicht das, was man sonst unter Chaos versteht, sondern hier ist es der Zustand der Unermesslichkeit eines großen Raumes. In diesem Zusammenhang sprechen wir von einem großen Raum in seiner Unermesslichkeit, der die Potenziale im Hintergrund den Ereignissen anpasst.

Als nicht gerade belesenem Menschen, der einfach seine Freiheiten lebt und das Leben selbst als Abenteuer beschreitet, fehlten mir solche Bücher nicht, die mir die Möglichkeiten der Fähigkeiten hätten vorskizzieren können. Die Dinge in meinem Leben geschahen einfach oder auch nicht. Aus einer gedanklichen Lücke, durch das Fehlen von angenommenem Wissen, konnten keine bewusst vorgefertigten Situationen herbeigerufen werden. Deshalb passierte es vermutlich leichter, dass sich mir oder auch uns Dinge einfach zeigten. Erst viel später, wenn wir jemandem erzählten, was alles in unserem Leben so geschehen war, konnten uns einige die Ereignisse benennen. Vorher waren es für uns einfach Begebenheiten, die stattgefunden hatten.

Das folgende Beispiel möchte ich dazu verwenden, um den Freiraum des Nullpunktes erklären zu können. Eines Tages geschah das wohl seltsamste Ereignis, das wir je erfahren durften. Wenn nicht drei Menschen an dieser Begebenheit beteiligt gewesen wären, würde ich sie als absolute Spinnerei erklären.

Brigitte und ich saßen in unserem Garten, der auf einem wunderschönen Plateau gelegen war und blickten bei einer Tasse Kaffee auf die Schönheiten dieser andalusischen Küstengegend. Das Meer funkelte aus dieser Höhe mit Millionen von winzigen Sonnenreflektionen. Die Ruhe in dieser wilden Gegend war ein Kraftspender und erschuf zudem eine innerliche Stille, gepaart mit dem Gefühl einer tiefen Zufriedenheit. Unser Gesprächsbedarf war sehr gedämpft und somit gab es keine großen akustischen Störfaktoren. Es war also ideal, um sich einfach fallen zu lassen, nichts tun zu müssen und ohne Gedanken zu sein, die uns erzählten, etwas tun zu sollen. Es herrschte einfach eine Leere. Ich spürte ein Durchfließen, eine Energie im Körper, ähnlich einem Vibrieren, aber ohne eine Nervosität auszulösen. Diese Energie durchflutete meinen Körper von Kopf bis Fuß und speziell am Punkt der Hypophyse, die auch als drittes Auge bezeichnet wird, verspürte ich eine erhöhte Aktivität. Es war sehr angenehm und der gegenwärtigen Situation mit ihrem Zeitgefühl angepasst. Schon allein mit *diesem* Lebensgefühl könnte man Stunden verbringen, ohne dass Langeweile aufkommen würde. Diese Situationen waren für uns nicht neu und auch nicht unbekannt. Wir konnten diesen Zustand auch überwiegend in unseren Arbeitsbereich integrieren. Schließlich war es ein alltäglicher Zustand, vermutlich ausgelöst durch die unglaubliche Ruhe und das Gefühl, nichts tun zu wollen oder zu müssen. Also *waren* wir einfach.

An diesem Nachmittag des bevorstehenden Ereignisses war nichts außergewöhnlicher als an anderen Tagen. Als wir so dasaßen, klingelte das Telefon. Es war unsere Tochter aus Wien, die uns anrief. Ich nahm das Gespräch an und unsere Tochter begann über ihre neue Wohnung zu erzählen. Dabei waren meine Augen geschlossen und das Beschriebene tauchte vor meinem inneren Auge auf. Brigitte saß neben mir und wir hatten das Telefon auf Lautsprecher gestellt. Somit wechselten die Gespräche von einem zum anderen. Das alles war für uns nicht neu, denn unsere Telefonate hatten meist dieselbe Vorgehensweise. Auch ließ ich mich nicht aus der Ruhe bringen, ganz im Gegenteil, ich nahm diese Ruhe mit in das Gespräch. Es gab einen Umstand, der mir zuerst nicht bewusst war oder den ich so noch nicht erlebt hatte: Mir fiel auf, dass ich die Räumlichkeiten der neuen Wohnung unserer Tochter bereits Sekunden, bevor sie diese beschrieb, sehen konnte. Als mir das klar wurde, zog es mich, immer noch mit geschlossenen Augen, tiefer in einen unerklärbaren Zustand. Dieser war ähnlich einem kleinen Schwindelgefühl und einer noch tiefergehenden, angenehmen Leere. Da ich durch bereits zuvor erlebte Situationen immer damit rechnete, etwas Neues erfahren zu dürfen, schockierte mich das nicht. Somit konnte ich weiterhin diesem Spektakel zusehen, ohne etwas einleiten zu wollen oder es verstehen zu müssen. Darin liegt, meiner Meinung nach, auch ein Schlüssel des Erfahrens solcher Dinge. Somit ließ ich es laufen wie es gerade war. Doch dann versuchte ich, ohne dieses Ereignis zu stören, einen Richtungswechsel einzuleiten. Also gab ich meinem Gefühl des weiteren Tuns die Oberhand, um fortzufahren. Jetzt sah ich zusätzlich noch meine Tochter, wie sie in der Küche stand und ich bat sie, nun nicht mehr weiter zu erzählen. Jetzt war ich an der Reihe, die Details der Küche zu beschreiben. Meine Tochter war erstaunt, aber nicht verwundert, da sie uns gut kannte und bereits auch aus eigener Erfahrung wusste, was sich über die Jahre alles zugetragen hatte. Natürlich fragte sie jetzt nach, was gerade passierte und ich sagte ihr, dass ich nicht nur die Küche sähe, sondern auch sie selbst.

All das war noch nicht spektakulär genug.

Aus unerklärlichen Gründen sagte ich spontan zu ihr: „Kannst du mich nicht sehen? Dann drehe dich einmal um!". Das tat sie auch. Das einzige, was nun von meiner Tochter kam, war ein Aufschrei! Nun war ich selbst erstaunt und kam aus diesem Zustand kurz heraus. Genau im selben Augenblick sagte meine Tochter: „Ich kann dich sehen, du stehst im Türrahmen und warst kurz einmal wie aus lauter Pixel bestehend, als würdest du dich auflösen und nun sehe ich dich wieder klar und deutlich!" Jetzt wusste ich, dass es real war. Sie konnte mich klar und deutlich sehen und nur, wenn ich kurzfristig aus diesem Zustand wich, sah sie eine gepunktete Silhouette von mir. Dieses Ereignis wollte ich auskosten, so lange es ging, um mehr darüber zu erfahren. Nun sollte sie mir beschreiben, was sie noch wahrnehmen konnte, als Brigitte plötzlich sprachlich mit einstieg. Ab diesem Zeitpunkt veränderte sich etwas. Unsere Tochter beschrieb es als ein Flackern, wie ein Kommen und Gehen der Schärfe eines Bildes. Ohne zu sprechen versuchte ich, Brigitte darauf aufmerksam zu machen, nicht mehr zu reden. Dabei bewegte ich meinen Arm und winkte Brigitte ein „Nein!“ zu. Sofort sagte unsere Tochter: „Und jetzt winkt er auch noch!“

Dieses Ereignis dauerte nur wenige Minuten, länger konnte ich dieses Gefühl nicht halten. Es freute uns sehr, dass wir so viele Momente wie diese erleben durften, die uns bestätigten, zu was der Mensch alles fähig ist. Wie diese Dinge geschehen, spreche ich dem Freiraum des Nullpunktes zu, den jeder Mensch erreichen kann. Ich oder wir sind nicht die einzigen und es soll euch nicht kleiner machen. Was wir mit diesen Veröffentlichungen versuchen, ist, euch die Dinge näher zu bringen, um euch die Fähigkeiten der Befugnis solcher Ereignisse aufzuzeigen.

Diese Begebenheit war auch die letzte in dieser Art und Weise. In kleinen Zügen wiederholten sich ähnliche Erfahrungen. Doch in dieser Reinheit der Übertragung geschah es kein zweites Mal. Es fand aus dem Zufälligen oder dem sogenannten Chaos statt. Es geschah einfach, ohne dass man eine Erklärung dafür hatte. Nicht von der Hand zu weisen ist, dass die zahlreiche bereits veröffentlichte Literatur einen wahren Hintergrund hat. Die Wissenschaft ist wie infiziert davon, dem auf die Schliche zu kommen. Doch wird es ihr nicht gelingen, auch nur annähernd eine Erklärung oder Beweise dafür zu finden. Es ist euer Gut, diese Gaben zu erfahren, um sie in Liebe für euch, eure Mitmenschen und alle Wesen, inklusive dem Planeten selbst, zu leben.

Der Nullpunkt existiert bereits, nur der Freiraum fehlt

Es ist nicht zwingend notwendig zu verstehen, was der Nullpunkt ist oder was man daraus erfahren kann. Was jedoch sehr wichtig ist, ist die Tatsache, dass dieser Nullpunkt durch zu wenig Freiheit oder Freiraum, die oder den wir uns geben, nicht betretbar oder zumindest sehr eingeschränkt wirksam ist.

Dieser Freiraum ist die Grundlage zur Erkenntnis. Weshalb auch immer, wurden die erkenntnisreichen Eigenschaften der bewussten Erfahrung in diesem Freiraum isoliert. Versuche jeglicher Art und Weise, diesen Raum zu erreichen, scheiterten unweigerlich. Nur sehr wenige hatten die Kraft und die Geduld, ihn infolge jahrelanger Meditationen oder Läuterungen zu erkennen. Diese Erfahrungen und die erkannten, übergeordneten Informationen wurden zwar weitergereicht, doch meiner Meinung nach ebenfalls manipuliert und so verfälscht, dass es fast unerreichbar ist, diesen Raum zu betreten. Warum dieser Freiraum im Nullpunkt so derart wichtig ist, liegt an den Erkenntnissen der naturgegebenen und universellen Fähigkeiten der Menschheit in dieser Epoche. Was vor einigen Jahrzehnten noch unvorstellbar gewesen wäre, ist heute für jeden, der sich dahingehend öffnet, zu erfahren. Dafür, dass wir diesen Freiraum erfahren durften, waren jahrelange Erfahrungsprozesse erforderlich, von sehr schmerzhaft bis tief depressiv. Doch wir hatten die Wahl - entweder, mit unseren damaligen Erkenntnissen in einer absoluten Harmonie zu verweilen oder weitere Schritte einzuleiten, um Wege zur Erreichung dieser Freiräume zu erfahren. Dafür mussten wir unsere bereits erhaltenen Freiräume wieder verlassen, um in die irdischen Zwangsmaßnahmen zu gleiten. Behaftet mit all den normalen, menschlichen Problemen, um aus dieser neuerlichen Anhaftung wieder herauszukommen. Es fiel uns nicht leicht. Wenn man einmal in diese wunderschöne Leichtigkeit eingetaucht ist, möchte man nicht freiwillig wieder zurück, um von vorne anzufangen. Weshalb es nicht aus dem bereits erlangten Status, den wir damals hatten, möglich war, hing mit der Art und Weise unseres Lebens zusammen. Wir waren damals in einer absoluten, gelebten Unabhängigkeit, denn wir waren bereits zwölf Jahre fast nonstop mit einem Wohnmobil unterwegs. Es gab keinen Plan und wir konnten unsere Tätigkeiten ausüben, wo und wann es uns gefiel. Wir führten ein Leben von einem in den anderen Tag hinein. Ist man ein solches Leben erst einmal gewöhnt, ist es einfacher, in diesen Freiraum zu gelangen, der einen zum absoluten Nullpunkt führt.

Uns war klar, dass nur sehr wenige Menschen einen solchen Weg einschlagen konnten. Daher erschien es fast höhnisch zu meinen, dass es für jeden möglich wäre, eine solche Entwicklung zu durchleben, um ähnliche Erkenntnisse zu erlangen. Wir würden jedem Menschen diese Erfahrung und vor allem dieses Gefühl der Freiheit gönnen und finden beides zwingend notwendig. Die *jetzige Generation* benötigt einen radikalen Wandel in diese Richtung, um dem Druck dieser Welt Stand zu halten. Zusätzlich bedarf es einer erkenntnisreichen Zivilisation, die mit den Einblicken in höhere Ebenen ausgestattet ist. Wenn Frieden und Harmonie die Erde erreichen sollen, dann braucht es einen übergeordneten Geist, der die Verhältnisse und universellen Gesetze aus der göttlichen Essenz versteht. Wird das nicht bald eingeleitet, werden viele Seelen gebunden. Wer sich in dieser Epoche an das Irdische binden lässt, wird sich bald in einer narkotisierten Gesellschaft wiederfinden.

Die Wege sind nicht ausweglos, sondern für die meisten einfach nur nicht sichtbar. Viele von euch können bereits den Weg in die Unabhängigkeit und in die übergeordneten Realitäten erfühlen. Doch was hilft euch das Fühlen, wenn die Wege dorthin versperrt sind? Also erfordert es einen Wegweiser in diese Richtung und genau das bietet dieser Freiraum im Nullpunkt.

Dieser Freiraum ist nichts Außergewöhnliches, er ist eher gewöhnlich. Es ist eine unglaubliche Tatsache, dass er genau deshalb nicht gefunden wird, weil er so nahe ist. Man lässt euch nur *glauben*, er liege weit entfernt, damit ihr ihn in der Ferne sucht, was euch auf kurz oder lang zermürben würde. Deshalb wählen viele den leichteren Weg und warten auf den Tag, an dem sich alles ändern wird. Es handelt sich dabei um eine *Hinhaltetaktik*, die bereits seit Jahrhunderten, wenn nicht gar Jahrtausenden, funktioniert. „Bald wird es besser!" Doch das Besser ist nicht das Besser im Außen, darauf könnt ihr lange warten. Das Besser liegt nur an und in euch selbst. Es ist so nah, zum Greifen nah, dass man es nicht glauben mag.

Der Freiraum im Nullpunkt, von dem ich spreche, ist der *Freiraum des Denkens*. Wenn ihr nun meint, dass ihr den bereits habt, dann muss ich euch sagen, dass dies nicht der Fall ist.

Euer Denken ist eine Abhängigkeitsleiter, die je nach Stufen von den äußeren Umständen bestimmt wird. Was ihr als euer Denken bezeichnet, ist zu fast 100 Prozent gesteuert. Euer eigenes Denken wurde so derart manipuliert, dass ihr die gesteuerten Elemente des Denkens als die euren annehmt. Es ist fast unglaublich, doch ich werde euch die beweisführenden Hinweise in diesem Buch noch erläutern.

Alles, was ihr hier auf Erden vorfindet, entstand und entsteht größtenteils aus einer manipulativen Ebene heraus. Dass solche Maßnahmen, wie sie hier auf Erden gerade stattfinden, die Bevölkerung in Angst und Schrecken versetzen, ist folgender Tatsache zu verdanken: Die Menschen besitzen *jetzt* die Fähigkeiten, um diesem Konstrukt zu entkommen.

Ich hätte bereits vor Jahren darüber schreiben können. Weshalb das nicht möglich war hatte den Grund, dass die Menschheit dafür noch nicht offen genug war. Es braucht auf Erden fast immer ein schreckliches Ereignis, durch das man schon fast genötigt wird, neue Wege zu beschreiten. Wenn einen das Hochwasser erreicht, ist man gezwungen, seine Heimat zu verlassen. Der Zwang ist es, der die Menschen frei für solche Möglichkeiten macht. Werden neue Möglichkeiten dann immer noch nicht angenommen, verschlimmern sich die Situationen so lange, bis man alternative Wege erkennt und mit offenen Armen annimmt.

Wer die Angst verliert, ist frei von Angst. Hört der Kopf deshalb auf zu denken? Ist es nicht das Ziel der Meditation, dem ständigen Denken Einhalt zu gebieten? Endlich still zu sein und wenn es nur für eine Minute ist? Zehn Minuten im Kopf Ruhe zu bewahren ist schon fast eine Illusion. Doch was, wenn euer Kopf nicht fremdgesteuert wäre? Läge es dann nicht auf der Hand, dass er endlich ruhig wäre? Was, wenn ich euch sage, dass mein Kopf selten denkt und deshalb ruhiger ist? Könnt ihr euch dann vorstellen, wie penetrant sich das für mich anfühlt, wenn jemand ständig redet und ich gezwungen bin, zuzuhören? Nicht durch die Informationsflut, sondern aus der Tatsache der Sinnlosigkeit heraus.

Weshalb könnt ihr nicht einfach still sein und eure Stille zum Lehrmeister machen? Wenn ihr aus der Göttlichkeit geboren wurdet, sollte es euch doch ein Leichtes sein, die Stimme des Gefühls aus der Göttlichkeit zu erkennen! Weshalb trefft ihr die Entscheidung, euch dem hinzugeben, was diese Stimme verstummen lässt und euch immer weiter in die Tiefen der Dunkelheit zieht? Dabei wurdet ihr doch alle mit den Gaben der universellen Anbindung geboren. Ihr verkauft sie jedoch in der Hoffnung, euren Frieden zu finden und tappt dabei in die Gegenseite, in die Hoffnungslosigkeit.

Euer Geist ist in der Tiefe eures Handelns gefangen und die Vernunft wurde geblendet. Statt euch dessen bewusst zu sein, tretet ihr eure eigene Existenz mit Füßen und lasst euch in die Glut der Finsternis ziehen.

Es ist sicher nicht einfach, diesen Freiraum des Göttlichen zu betreten, doch ist er es allemal wert, sich um ihn zu bemühen. Wenn ihr aus diesem Ursprung kamt, dann solltet ihr euren eigenen Wert erkennen. Tut ihr das nicht, könnt ihr die göttliche Verbindung, die ihr seid, nicht erkennen. Ihr müsst dem schon ein wenig entgegenkommen, auch wenn es nur ein kleiner Schritt ist. Nach jedem Schritt folgt der nächste. Ihr geht doch auch nicht einkaufen und bleibt wie angewurzelt stehen, weil es euch gerade zu mühselig wird. Jeder Weg muss gegangen werden und wenn ihr euch das wert seid, dann begegnet euch auf diesem Pfad, ohne großes Zutun, die Göttlichkeit, aus der ihr hervorkamt. Doch ihr könnt auf diesem Weg nicht entscheiden, wann euch diese begegnet, so wie euch auch keiner sagen kann, wie lange ihr dazu brauchen werdet. Wisst ihr denn im Voraus, wie schnell ihr gehen könnt, wenn ihr den Weg nicht kennt?

Wichtig ist doch, dass ihr bereit seid, eure Habseligkeiten hinter euch zu lassen und somit ohne Gepäck die Reise anzutreten. Mit den Habseligkeiten oder dem Gepäck ist nicht das gemeint, was ihr an materiellen Dingen besitzt, sondern euer irdisches, geistiges Gut. Es sind die tiefgreifenden Glaubensmuster, die ihr euch im Laufe eures Lebens angeeignet habt. Alle Glaubensmuster, ob möglicherweise wahr oder unwahr, sind es nicht wert, euer Leben zu bestimmen. Sobald ihr es schafft, euren selbst erschaffenen Glauben zu beenden und eure Realität annehmt, wird sich die Basis eurer Existenz ganz von alleine erheben.

Es bedeutet *nicht* das Aufgeben einer Religion oder einer Zugehörigkeit, sondern die Möglichkeit, Neues zu empfangen. Jedoch wird es sich als sehr schwer erweisen, Altgewohntes in etwas Neues mit einzubringen. Wer die Größe in sich trägt, beides mit der gleichen Gewichtung zu erkennen und anzunehmen, ist bereits ein Meister.

Wenn der Freiraum fehlt, dann nur deswegen, weil ihr euren Freiraum bereits belegt habt oder vielmehr freigegeben habt, um ihn belegen zu lassen. Wenn nun euer Denken nicht wirklich euer Denken ist, von wo, glaubt ihr, könnte es herkommen? Aus dem Nichts? Wenn ihr Herr über euch selbst seid, weshalb könnt ihr nicht Herr über euer Denken sein? Weshalb seid ihr dem machtlos ausgeliefert? Um diesem Denken zu entkommen, bieten sich vielfältige Möglichkeiten an: Computerspiele, Mobiltelefon, Social Media, Fernsehen, Bücher, Musik und so weiter. Das eine mehr, das andere weniger oder gleich alles auf einmal. Es tönt euch so derart zu, dass euer Denken im Hintergrund weiter läuft, ohne dass ihr es noch wahrnehmen könnt. Eine absolute Stille ist für viele mittlerweile die Hölle. Sie benötigen einen Stoff, der sie alles verdrängen lässt. Damit habt ihr euren Freiraum des Nullpunktes bereits verspielt und ein Zurück auf Anfang ist unausweichlich, vorausgesetzt, ihr strebt es überhaupt an. Sollte es bereits sehr fortgeschritten sein, dass ihr euch selbst verweigert, geratet ihr in einen Reset, der eure Sinne in eine neue Richtung lenkt. Gekoppelt mit Todesangst werden viele wachgerüttelt, um sich bewusst zu werden, in welche Situationen sie sich gebracht haben. Lebensverändernde Ereignisse werden zur Chance, sich auf eine andere und neue Art kennenzulernen. Seid euch bewusst, dass ihr dem niemals entkommen könnt! Egal, wie ihr euch im Kreis dreht, es wird immer ein Kreis bleiben. Sobald ihr euch in die *Mitte* begebt, werdet ihr zum Beobachter eures eigenen Kreises.

Nun seid ihr im Mittelpunkt eures eigenen Kreises, seht euer Tun der Vergangenheit und könnt eure Gegenwart erkennen. Die Sicht aus dieser Perspektive ist die Läuterung der eigenen Handlung. Sie wird zum Erkennen der eigenen Naivität mit all ihren Fallstricken. Reue wird euch als Befreiung geboten. Das Erkennen der Unkenntnis führt zum Gefühl der Befreiung. Jedes Detail präsentiert sich als Gegenspieler einer neuen Errungenschaft. Eine Seite, der du folgtest, entstanden aus den Tiefen, versucht dich einzutauchen in die Verführung der Sinnlichkeit mit irrationalen Gefühlen. Dein Weg ist es, dir selbst treu zu bleiben und äußeren Illusionen zu entkommen. Gesegnet mit der Stärke deines göttlichen Ursprungs spürst du eine Energie in deinem Herzen, die dir als Licht deiner Integrität, als Neugeburt deiner universellen Herkunft, zuteil werden kann. Im Irdischen bist du das Licht, das Neues erschafft. Verfange dich nicht in die fehlgeleitete Realität der unteren Ebenen, die dieses Licht deiner göttlichen Eigenschaft an sich reißen wollen. Dieses Licht, aus dir entsprungen, trägt die unendliche Kraft der Schöpfung. Sei dir dieser Stärke bewusst und erschaffe in deiner Freiheit die Freiheit!

Die Belagerung des Freiraumes deines Nullpunktes

Es ist für viele nicht einfach zu verstehen, wenn sie immer noch alles im Außen betrachten. In den Innenraum zu kommen, den wir Freiraum nennen, ist, wie den Mittelpunkt eines Kreises zu betreten.

Stell dir Folgendes vor: Du befindest dich in deinem Leben auf der Grenze dieses Kreises. Dein Wirkungsgrad ist der Grenze des Kreises zugeordnet. Du kannst von dort aus nur das Äußere sehen, jedoch nicht in das Innere. Bist du dir nicht bewusst, dass es ein Kreis ist, hast du auch keine Ahnung davon, dass es da eine Mitte gibt. Wenn du dir nun dein Leben so ansiehst, wie läuft dein Leben eigentlich ab? Bist du nicht in einer ständigen Wiederholung? Es ist wie ein Kreis! Du gehst an einem Ende los und gehst solange, bis du um den Kreis gegangen bist und du wieder am Anfang stehst.

Ist dir aufgefallen, dass der Beginn des Kreises das Ende ist und das Ende der Anfang vom neuen Beginn des Alten? Es spielt wirklich keine Rolle, wie was anfängt und wo es endet. Wenn du dir bewusst bist, dass du im Kreis läufst, hast du bereits einen großen Schritt hinter dich gebracht.

Ab dem Erkennen des Kreis-Laufes deines Lebens beginnt die Möglichkeit, einen Blick in die Mitte des Kreises zu erhalten. Schwach und spärlich erkennst du vielleicht etwas, was eine Mitte sein könnte. Trotz dem Ungewissen ist es nun deine Aufgabe, dir den Weg in die Mitte frei zu machen. Da sind jedoch einige Dinge, die auf dich zukommen. Es tummelt sich allerlei innerhalb dieses Kreises. Das Bewusste, das Unbewusste und das Überbewusste. Körper, Geist und Seele verbinden sich in diesem Raum. Das Vergangene, das Gegenwärtige und auch das Zukünftige kannst du somit erblicken. Alle drei Komponenten vereinen sich zu einer, weil aus der höheren Sicht alle eins sind.

Was euch verbietet, diesen Raum überhaupt zu betreten, ist eine andere Geschichte. Da gibt es die manipulative, untere Ebene, die mit Tricks versucht, euch auf diesem Kreis zu halten und die euch den Zutritt in das Innere verweigert. Dieser Verweigerung habt ihr selbst zugestimmt. Außerhalb dieses Kreises liegen die Verführungen der irdischen Realität und die Angst. In der irdischen Realität gibt es die tollsten Dinge. Sie zu leben, lohnt sich allemal, glaubt ihr. Da gibt es Süßes, Saures oder Teures. Es sind die Dinge, die in Verbindung mit den körperlichen Sinnen zu erfühlen sind. Materielles wie Haus oder Auto, eben alles, was ihr euch für euren Status wünscht. Dazu kommen gutes Essen, Sex, Drogen und andere Dinge, die die Sinne berauschen. Damit erlebt ihr Gefühle, die euch auf irdischer Ebene einen ähnlichen, jedoch kurzfristigen Gefühlsstatus geben, wie den der universellen Liebe und der Freiheit. Weil ihr diese Freiheit unter dem weltlichen Patriarchat nicht erlangen könnt, greift ihr auf der Erde auf das zurück, was ihr geboten bekommt. Zudem gibt es noch den irdischen Status, der euch Macht verspricht. Nicht missbraucht ist auch das eine Eigenschaft, die ihr unbewusst, als universellseelische Wesen, mit auf die Welt bringt. Nur entsteht durch die weltliche Unmoral eine Unterbindung dieser Eigenschaft. Also versucht ihr es auf einem anderen Weg. Ihr werdet sehr schnell hungrig nach Macht und begebt euch in die Fänge der unteren Schwingungen. Das gilt für alle Eigenschaften, die außerhalb dieses Kreises liegen.

In dem Moment, in dem euch bewusst wird, dass ihr euch verlaufen habt, weil nichts mehr als Befriedigung erlebt werden kann, kommt es zu einer Ernüchterung. Es ist wie eine durchzechte Nacht mit einem darauffolgenden, unglaublichen Kater. Ein Unwohlsein wird nun eine dauerhafte Begleiterscheinung. Ein Ausweg ist euch nicht bekannt, weil ihr nie die Sicht in die Mitte eures Kreises gelenkt habt. Zusätzlich wird euch verweigert, die Mitte zu sehen, durch euer eigenes Tun im Angesicht der Ausschweifungen. Wenn ihr in den Kreis seht, ist dort der Sitz von Vergangenheit, Gegenwart und Zukunft. Dann erkennt ihr all das, was ihr getan habt, was daraus resultierte und was noch daraus geschehen kann. Nun kommt die Angst, denn dieser ungeheure Haufen lässt keinen Freiraum zur Überbrückung.

Versteht ihr, was damit gemeint ist - diese Anhäufung im Freiraum? Nun kommt die Flucht, um das alles nicht sehen zu müssen oder aber der Weg der Selbsterkenntnis. Was schon das Wort in sich birgt, ist das Erkennen eurer selbst. Doch bis es so weit ist, habt ihr euer Selbst bereits so weit mit Müll zugeschüttet, dass von euch nicht mehr viel erkennbar bleibt.

Nun stellt sich die Frage: Was geschah wirklich aus euch heraus und was wurde impliziert? Meiner Meinung nach wurde alles durch ein Regime aus einer anderen Realität bewusst inszeniert. Dieses Regime unterdrückt die Möglichkeit eines Erkennens und nutzt dies für das eigene Wohl.

Was wäre, wenn sich der Raum im Inneren des Kreises schon mit den Platzhaltern einer anderen Realität gefüllt hätte? Es also nicht eure Realität wäre, sondern der Raum lediglich angefüllt mit Illusionen wäre? Was, wenn ihr diese Realität als eure angenommen hättet, um euch eurer Existenz und wirklichen Herkunft bedeckt zu fühlen und zu halten? Wenn euer Leben auf Erden zu fast 100 Prozent durch die patriarchale Ebene bestimmt wird, wieso füllt ihr den Raum, der eurer ist, mit diesem fremdgesteuerten Müll? Doch nur, weil ihr davon überzeugt seid, dass es euer Müll ist.

Das ist der größte Trugschluss. Alles, was euer ist, ist euer und alles, was aus einer verführerischen Animation stammt und mit vorheriger Manipulation behaftet wurde, ist nicht gänzlich euer. Es verhält sich wie eine Koexistenz, die ihr angenommen habt, aber auch wieder loslassen könnt! Das ist die größte Herausforderung und ab diesem Zeitpunkt wirkt eine andere Beeinflussung. Der Raum, den ihr dieser anderen Realität der unteren Ebene gewährt habt, ist bereits in euren Köpfen. Was ihr denkt, ist nicht unbeeinflusst durch diese andere, niedrig schwingende Ebene. Nicht ein einziger Mensch auf diesem Planeten lebt ohne diesen Einfluss. Doch nun wird es Zeit, diese Manipulation zu erkennen und sie in die Schranken zu weisen. Befreit euch daraus mit der Erkenntnis, wer ihr wirklich seid! Säubert euren Raum innerhalb dieses Kreises und begebt euch an den Nullpunkt, um eure Existenz zu erkennen und zur Einheit zurückzukehren. Befreit euch von der aufgezwungenen Reinkarnationsschleife, die euch durch eure vergangenen Taten in ein immer wiederkehrendes Erdenleben zwingt. Mit einem Leid begonnen, um es mit einem Leid zu beenden, durch eine Schuld, die nicht eure ist!

Der Schlüssel der Identifikation

Wenn du dich als das siehst, was dir auf die Stirn aufgedrückt wurde, dann wirst du zu dem, was man aus dir machen will.

Alles im Leben hat seine Struktur und seine Systeme. Wer aus der Reihe tanzt, wird zum Verräter seiner eigenen Existenz. Somit gibt man sich als das, was einem die Norm vorlebt. Als Einziger kann man doch nicht mit dem, was man tief in seinem Herzen fühlt, richtig liegen. Die Mehrheit hat immer recht. Wer sich widersetzen würde, stünde da als Schuldiger, gegenüber seinen Eltern und Vorfahren bis hin zu der Herkunft, der man sich zu fügen und zu beugen hat. Man muss doch seinem Land gegenüber patriotisch sein und die Religionen schützen, die Glaubenssätze der Vorfahren übernehmen und weiterführen und als braver Mensch mit seinem Leben den Übergeordneten dienen.

Das ist das Patriarchat! Die Welt steht unmerklich unter diesem Einfluss. Kann es sein, dass man unbewusst wirklich mehr ist? Stellt euch selbst die Frage und gleich zusätzlich diese: „Wieso nicht?".

Das ganze Buch ist vollgefüllt mit Ereignissen unsererseits und ebenso mit Tatsachen andererseits. Es sind nur einige sehr wenige Fakten, die lediglich kurz dieses Thema streifen. Das große Ganze ist unglaublicher, als ihr es in euren kühnsten Träumen zu erhoffen wagt. Das Denken und Handeln, die Informationen, die jetzt abrufbereit sind, könnt ihr jederzeit recherchieren. Es sind keine Geheimnisse mehr und doch steht alles still. Weshalb werden die Schreie nicht lauter, um andere darauf aufmerksam zu machen?

Zum besseren Verständnis der Zusammenhänge für das Nachstehende möchte ich kurz das Wort „Identifikation" näher erläutern: Es leitet sich ab vom lateinischen identitas „Wesenheit" und facere „machen". Weitere Bedeutungen sind „Gefühl der Zugehörigkeit" und „Gleichsetzung".

Ihr seid aus eurer göttlichen Identifikation ausgetreten und verweigert euch damit selbst das Eintreten in die übergeordnete Wirklichkeit.

Seine Identifikation zu verlieren, ist sehr einfach, weil es sehr subtil geschieht. In kleinen Schritten verlasst ihr bereits als Kinder das, was euch Freude bereitet und werdet im Laufe der Jahre zu Gehorsam erzogen oder gezwungen. Man erzählt euch, dass ihr den freien Willen habet und ihr glaubt es, ohne wirklich zu erkennen, dass ihr bei allem einen Gehorsam zu leisten habt. Das geht soweit, bis ihr euch selbst einredet, dass es euer Wille war. Obwohl sich, durch eine kleine Bewegung im Hintergrund, die Dinge langsam und zögerlich ändern, sind die wirklichen und wichtigen Themen noch absolut im Verborgenen.

Euch wurde von einem Erwachen erzählt, welches die gesamte Welt aus einem Schlafmodus erheben und hinter die Kulissen sehen lassen würde. Jetzt möchte das natürlich jeder von sich behaupten und sucht einen Grund, nicht mehr der Schlafende zu sein. Man schiebt die sichtbaren Geschehnisse und Ereignisse in dieser Welt in den Vordergrund und glaubt, sie erkannt zu haben. Dabei werden Verstrickungen, Verletzungen der Menschenrechte und die Schandtäter, die die Welt in Schach halten, als Übeltäter ausgemacht. Mittlerweile meint der Großteil, dass er durch dieses Erkennen aus dem Schlafmodus erwacht sei, weil durch die Medien diese Dinge bekannt wurden. Für mich ist das ein cleverer Schachzug. Einige Menschen werden den Haien zum Opfer vorgeworfen und die Welt glaubt, erwacht zu sein. Natürlich möchte sich jeder als Erwachten bezeichnen dürfen. Der wahre Grund, weshalb man Menschen glauben machen möchte, erwacht zu sein, ist folgender: Wenn sie daran glauben, es bereits zu sein, suchen sie nicht weiter, um es zu werden. Also kann das Patriarchat dieser Welten das Spiel weiterspielen, ohne Aufmerksamkeit hervorzurufen. Solange es bedeckt bleibt, wird niemand auf die Idee kommen, einmal tiefer zu graben. Dabei wäre es so wichtig, die Gesamtheit der Dinge zu erkunden. Wenn nun alle Menschen dieser Erde einer Macht unterliegen, die sie nicht erkennen, dann sind es wohl auch die Menschen, die man auf kurz oder lang den Haien als Opfer anbieten wird. Weshalb viele nicht weiter in die Tiefe sehen möchten ist wegen der Furcht, dem zu begegnen, was furchteinflößend sein könnte. Dazu schickt man euch Bilder, die euch eher auf Distanz halten, als euch dorthin zu führen. Es ist nicht unbedingt notwendig, zu erforschen, wie diese Wesen handeln, was sie sind und was sie alles mit euch machen können. Wichtig ist, zu wissen, dass sie nichts mit euch tun und nicht gegen euren Willen handeln können! Sie kommen aus der schwingungsniederen Ebene und können feststofflich nicht selbst aktiv werden. Dazu wird die Beeinflussung eines Menschen benötigt, um ihn als Diener gefügig zu machen. Also, was soll euch passieren? Ich kenne niemanden, der einem direkten, feststofflichen Kontakt ausgesetzt war. Alles, was bekannt ist, sind Hintergrundgeschehnisse. Sich dieser Wesen zu entledigen, ist sehr einfach. Einfacher, als man glauben mag, denn der Wille eines Menschen steht über dem Einfluss dieser Wesen oder deren Macht.

Werdet euch bewusst, dass ihr den Schlüssel eurer Existenz und somit eurer Identifikation selbst in der Hand habt. Dieser Schlüssel befähigt euch, den Richtungswechsel selbst einzuleiten und zu steuern, um euch aus der Hierarchie der unteren Ebenen zu befreien. Ohne wenn und aber könnt ihr wählen, in das Göttliche zurückzukehren, um wieder die Früchte zu ernten, die ihr vor sehr langer Zeit verloren habt. Niemand kann euch dabei aufhalten! Es ist nicht einmal nötig, in die Tiefe zu blicken, um dem zu entrinnen, was die Welt seit Äonen in ihrer Gefangenschaft hält. Alles, was ihr dafür braucht, ist die Bewusstheit darüber, dass es so sein könnte. Alles Weitere wird euch Stück für Stück an die Hand gegeben. So könnt ihr aus dieser auf Irrtümern beruhenden Situation auf eine höhere Schwingungsebene gehen und euch damit aus der aufgezwungenen Reinkarnationsschleife lösen.

Die Geometrie des Freiraumes

Unter Geometrie versteht man unter anderem die Vermessung eines Raumes oder nicht räumlichen (ebenen) Gebildes. Ich versuche nun, den Raum bildhaft zu machen und die gezogenen Grenzen zu erklären. Des weiteren gebe ich euch eine kleine Anleitung, damit ihr den Zugang zum Freiraum erhalten und zur Mitte, dem Nullpunkt, gelangen könnt.

Es sollte unbedingt darauf hingewiesen werden, dass der Freiraum nicht nach Größe oder Struktur gemessen werden kann. Es ist der absolute und persönliche Geistraum, verbunden mit der seelischen Verfügbarkeit. Dieser Raum (wer möchte, kann sich auch gerne einen kreisrunden Bereich vorstellen) existiert ab der Geburt und ist unter normalen Umständen ein leerer und leuchtender Raum. Der Geist ist in diesem Stadium rein und kann die seelische Bindung und deren Energien noch in vollem Umfang integrieren. Babys und Kleinkinder sollten in einer harmonischen und liebevollen Umgebung in der Geborgenheit der Eltern aufwachsen. Diese Wesen sind noch sehr zart und zerbrechlich. Sie sind somit auch für äußere Umstände besonders empfänglich. Jedes kleinste Ereignis wird registriert und aufgenommen. Liebevoll umsorgt, können die Kleinen ihre gewünschten Erfahrungen ohne großen Einfluss machen. Sie staunen, lachen und weinen. Sie sollten sich geborgen fühlen, denn als Seelenaspekt der höheren Existenz ist es nicht leicht, sich in dieser Dichte der Erde überhaupt zurechtzufinden. Wenn sich nun bereits als Baby oder Kleinkind Dinge ereignen, die dieser kleinen Seele Angst machen oder sie bedrängen, füllt sich der Freiraum der kleinen Wesenheit mit einer unharmonischen Erinnerung. Der Raum, also der geistige Freiraum, verändert seine leuchtende Struktur in einen niedrigeren Schwingungsgrad. Das liebende Umfeld sollte den Ausgleich schaffen und dem kleinen Wesen bei der Bereinigung behilflich sein. Wenn ihm nicht geholfen wird, kann sich sein Raum nicht dauerhaft gegen die dunkleren Elemente schützen. Kinder reagieren darauf häufig mit Schreien oder Weinen. Jedes Ereignis ist bestimmend für die Zukunft des Kindes. Je liebevoller alles rundherum ist, desto stabiler bleibt der Freiraum in der Zukunft, geschützt und isoliert! Je unharmonischer das Umfeld oder je größer die Unklarheiten in der Beziehung sind, desto schlimmer die Auswirkungen. Alle Erfahrungen prägen diesen Freiraum mit einem Gleichgewicht oder Ungleichgewicht. Die Gegensätze haben *hier* ihren Ursprung und die Spaltung prägt sich darin. Nun kommt es in dem Freiraum zu Spannungen - es sind die Gegensätze der Schwingungsebenen. Die hohen Schwingungen kollidieren mit den niedrigen. Der Geist als Mittler zwischen dem Seelischen und dem Irdischen versucht, den Ausgleich zu finden. Je älter man wird, desto mehr häufen sich die Gegensätze. Füllt sich dieser Raum mit niedriger Schwingung, *wird* man zur niedrigen Schwingung. Wenn ihr euch die gegenwärtigen Situationen anseht, könnt ihr bereits die Richtung erkennen, in die das führen kann. Die Kinder werden immer weiter isoliert, einem Glaubensbekenntnis unterworfen und zu einer vorgefertigten Existenz gezwungen. Stellt euch bitte vor, wie sich wohl ein Wesen aus der höheren Ebene hier auf Erden fühlen muss, wenn solche Zwangsmaßnahmen herrschen. Es entbindet sich im Laufe der Zeit von seiner göttlichen Zugehörigkeit und bindet sich an die niedriger schwingende Ebene. Sobald ihr euch selbst auch noch in einem irdischen Dilemma befindet und Unharmonisches als Gegenwärtiges bezeichnen könnt, vermögt ihr weder euch selbst noch eurem Umfeld zu helfen. Der Weg beschneidet sich von allein. Es drängt den Geist immer weiter aus diesem Freiraum hinaus, bis ihr euch selbst nur mehr von außen betrachten könnt. Das äußerlich Betrachtete ist gekoppelt mit dem Systemplan, der euch die Richtung vorgibt, wie ihr zu sein habt. Seht euch an, wie euer Leben bisher verlief. Nur wenige können von einem schönen und liebevollen Leben berichten. Zur Zeit wird es noch unliebsamer und von Harmonie ist nicht mehr das Geringste zu spüren. Euer Freiraum ist somit geprägt von Ereignissen, die euch Wut, Eifersucht, Disharmonie und im Endeffekt Krankheit bescheren. Wie kann man dann noch von Liebe sprechen? Die Liebe, die ihr kennt, ist die Verliebtheit, die euch bindet. Die Liebe, die ihr euch wünscht, ist mit einem Wunsch belastet, dem Wunsch nach einem Partner, der dann meist als Besitz angesehen wird. Dazu kommt die Vorstellung, dass alles so zu sein hat, wie der Kopf es euch erklärt. Die wirkliche, universelle Liebe entspricht mit keinem Funken dieser irdischen Vorstellung. Also füllt man seinen Freiraum mit weltlich-negativen Fakten. Wer von euch möchte das so wirklich? Weshalb versuchen so viele Menschen auf dieser Erde, diesem Desaster zu entkommen? Es sind lauter Richtungssuchende ohne zu finden, lenk- und manipulierbar durch alles Mögliche, Hauptsache, es gibt Hoffnung auf ein wenig Freiheit und Liebe. Wenn ihr euer vergangenes Leben betrachtet und alles an Ungleichgewicht zusammenpackt, wie glaubt ihr, sieht euer Raum aus? Seht ihr ein Leuchten in eurem eigenen Freiraum oder eher einen dunklen Bereich? Seid dabei ganz ehrlich zu euch selbst, denn es kann niemand außer euch dort hinein schauen. In euren Freiraum, den geistigen Raum, zu sehen, ist der erste Schritt. Erst wenn ihr euch dessen bewusst werdet, könnt ihr einen weiteren Schritt machen und eure vollkommene, seelische Rückkehr antreten. Es ist leichter, als ihr es glauben wollt.

Was vermutet ihr, wie viel von all dem, was während eurer irdischen Reise passierte, von *euch* gesteuert wurde? Wenn ihr die Summe von allem erkennt, werdet ihr bald merken, dass der größte Teil eures Lebens nicht wirklich aus *euch* stammte! Er entstand aus einer Illusion! Das heißt, aus der Vorstellung, mehr Glück dadurch fühlen zu können, ein schöneres Auto zu besitzen, den Beruf zu haben, der dauerhafte Befriedigung schenkt, ein erfülltes Leben zu leben und noch vieles mehr. Natürlich gibt es das eine oder andere Glückserlebnis, doch, alles zusammengenommen, wissen die Menschen mehr von ihrem Unglück als von ihrem Glück. Dann gibt es noch Menschen, die sich alles schön reden können, wie zum Beispiel: „Eigentlich geht es mir gut, anderen geht es wesentlich schlechter. Somit habe ich noch Glück gehabt!". Ihr Lieben, das zählt nicht! Ihr sollt euch nicht am Glück oder Unglück anderer messen, sondern euch eurer Mitte zuwenden, den Freiraum und somit euren Nullpunkt erlangen. Die Geometrie eures Freiraumes ist, sich dessen bewusst zu werden und diesen Raum zu begrenzen auf das, was er ist. Harmonisch oder unharmonisch, glücklich oder unglücklich, geliebt oder ungeliebt und vieles mehr. Nehmt alles, was kommt und packt es in euer Bewusstsein. Wenn ihr euch über euch selbst nun im Klaren seid, kommt es zu einem weiteren Schritt, nämlich, sich des ganzen Mülls endlich zu entledigen. Auch wenn es eure Erlebnisse sind und waren, sie haben immer nur so lange die Berechtigung, euch zu unterdrücken, wie ihr sie als die euren annehmt. Bald werdet ihr merken, dass es niemanden gibt, der eure Schuld tragen wird und auch keinen, der euch mit einer Schuld belasten kann. Diese könnt ihr demjenigen zuordnen, der sie euch als Lastsubstanz auf die Schultern lud. Das sind weder eure Eltern noch irgend welche anderen Personen, denn *sie* standen unter demselben Einfluss wie ihr auch.

Wenn man das alles berücksichtigt und diese Einflüsse weitgehend euren irdischen Weg bestimmen, woher kommen sie? Meine Antwort kennt ihr bereits. Hätte ich nicht selbst diese Beeinflussungen kennengelernt, hätte ich nie geglaubt, dass so etwas jemals möglich wäre. Uns wurden die Augen geöffnet und wir erkannten dieselben Einwirkungen bei allen Menschen, die uns begegneten, ohne Ausnahme. Das war für uns die erschreckendste Bewusstwerdung. Also machten wir es uns zum Ziel - ohne zu wissen, dass es überhaupt zu unserem Ziel werden könnte - einen Weg zu dieser Erkenntnis und zur Lösung zu finden, jedoch nicht für uns, sondern für euch.

Das sanfte Entrinnen aus dem Patriarchat

Wenn ich nun schreibe, dass es einen Weg aus dieser manipulierten Gebundenheit gibt, dann meine ich nicht einen mit Kampf oder Widerstand. Damit würdet ihr genau das wieder entfachen, was euch so lange gekettet hat. Es geht vielmehr um eine Sanftheit, die jedoch sehr bestimmt sein darf. Einige meinen, dass sie sich dem entziehen könnten, indem sie einfach nur in der Liebe sind. Doch das alleine reicht nicht. Die irdische Form der Liebe ist nicht zu verwechseln mit der universellen Liebe. Die Schwingungen dieser zwei Arten der Liebe sind so unterschiedlich wie Tag und Nacht. Die universelle Liebe ist so rein, dass sie nur aus diesem Nullpunkt heraus fühlbar ist. Ist man nicht in diesem Nullpunkt, kann man diese Form der Liebe nicht vollständig erfühlen. Wenn der Nullpunkt und dessen Freiraum bereits frei von dem erlebten Müll sind, erkennt man die Essenz der universellen Liebe. Ist euer Freiraum bereits in diesem Stadium? Seid ihr frei von allen Eigenschaften, die euch beeinflussen? Habt ihr die absolute Mitte gefunden, die Waage in Gleichstellung gebracht und lebt ihr eure absolute, universelle Wahrheit? Ihr (und niemand anderer) müsst euch selbst an die Hand nehmen und mit euch eurer Wahrheit begegnen. Solange nur ein Funke eure Sinne trübt, habt ihr diese übergeordnete Liebe noch nicht vollständig integriert. Die irdische Liebe ist zwar ein Anfang, aber dabei bleibt es auch. Also benötigt ihr zusätzlich ein anderes Werkzeug und das ist die Gabe, die jedem Menschen bei Eintritt ins Irdische mitgegeben wurde. Diese Gabe ist, was von der unteren Ebene begehrt wird und von der sie euch glauben lässt, dass ihr sie nicht besitzet: Die göttliche Verbindung und die reine, universelle Energie. Diese Energie ist immer für euch vorhanden, egal in welche Richtung ihr euch bewegt habt. Das Göttliche ist nicht der Richter über euer Handeln, das seid ihr selbst. Im Göttlichen entsteht Leben in seiner Vielfalt und eure Vielfalt bewirkt eure Entwicklung in die höhere Schwingung. Also reicht es, euch höher entfalten zu wollen und ihr steht wieder auf der Leiter zu eurem seelischen Hoheitsbekenntnis. Als Teil der göttlichen Herkunft steht euch euer universeller Wille der Seele zu Diensten, nicht jedoch der irdische. Ihr solltet euch als höheres Selbst hier erfahren und nun werdet dazu! Gebt euch selbst die Befugnis, zu erkennen, wer ihr seid und gebietet dem Patriarchat Einhalt.

Jedoch solltet ihr es mit Bestimmtheit tun, denn eine andere Sprache kennen diese Wesen nicht. Sie kennen weder Liebe noch Hoffnung, obwohl sie einst aus derselben Schwingungsebene kamen. Die Richtung, die sie einzuschlagen haben, ist eine völlig andere und betrifft euch nicht, ganz im Gegenteil. Diese Wesenheiten sind nicht einfach nur schlecht, sondern ebenfalls verblendet. Ihr Licht verstummte in der Dunkelheit. Doch was wäre, wenn die ganze Erde in dieser Dunkelheit verstummen würde? Auch für diese niedrig schwingenden Wesen wäre dann ein Zurückkommen auf sehr lange Sicht undenkbar. Deshalb ist es sinnvoller, die Erde zu erhellen und dazu könnt ihr mit eurer Schwingungserhöhung beitragen. *Dafür solltet ihr alle niedrig schwingenden Eigenschaften ablegen, denn sie gehören nicht zu euch als göttliche Wesen der direkten Li-*

nie! Das menschliche Kollektiv dieser direkten Linie hat als gebündelte Kraft enormes Potential. So enorm, dass künftige und vergangene Ereignisse, durch das Verlassen von Zeit und Raum, ein ganz anderes und harmonisches Bild ergeben könnten. Ihr seid ausnahmslos alle mit der Gabe ausgestattet, die universelle Liebe zu empfangen. Einzig sie zu erkennen, bringt euch in das gelebte Erfühlen. Eine Ausweglosigkeit existiert nie, denn das wäre gegen die Göttliche Existenz gerichtet. Wenn ihr diese Existenz ohne ein Glaubensmuster als die eure akzeptiert, werdet ihr die Höhen dieser Wirklichkeit im Irdischen erreichen. Ihr braucht in keinem Moment eures Lebens mit Angst erfüllt sein, denn das sind lediglich Erscheinungen der niederen Ebene, von denen ihr als sensible und fühlende Wesen nur annehmt, es wären eure. Der Sinn eurer Reinkarnation hier auf Erden ist die Entwicklung einer höheren Zivilisation im Einklang mit allem und jedem; die Vielfalt eurer Göttlichkeit und deren Essenz auf Erden zu verbinden, für neues Leben ohne Leid und Angst.

Zu erkennen, wo ihr euch befindet, ermöglichen euch die gegenwärtigen Umstände, die entweder belastend oder belastungsfrei erscheinen. Seid ihr belastungsfrei, entwickelt sich die Freiheit der empathischen Richtlinie. Der harmonische Ausgleich in allen Lebensumständen ist der Inbegriff eurer göttlichen Existenz. Jeder Raum, gefüllt mit Menschen, Tieren oder Pflanzen, wird zu einer Fülle der Leere mit dem Heil für alle Lebensarten. Das ist die Gabe des Heilens aus ihrer unabdingbaren Herkunft der göttlichen Linie. Es wird, egal was passiert und in welche Richtung sich eure Existenz in diesem

Moment der Gegenwart bewegt, eine richtungsweisende Eigenschaft der höheren Schwingung in euch ausgelöst. So wird das Gleichgewicht hergestellt, aus einer Freude im Leben und dem bewussten Reichtum eurer seelischen Existenz.

Fühlt in euch das Höchste und wenn auch nur für einen kleinen Moment. Erkennt das, was ihr seid und das, was nicht zu euch gehört. Allein die Worte:

„In der göttlichen Ermächtigung hat alles, was nicht zu mir gehört, meinen Raum zu verlassen!"

werden euch die Augen öffnen. Wenn ihr auch daran zweifelt, dass lediglich diese Worte bereits lebensverändernd sein können, werden euch die Veränderungen nach diesem Satz zeigen, dass ihr wesentlich mehr seid, als euch bewusst ist. Gleich danach fühlt ihr euch als eine andere Präsenz und sei es auch nur für einen kurzen Augenblick. Das Aussprechen dieser Worte mit Bestimmtheit, ob laut oder im Stillen, kann euch zeigen, dass hinter euren Gedanken euer Geist auf euch wartet, um eine Trennung zwischen euren Gedanken und den Gedanken anderer vorzunehmen. Bei einigen kann es für Minuten oder sogar für Stunden klappen, bei anderen vielleicht nur für Sekunden und braucht gegebenenfalls mehrere Wiederholungen. Doch nehmt diese Erkenntnis der Sekunden als eure wahre Existenz und ihr könnt womöglich den leeren Raum erleben. Es ist derselbe Raum oder Freiraum, den viele durch lange Übung der Meditation kurz erhaschen. Doch glaubt mir, es geht allein mit eurem Willen und eurer göttlich verbundenen Kompetenz.

Unglaube ist stärker als die Realität

In einigen, den Tatsachen angepassten, Situationen kann etwas den Unglauben in die Ebene der Realität erheben. Öffnet euren Geist und traut euren Gefühlen. Alles, was sich nun erheben kann, kann zur Rettung eurer eigenen Existenz werden.

In unserem eigenen Lebensraum hier in Spanien sind wir fernab von direkten Einflüssen und Behaftetem einer niederen Schwingungsebene. Wenn wir unseren Lebensraum jedoch verlassen, öffnet sich für uns eine andere Welt mit ihrer harten und unehrlichen Lebensweise. Es ist, als würden wir von einer kleinen, unberührten Insel in den Sumpf einer Großstadt kommen. Alles dröhnt im Kopf. Von der Ruhe und dem Meeresrauschen in die von Autos und Lärm durchdrungene Umgebung. Der Kontakt mit Menschen wird zur Qual und die Herausforderung, in unserem harmonischen Raum zu bleiben, beansprucht eine enorme Energie.

Ich kann nicht oft genug erwähnen, dass die Menschen unter dem 100-prozentigen Einfluss des niedrig schwingenden Patriarchats stehen. Nicht sichtbar, erniedrigt es unsere Gesellschaft mit unglaublicher Raffinesse. Alles, was ihr darüber gehört habt und was als Dämonen, „nichtlichte Kräfte" oder dunkle Wesen bezeichnet wird, ist genauso existent wie ihr selbst. Es ist seltsam oder überraschend, dass die Gutmütigkeit eurer seelischen Präsenz für euch selbst, auf kurz oder lang, ein Schlag unter die Gürtellinie wird.

Seit geraumer Zeit machen Brigitte und ich ein kleines Experiment mit einigen befreundeten und bekannten Personen. Die bisherigen Resultate sollten jeden, der dieses Buch liest, zum Aufschrei einer Erkenntnis führen. Bei diesem Experiment handelt es sich um das Erkennen einer Macht und der Macht hinter dieser Macht. Wenn ich von einem Patriarchat spreche, dann gibt es darin eine Hierarchie, eine Abfolge. Diese wirkt im Hintergrund mittels der bereits geraubten Energie, um an die göttlichen Energien heranzukommen. Dieses Patriarchat erreicht eine Transformation, indem es die hohen Schwingungen mit Hilfe der Menschen in Schmerz und Leid umwandelt, also auf ein niederes Schwingungsniveau bringt. Ihr seid zum Zeitpunkt eurer Geburt hochschwingende Seelen mit einem irdischen Ausdruck. Ihr nährt euch von Liebe, die euch von euren Eltern geschenkt werden sollte. Harmonie ist beim Ausgangspunkt eurer Zeugung und im und zum Leben eines Wesens notwendig. Die Geburt ist der erste göttliche Funke und ab diesem Zeitpunkt strömen die göttlichen Energien als Lebenstrank des Geistes. Für die weltliche Existenz entsprechen diese der Muttermilch, um den Körper zu nähren. Für die unteren Wesenheiten sind die göttlichen Energien die Goldader, die sie jedoch nicht selbst abbauen können. Deshalb versuchen sie, euch zu Menschen zu erziehen, die bereitwillig diesen Schatz aus ihrer eigenen Existenz freigeben. Um die Goldader aus eurer Göttlichkeit für sie nutzbar zu machen, braucht es eine Transformation der Schwingung dieses Goldes. Durch negative äußere Einflüsse verwandelt sich das Gold in eine dunkle Masse. Diese ist niedrigschwingend und für den Menschen absolut toxisch, jedoch unabdingbar für die Machtentwicklung der unteren Schwingungsebenen.

Um nun zu einer Antwort auf die Fragen vieler zu kommen und um sicherzugehen, wie man sich aus dieser benutzten Situation herausziehen kann, suchten wir einen Weg in die Befreiung. Uns selbst als Standard zu präsentieren, wäre nur eine schwache Hilfe, da wir uns bereits aus diesen Klauen befreit haben. Also waren dazu Menschen, die einen alltäglicheren, üblicheren Weg gehen nötig, um die dahinterliegenden Kräfte für euch erklärbarer zu machen.

Der erste Schritt war, einige Erkenntnisse an die Bereitwilligen heranzutragen. Jede dieser Personen hatte bereits die Erfahrung der Selbstfindung, durch unterschiedliche Maßnahmen, hinter sich. Alle waren auf dem Weg der Persönlichkeitsfindung, mit verschiedenen Erfahrungen. Doch niemand war sich des extremen Ausmaßes der Beeinflussung durch die im Hintergrund liegende Macht vollständig bewusst oder zumindest nicht der Raffinesse dieses Einflusses.

Im ersten Abschnitt des Versuchs ging es lediglich um das Erkennen einer solchen Macht, die euch, wohlgemerkt, ohne euer Zutun nichts Boshaftes antun kann. Es ist eher eine Beeinflussung zur Boshaftigkeit, die einen Menschen dahingehend transformiert. Zum Erkennen dieser Spaltung oder Einflussnahme diente wiederum dieser Satz:

„In der göttlichen Ermächtigung hat alles, was nicht zu mir gehört, meinen Raum zu verlassen!“

Damit ist gemeint, dass nur das bleibt, was euch als göttliches Wesen ausmacht. Eure *wirkliche* Persönlichkeit kommt zum Vorschein, ohne Manipulation eurer Gedanken und Gefühle. Denn, wohlgemerkt, sind es nicht nur eure Gedanken, sondern auch das Gefühlte, das unter dieser Beeinflussung steht. Jeder Mensch ist fähig, empathisch und telepathisch zu wirken. Jeder Mensch kann die Gefühle anderer wahrnehmen und seine Gedanken an andere weiterleiten. Doch was passiert, wenn man die Gefühle anderer als seine eigenen annimmt? Versucht in dieser Situation, die Gedanken zu beobachten! Ihr empfindet einen ganzen Gefühlscocktail, der euch an den Rand der Verzweiflung bringt. Das geschieht durch eure Fähigkeiten und die Annahme fremder Gefühle. Was wiederum heißt, dass ihr nicht authentisch seid und es auch nicht sein könnt, zumindest nicht gänzlich! Je weiter ihr euch entwickelt und folglich in den Pool der Erkenntnisse sowie in den Freiraum und näher zu eurem Nullpunkt gelangt, desto herausfordernder wird es. Ihr fangt erneut an, höher zu schwingen und werdet somit fähiger, wieder eure göttliche Energie aus der direkten Quelle zu empfangen. Dass ihr dadurch bald zum Mittelpunkt eines Interessenskonfliktes mit der niederen Schwingungsebene werdet, ist klar. Schwer ist es jedoch, dies zu erkennen. Ihr müsst darauf vorbereitet sein, dass in manchen Ecken eures Umfeldes etwas Listiges herrscht, um eine Türe bei euch zu öffnen. Das kann zum Beispiel durch das Auslösen negativer Gefühle wie Wut oder Angst geschehen. Diese Türe wird zum neuerlichen Zutritt, denn ihr seid in einer höheren Schwingung wahrlich eine Goldader. Die Großartigkeit eures Wesens wird euch bewusst und beim Lesen entsteht womöglich ein spürbarer Unglaube. Die Großartigkeit eures Wesens, die ich meine, besteht aus euren Fähigkeiten: Eurer Empathie, eure Gedanken in Form von Wellen auszusenden sowie euer Herz sprechen zu lassen. Damit ist nicht gemeint, alles in Worten auszudrücken, sondern euer Herz spricht anhand von Wellen, die ein Gegenüber erreichen und besänftigen können. Die Zweifel, die ihr womöglich beim Lesen dieser Zeilen verspürt, sind nicht *eure* Ängste und Bedenken. Es sind die Ängste anderer, die ihr fühlen könnt und sie sind nicht aus eurer eigenen Schwingung heraus entstanden. Unbeeinflusst wäre Angst für euch ein Fremdwort und ihr kennt sie auch nur aus der niederen Schwingungsebene, die ihr als eure angenommen habt. *Das* ist dieser besagte Schlafmodus, aus dem ihr erwachen könnt. *Das* ist das globale Erwachen, welches die Welt transformieren kann: Zu erkennen, was euch von den unteren Schwingungen abhebt. Erkennt ihr nun die Angst? Dann werdet euch bewusst, dass sie nicht eure ist.

„In der göttlichen Ermächtigung hat alles, was nicht zu mir gehört, meinen Raum zu verlassen!"

Wie sieht es nun mit eurer Betrübtheit aus? Fühlt ihr den Unterschied zwischen dem Davor und dem Danach? Nehmt die Sekunden der Wahrheit, in denen sich etwas in euch verändert. Kehrt die Ruhe zurück, dann ist es eure. Euer Herz kann sich weiter öffnen als zuvor und eine Energie kann sich in euch ausbreiten. Es wird mit jedem Mal wesentlich freier. Was aus den Gedanken und Gefühlen gehen musste, sind Eigenschaften, die nicht eure und allesamt negativen Ursprungs waren. Das alleine zeugt schon davon, dass nicht ihr die Quelle dieser Eigenschaften seid, sondern etwas anderes seinen Nutzen daraus zieht. All die Menschen, die diesen Prozess der Erkenntnis durchliefen, konnten das bestätigen, die einen definitiver als die anderen.

Erfahrungen und Statements

Kann ein einziger Satz wirklich alles an Problemen der Menschheit lösen? Wenn ja, weshalb erst jetzt?

Diese Frage möchte ich gerne beantworten:

Als Brigitte und ich aus einer Art Erhebung oder Erleuchtung vor Jahren freiwillig zurückkehrten, um ein Dahinter zu erkennen, hatten wir unser Bewusstsein der höheren Wirklichkeit bereits erfahren und integriert. Für den weiteren Verlauf unseres Lebens hatten wir es jedoch wieder aufgegeben. Wir hatten das Leben als Menschen mit allen normalen Belastungen wieder aufgenommen, um ein Dahinter eruieren zu können, eine der schwersten Aufgaben. Wir konnten viele Meinungen und Glaubenssätze bestätigen. Was noch zu ergänzen blieb, ist das „Wie kommt man dort hin"? Mit den Vorgaben von Gurus oder Erleuchteten und der Beschreibung, wie sich etwas anfühlt, ist einem im normalen Leben nicht gedient. Die Augen zu schließen, um zu meditieren, ist ebenfalls nur ein langwieriger Weg und benötigt meist mehrere Leben bis zur Vollendung. Die Hindernisse, die einem im alltäglichen Leben begegnen, bleiben meist unauflösbar.

Wenn ihr annehmen könnt, dass ihr den göttlichen Funken immer in euch tragt und dass ihr, in eurer Gutmütigkeit, einer anderen Welt Tür und Tor öffnet und dieser somit als Energietransformator dient, ist euch eure Beraubung nun ebenfalls bewusst. Doch wie ihr euch davon befreien könnt, war kaum bekannt.

Es kann so einfach sein! Das meinte ich damit, als ich schrieb: „Es ist so nah, dass ihr es nicht sehen könnt. Ihr seid gewohnt, das Unerreichbare anzustreben, ohne zu beachten, dass ihr nur einen Schritt davon entfernt seid."

Es mag sich unglaublich anhören, dass viele Probleme sich von alleine lösen. Das ist damit zu erklären, dass es nicht *eure* Probleme waren, die sich in euren Köpfen verankerten. Doch ihr nehmt bereitwillig das an, von dem ihr glaubt, dass es von euch selbst kommt. Ein Zauberer kann keinen Zaubertrick erklären, wenn er nicht weiß, wie der Trick funktioniert. Das Bewusstsein hinter eurer Kraft ist keine mystische Kraft, sondern eine Tatsache. Ihr habt in jeder Sekunde eures irdischen Lebens die Möglichkeit, euch als vollständig göttliche Macht anzunehmen. Wenn ihr mit euren Fähigkeiten der Empathie und Telepathie, gebündelt mit eurer reinen Naivität, die Schwingungsmuster einer anderen, existierenden Dimension übernehmt, dann seid ihr lenk- und manipulierbar. Im umgekehrten Sinne könnt ihr kraft eurer Herkunft, mit Hilfe der Fähigkeit eurer Gaben, euch jederzeit wieder von eurer Last befreien. Wendet euch dem zu, was und wer ihr seid und euer Umfeld wird es euch bestätigen.

Einen sehr ausführlichen Bericht erhielt ich von einer Freundin, die in unserer Nähe wohnt. Wir sahen uns eher selten und unsere Gespräche gingen meist nicht sehr in die Tiefe. So wie es der Zufall wollte, trafen wir uns zum richtigen Zeitpunkt. Nach einem sehr beeindruckenden Ereignis schrieb sie diese Zeilen:

*****

ENDLICH ZU HAUSE ANGEKOMMEN

In meinem Buch, das in dem Moment, wo ich diese Zeilen schreibe, noch keinen Namen hat, beschreibe ich meinen Weg des Sterbens und der Wiedergeburt in den heiligen Raum Liebe. Da ich schon immer den besten Draht zu mir selbst, verbunden mit der Vollkommenheit, die wir sind, *schreibend* habe, wurde ich dazu "genötigt", den Prozess, der geschah, schreibend zu durchgehen. Natürlich gab es während der vier Tage Geburtswehen und viele kleine Phasen, in denen ich döste und Visionen erhielt, die dann niedergeschrieben wurden.

Kurz ein paar Eckdaten zu meinem irdischen Start: Geboren am 8. Januar 1961 in Lausanne als Kind einer fremden Frau, der einstigen Geliebten meines Vaters. Trotzdem das dritte Kind in der Familie meines Vaters und seiner Frau, die meine leibliche Mutter spielte. Ein Menschenkind, welches mit sechs Tagen von der Mutter getrennt wurde, bis zu seinem fast vierten Lebensjahr dreimal die Eltern wechselte, einen frühkindlichen Missbrauch erlebte und dabei seine erste Nahtoderfahrung machte. Eine Mutter, die, als ich zu ihr zurückgeschoben wurde, so mit mir überfordert war, dass sie in ihrer Verzweiflung und vollkommen unbewusst ein Kissen auf das Gesicht dieses noch nicht einmal vierjährigen Wesens drückte. Das war die zweite Nahtoderfahrung.

Heute kann ich erkennen, dass ich nie etwas anderes als Liebe war und bin. DANKE an wen oder was auch immer, dass es immer wieder Phasen auf meinem Weg gab, die aus dem heiligen Raum Liebe geschahen. Zum Beispiel mein eigenes Muttersein. Am 11. Juni 2014 wurde ich aus dem Hamsterrad meines Lebens in hohem Bogen herauskatapultiert. Ich litt von da an mehr als eineinhalb Jahre lang unter Panikattacken, begleitet von lebensbedrohlichen Kehlkopfkrämpfen, durch die ich meine dritte Nahtoderfahrung machen durfte.

Sterben und neu geboren werden, meine vierte Nahtoderfahrung: Wie ich schon schrieb, ein intensiver viertägiger Prozess, der mich Dinge erleben ließ, die ich nur als WUNDER empfinden kann und dieses WUNDER dehnt sich aus, in mir und in allem, was je geschah und gerade geschieht. **„Durch die göttliche Ermächtigung, verlässt alles, was nicht zu mir gehört, meinen inneren und äußeren heiligen Raum.“** Während des viertägigen Prozesses aß ich lediglich drei Bananen, schlief insgesamt ungefähr - ich bin jetzt mal großzügig - zehn Stunden in kleinen Häppchen, trank kaum etwas und "fraß" statt dessen Zigaretten! In einer der Reinigungsphasen meines heiligen Raumes Liebe, als ich im Bett lag, nahm etwas meine

Hände, zog sie hoch in die Luft und ich wurde geschüttelt, sodass ich fast aus dem Bett gefallen wäre. Minimal übertrieben mit dem aus dem Bett fallen. Aber es war schon ein intensives Geschütteltwerden des ganzen Körpers. Ich dachte dabei kurz an die Geschichte von Frau Holle und Marie, die die Bettdecken ausschüttelt... Als Vorschulkind fragte ich mich immer wieder, warum Erwachsene tun, was sie tun. Warum sie sich gegenseitig Leid zufügen und dies wollte ich, wenn ich mal groß wäre, erforschen. Was mir in dem viertägigen Sterbeprozess an Schattengeflecht in der Liebe und Sexualität gezeigt wurde, teilweise indem ich es "schlafend" selbst nochmals durchlebte, ist für mich gigantisch. Klar und deutlich gezeigt zu bekommen, wie es geschieht, dass die Menschheit von dunklen Mächten attackiert und besetzt wird. Sehr spannend für den Forschergeist in mir.

Die coolste Erkenntnis, die mir in diesem Prozess und durch das Gebet, welches Wilfried berufen war, ins irdische Feld einzuweben, zuteil wurde, war: Ich erkannte die *Machtlosigkeit der Schatten*. Die Frage ist, wenn du draußen unter den Sonnenstrahlen stehst und ein Schatten geworfen wird: Hast du dann Angst vor diesem Schatten? Und gehört der Schatten zu dir? Die Schatten der Dunkelmatrix, wie ich sie nenne, sind ebenso machtlos, wie der Schatten, den dein irdischer Körper unter der Sonne wirft. Das Licht vermag einen Schatten zu werfen. Schatten jedoch kann dem Licht (der Liebe) nichts anhaben.

Ich bin in größeren Abständen immer mal wieder mit Wilfried in Kontakt und so erreichte mich durch ihn eine spannende Frage: Erkennst du die Hintergründe eindeutig? Ob ich die Hintergründe schon eindeutig erkenne, weiß ich nicht, da mir noch immer weitere Besetzungen durch Schatten im menschlichen Sein gezeigt werden. Was ich klar und deutlich für mich erkenne ist, dass unser natürlicher Zustand LIEBE ist. Eine Liebe, die so stark ist, dass absoluter Frieden und Glückseligkeit meinen Körper, mein SEIN erfüllt. Ein Bild, zwei Kinder, zirka sieben Jahre, sind darauf zu sehen. Das Mädchen fragt den Jungen: "Liebst du mich?" Er schaut sie an und antwortet: „Ja, aber nicht wie die Erwachsenen, sondern in echt." Am Tag meiner Wiedergeburt, nach vier Tagen, war ich von dem Gefühl, das da auf einmal in mir war, davon, zu fühlen, wer ich wirklich bin, vollkommen überwältigt. Ich sang, tanzte, ging auf die Knie, fühlte eine riesige Dankbarkeit in mir und das Gefühl „jetzt bin ich endlich zu Hause" war... unbeschreiblich und ist es noch, so ich nicht gerade mal wieder von Schatten für ihr Spiel "missbraucht" werde, ohne dass ich es sofort bewusst wahrnehme. Dann entsteht Disharmonie, ich bin mit mir selbst überfordert, fühle mich klein und ängstlich und spüre erneut, dass das Spiel des Klammerns am Partner stattfindet…

Als Fünfjährige hatte ich eine Liste der Dinge, die ich in meinem Leben, wenn ich groß wäre, machen wollte. Unter den fünf Absichten war die wichtigste, das LIEBEN zu LERNEN. Heute, nach meiner Wiedergeburt am 29. September 2021, weiß ich, dass LIEBE die allumfassende "Substanz" meines wahren "ICH BIN" ist. Alles andere sind für mich Dunkelmatrixprogramme, also Glaubenssätze, erlerntes Verhalten, Regeln, Normen, Dogmen, Ideen darüber, was Frausein ist, was Mannsein ist, was Beziehung ist, wie ein "anständiger" Mensch zu leben hat, was es alles braucht, um in einer guten Verbindung mit anderen Menschen zu sein, welche Rolle und Aufgaben eine Frau und welche ein Mann zu erfüllen hat, was Freundschaft ist und so weiter. Meine Erfahrung und Erkenntnis aus der Dunkelmatrix während meines Sterbeprozesses und dies nicht nur seither, ist, dass wir gar nicht wir selbst sind, sondern ein Produkt von Ideen und Vorstellungen der Dunkelmatrix, die vergeblich versucht, das Licht in uns mit einem dicken Schleier des Vergessens zu überdecken. Eine weitere Erkenntnis und Erfahrung ist, dass, wenn ich ganz und gar zuhause in mir bin, NICHTS fehlt, gar nichts. Dann ist da nur lebendiges, kreatives, verspieltes SEIN, aus dem von selbst ein wunderschöner, nächster Moment entsteht, Impulse zum Handeln geboren werden, die voller Freude und Neugierde umgesetzt werden. Ich erlebe mich in diesem Zustand, als wäre um mich ein großes Ei, mal größer, mal etwas kleiner. Ich vermute, dass das, was ich da sehe, die menschliche Aura ist. Mein Körper ist in einem hellen Blau. In meinem Solarplexus haust eine große, hellgelblich leuchtende Kugel, die ständig in sich fließend ist und sich anfühlt wie die Sonne und ihre Strahlen, die weit über meine Körpergröße hinaus geht und mein Ei mit einer kraftvollen, goldgelblich glitzernden Energie füllt: Mein heiliger Raum Liebe.

Inzwischen kann ich schon oft, ich sage mal am Rand des Eis, fühlen, wenn ein Schatten danach trachtet, meinen Körper und damit mein Sein zu besetzen. Erkenne ich die Hintergründe? Ein Spiel zwischen Licht und Schatten und das Vergessen darüber, dass Schatten niemals das Licht tilgen können, dass alles Dunkle, was wir fühlen, eine Illusion ist, die durch gesellschaftliche Normen und Dogmen in unseren Verstand implementiert wurde und wird und das in restlos allen Lebensbereichen: Liebe, Sexualität, Religion, Politik, Gesundheitssysteme, also wirklich überall.

Wenn du dich erfahren willst, dann sei mit dir ALL-EIN. Und vor diesem Alleinsein haben wir Angst. Unser wahres SEIN ist das Miteinander aus der Liebe. Doch wir brauchen ständig etwas voneinander, wir brauchen die Liebe eines Du, wir brauchen Bestätigung, Gesehen-Werden, Angenommen-Werden, und und und... Die Schattenaspekte ernähren sich von unserem Haben-Wollen, von unserem Leid in uns und dem Leid, welches wir unseren Schwestern und Brüdern antun. Die Prozesse im Detail und die Erkenntnisse, die mir dabei zuteil wurden, beschreibe ich in meinem Buch, im Moment noch ohne Titel, ausführlich. Ich hatte gar keine Wahl. Immer wieder drängte es mich sanft, nach einigen Minuten Kurzschlafphase, wieder weiter zu lauschen und niederzuschreiben, was mir zum Thema Liebe und Sexualität gezeigt wurde, um zu verstehen und zu fühlen, dass die Schatten ebenso groß sind wie das Licht. Jedoch mit dem signifikanten Unterschied, dass Dunkelheit machtlos ist, so wir diese nicht selbst füttern. Was die meisten Menschen jedoch nicht sehen können, da sie das Ausmaß ihrer Besetzungen auch in vielen

Ritualen, die angeboten werden, nicht erkennen, ist, dass sich der Schatten in alles eingewoben hat, wir es also mit allem und in allem immer auch mit Schatten zu tun haben, die uns vom Göttlichen, das wir sind, trennen wollen...

ICH BIN. „Ich bin endlich zu Hause" bedeutet für mich, dass auf einmal ALLES da ist, was ich mir jemals wünschte: Vertrauen, Kraft, Leichtigkeit, Verspieltheit, Lachen, Freude, Harmonie, Frieden. Verkürzt: LIEBE, aber nicht so wie die Erwachsenen, sondern in echt."

(Michèle P.)

*****

Eine Bekannte von uns ist seit Jahren mit gesundheitlichen Problemen und daraus folgend auch einer psychischen Belastung konfrontiert. Ihre Tochter war sehr aufmüpfig und machte ihr das Alltagsleben nicht gerade einfacher. Die Bekannte berichtete einige Male über diese schwierige Situation und suchte seit langem einen Weg aus dieser Gegebenheit. Ihrem Wunsch nach sah sie sich immer in einer Hängematte im Wald, mit einem Bach in der Nähe. Es ist doch nur ein Wunsch nach Frieden und Harmonie! Weshalb sind nicht einmal die kleinen Dinge des Lebens zu erlangen? Welch eine Macht steckt dahinter? Ein Auto kann man sich leisten, aber keine Hängematte unter einem Baum? In welcher Welt leben wir eigentlich, wenn nicht einmal das einem gegönnt wird oder man sich selbst so etwas nicht gönnen kann?

Es kam zu einer Diskussion in einer kleinen Gruppe und ich sprach über die Hintergründe dieser Gefangenschaft der Menschheit und dass das Erkennen nicht wirklich schwer sei. Ich übermittelte den Satz, nachdem bewusst gemacht worden war, dass eine Kraft dahinter alles lenkt:

„In der göttlichen Ermächtigung hat alles, was nicht zu mir gehört, meinen inneren und äußeren heiligen Raum zu verlassen!“

Unsere Bekannte sagte sich diesen Satz, so oft sie konnte, mit dem Bewusstsein der im Hintergrund stehenden Macht. Anfänglich war es sicher etwas schwieriger, eine sofortige Wirkung zu erfühlen. Doch „etwas“ bewegte sich. Wenn auch nur subtil, kam mit dem Aussprechen dieses Satzes zunächst einmal eine kleine Erleichterung. Einige Tage später kam es zu einer Überraschung.

Meine Bekannte schrieb in eigenen Worten:

„Hier ist ein totaler Wandel mit meiner Tochter passiert, sie ist wie ausgewechselt. Normalerweise ist sie bockig, aggressiv und so weiter und nun das totale Gegenteil. Endlich können wir wieder miteinander lachen!“

Das hier ist kein Einzelfall und dient als ein Beispiel von vielen. Wenn ein Kind, welches nichts von dieser ganzen Geschichte wusste, durch den Wandel der Mutter ebenfalls in einen Wandel gezogen wurde, dann sollte euch klar werden, dass es dazu eine Verbindung braucht.

Diese Verbindungen entstehen durch empathische und telepathische Fähigkeiten in Zusammenhang mit der Herzöffnung, dem Fließen eurer göttlichen Energie.

So wie ihr euch wandelt, so wandelt sich auch euer Umfeld. Nun dürfte euch langsam immer klarer werden, aus welchen Reihen euer Bewusstsein getreten wurde! Noch bewusster solltet ihr euch darüber werden, wie ihr wieder in euren Ursprung zurückgelangt. Tretet wieder in die universelle Liebe ein, die ihr seid. Erhebt euch, Kraft eurer Ermächtigung, hin zu eurem Ursprung. Befreit euch, dank eurer in euch liegenden Gaben, von dem, was nicht eures ist. Erkennt, nicht nur für euch, sondern für alle Wesen auf diesem Planeten, dass Frieden, Harmonie und die wirkliche Liebe Einzug nehmen dürfen.

Mit diesem Bewusstsein trat noch jemand aus dieser kleinen Gruppe hervor. Sie ist bereits seit vielen Jahren auf einem spirituellen Pfad, sehr bewusst und offen. Als wir in dieser kleinen Runde diskutierten, war sie sofort bereit, dieses Experiment durchzuführen. Ihr Resultat übermittelte sie wie folgt:

„Als heute Morgen das übliche Gedankenkarussell zum zigmal durchdachten Thema wieder losging, sagte ich: **„Alle Gedanken, alles, was nicht zu mir gehört: Raus!“** Mir wurde klar, dass ich erst einmal definieren musste, was ich mit „alles“ meinte und erklärte: „Alles“ sind sämtliche Gedanken, Emotionen, Gefühle sowie Ängste und Themen aus der Vergangenheit, alles Psychologische ebenso. Danach war zu spüren, dass eine Angst da war, die blockierte, dass diese Gedanken gehen konnten. Die Angst war, dass sich das gegen mich wenden könnte, wie wenn man in der Abhängigkeit von einem Chef ist, der über einen bestimmen kann und dann zurückschlägt, sozusagen.

Ich äußerte die Bereitschaft, dass die Themen, die diesen Energieknoten verursacht hatten, jetzt gelöst werden könnten. Mein Bild dazu war, dass etwas wie Unkraut mit einer Wurzel aus dem Garten ausgegraben wurde und als ich noch einmal bekräftigte: **„Alles, was nicht zu mir gehört, verlässt mich jetzt!“** war spürbar, dass dies jetzt funktionierte. Es war wie wenn ich nach oben gehoben würde, obwohl ich meine Position nicht veränderte. Es war zu spüren, dass etwas ins Fließen kam, wie wenn man einen Baumstamm aus dem Fluss heraushebt und dieser wieder frei fließen kann, frei und ungehindert. Durch dieses Fließen entstand ein Raum, in dem in dieser Weite die Informationen, die zu mir gehörten, die zu Höherem gehörten, sich ausdehnen konnten, dass diese in der Weite, in ihrer Reinheit, jetzt da sein konnten.“

Kurz vor Fertigstellung dieses Buches erhielt ich noch ein Statement, welches mich sehr freute:

Danke, Wilfried!

Auch ich bin neugierig auf das Buch. Kann's fast nicht erwarten, es in meinen Händen zu halten. Tja, mir hilft der Satz schon, ich ändere ihn immer wieder mal ein wenig um. Er hat meine Angst vor all dem, was kommen könnte oder auch nicht, ausgelöscht. Ich lass es kommen, wie es kommt, hab das Gefühl, dass alles recht wird... Auch wenn mir bewusst ist, dass es der Anfang eines vielleicht weiten Weges ist. Ich lass es auf mich zukommen, es fühlt sich oft sehr frei an, ich spüre oft so eine Weite. Wenn sich das Gefühl ändert, weil mir's der Kopf ausredet, kann ich mich momentan selber dort wieder abholen, um mich frei zu fühlen. Ja, es ist noch nicht ganz perfekt, aber die Abstände zum Kopf-Denken weiten sich. Ich bin schon ganz gut im Fühlen.

Nur ein einziger Satz

Sehr eindrucksvoll waren die Reaktionen einer befreundeten Psychologin, die sich schon seit vielen Jahren mit diesem Thema befasst hatte. Ihr war bereits sehr viel bekannt, die Zusammenhänge waren sehr eindeutig und für sie bewiesen. Wenn man die Psyche studiert und die wissenschaftlichen Erkenntnisse als unzureichend annimmt, kann man der Sichtweise einer höheren Perspektive freien Lauf lassen. Als sie in diesem erkenntnisreichen Prozess das Wirken der im Hintergrund stehenden Macht durchleuchtete, waren die Ergebnisse eindeutig und spektakulär. Sie spürte die Beeinflussung aus den niederen Tiefen und konnte sie für sich analysieren. Wie weitreichend diese subtile Manipulation war, zeigte sich dadurch, dass ihre Gedanken unter einem Fremdeinfluss bewirkten, das Gegenteilige vom Gewollten anzusteuern. Diese Erfahrung war ihr zwar nicht neu, aber in Hinblick auf die genaue Analyse sehr aufschlussreich.

„Ich habe immer wieder Prozesse und energetische Angriffe durchlebt, der letzte war einer der intensivsten. Um das Gedankenkarussell zu stoppen und mehr Klarheit zu erlangen, beschloss ich, alles aufzuschreiben und zu analysieren. Das ganze war zuerst nur für mich selbst bestimmt. Nun werde ich meine Erfahrungen aber gerne teilen, in der Hoffnung, dass sie auch für andere hilfreich sind. Einer der Gründe dafür ist, dass Menschen auf mich zukamen und fragten, wie man denn energetische Angriffe überhaupt erkennen könne. Zum besseren Verständnis habe ich noch Erklärungen hinzugefügt. Zu erwähnen ist, dass ich zu dieser Zeit weder wusste, was der Autor zu diesem Thema schreiben würde, noch den neuen Satz kannte. Meiner Meinung nach war auch das kein Zufall. Nun zu meinen Aufzeichnungen:

Ich stelle mir folgende Fragen: Können negative Wesenheiten oder Energieformen uns wirklich aus "nichts" heraus angreifen? Wenn mich nichts triggert, ich nichts erwarte, mich nichts stört, mir nichts seltsam vorkommt? Ich glaube nicht. Wenn ich innerlich mit mir im Reinen bin, nicht abhängig vom Wohlwollen oder der Liebe anderer, dann kann es mir ja gleichgültig sein, was andere tun oder lassen. Wenn ich nur noch „ICH" bin und erkannt habe, dass nur Gutes in mir ist. Wenn ich in meinem eigenen "Raum" bin - wo sollte in diesem Fall der "Angriffspunkt" sein? Wenn es nichts gibt, wo diese Wesen "einhaken" können, ist man ja unangreifbar, oder?

Wenn ich mich in meinem geistigen Raum befinde, spielt sich im Außen trotzdem alles Mögliche ab. Ich beobachte es, nehme es wahr, aber es ruft keine negativen Emotionen und Reaktionen in mir hervor. Das ist ja der Zustand, den ich erreichen und beibehalten möchte. Er bedeutet, vom Leiden befreit zu sein. Das schließt aber nicht aus, dass ich Grenzen setzen darf oder auch muss, wenn jemand meine Grenzen überschreitet. Das kann physisch oder energetisch sein, also Energieraub in jeglicher Form. Im Grunde geht es ja immer um Energie.

Im Umkehrschluss würde das aber bedeuten, dass, solange ich noch Glaubenssätze, Erwartungen, Ängste und so weiter habe, diese einen negativen energetischen Einfluss ermöglichen. Früher wusste ich meist nicht, dass ich angegriffen wurde. Ich merkte nur, dass negative Emotionen oder Schmerzen spürbar waren, oft plötzlich und ohne angemessenen Anlass. Um nicht immer wieder darunter leiden zu müssen, hielt ich es für notwendig, mich damit zu beschäftigen. Damit ich mir die Themen überhaupt anschauen konnte, musste ich mir diese jedoch zuerst bewusst machen.

Mir war damals schon klar, dass Gedanken häufig nicht meine eigenen sind, sondern einem Einfluss entstammen. Dieser kann durch Wesenheiten ausgeübt werden oder aus Bewusstseinsfeldern anderer kommen, auch aus dem Kollektiv. Weiters stellte ich fest, dass meine Wahrnehmung, obwohl sich an der Situation im Außen nichts verändert hatte, sehr unterschiedlich war. Diese zum Teil sogar gegenteilige Wahrnehmung war abhängig vom eigenen (Schwingungs-) Zustand. Solange ich selbst in einem ausgeglichenen Zustand war und jemand etwa ein bestimmtes Verhalten zeigte, störte es mich nicht, ich sah es neutral oder positiv, hatte Verständnis, empfand Liebe und erkannte auch, wenn dieses Verhalten nichts mit mir zu tun hatte.

Das traf aber nur zu, solange mein Energieniveau hoch war. Sobald Stress, Schlafmangel oder Erschöpfung, also Schwächung in jeglicher Form, auftraten, änderte sich meine Wahrnehmung. Später erkannte ich, dass diese Schwächung auch durch den Einfluss von Wesenheiten entstanden war, die jede Kleinigkeit trickreich ausnutzen. Häufig werden auch Verhaltensweisen oder Probleme anderer, oft nahestehender Personen dafür benutzt, sogar die der eigenen Kinder. Dafür reicht manchmal schon ein Streit oder eine Diskussion, in die man emotional einsteigt oder verwickelt wird.

Geschwächt wie oben beschrieben, nahm ich die Dinge plötzlich negativer wahr, meine Stimmung verschlechterte sich und die Situation löste in mir unangenehme Emotionen aus. Ich empfand alles als sinnlos, anstrengend, war wütend, traurig, enttäuscht oder hatte Angst, es nicht zu schaffen. Wie war das möglich? Es war ja nichts passiert!

Aufgrund meiner Ausbildung dachte ich, irgend etwas müsse in mir noch unbewusst vorhanden sein, ein Glaubenssatz, ein Trauma, eine Erwartung, das es möglich machte, mich zu triggern. Ich begab mich auf eine anstrengende, aber interessante Suche. Seither kann ich es noch besser verstehen, warum die meisten Menschen die bewusste psychisch-geistige Arbeit lieber vermeiden. In therapeutischen Kreisen gibt es den Spruch "Leiden ist leichter als Lösen". Irgendwie ist da etwas Wahres dran! Aber aufgeben war für mich keine Option, denn ein Zurück gab es nicht und die Arbeit zahlt sich aus.

Damals wusste ich noch nicht, dass die Seele sich nicht im Körper befindet und grundsätzlich unverletzlich ist. Mir war ja beigebracht worden, dass es Traumata gäbe (das Wort bedeutet ja "Verletzung") und meine Seele verletzt sei. Ich würde so lange darunter leiden, bis ich mir das Trauma bewusst gemacht hätte und es mir gelungen sei, es zu heilen.

Ein Thema, das immer wieder auftauchte, war das Gefühl, allein zu sein, mit der Emotion Trauer. Obwohl ich nicht wirklich allein war, fühlte es sich trotzdem so an. Also fragte ich mich, wo der Ursprung dieses Gefühls liegen könnte. Ich ging in meinem Leben zurück und kam zu einer Situation, in der mich meine Eltern im Kinderheim abgaben (ich war damals erst einige Monate alt), weil meine Mutter schwer krank war und Behandlung im Ausland brauchte. Sie starb und kam nie wieder. Ich "sah" mich im Kinderbett liegen, in einem Saal mit vielen Bettchen, wovon die meisten leer waren. Ich wurde körperlich versorgt, aber ansonsten war ich allein. Da hatte ich das Trauma! Ich spielte es so lange mit allen Eindrücken und Emotionen durch, bis ich es ohne Trauer neutral anschauen konnte. Danach dachte ich, das Thema sei gelöst - das war es aber nicht, nur diese Situation.

Also ging ich weiter zurück und mir wurden noch andere "Schlüsselsituationen" gezeigt, nicht nur aus diesem Leben. Ich bearbeitete sie auf ähnliche Weise und sie belasteten mich anschließend nicht mehr. Trotzdem kam das Thema immer wieder hoch, bis mir eine mögliche Ursprungssituation gezeigt wurde. Dabei handelte es sich um ein sehr extremes Ereignis, welches auch viele andere betraf. Vielleicht fühlte ich damals auch etwas von dem Schmerz aus dem Kollektiv? Nachdem ich diese Situation bearbeitet hatte, was sehr heftig war und zwei Wochen lang dauerte, fühlte sich das Thema gelöst an. Wenn jetzt ein Gefühl in diese Richtung auftaucht, nehme ich es nicht mehr als wirkliche Belastung wahr und kann wesentlich neutraler damit umgehen.

Energetische Angriffe finden nach wie vor statt, sie werden intensiver und trickreicher, aber das Thema "Alleinsein" kommt in dieser Form nicht mehr vor. Es fühlt sich eher wie eine alte Gewohnheit an, so wie: „Eigentlich müsste das jetzt schlimm sein", was es aber nicht ist. Kann das daran liegen, dass jetzt die Grundlage fehlt? Das gleiche passierte auch mit anderen bearbeiteten Themen. Natürlich gibt es immer wieder Triggerversuche, jedoch erkenne ich diese meist schnell. Offenbar gibt es Bereiche, in denen ich nur noch sehr begrenzt angreifbar bin. Es gibt auch Situationen, die ich früher als schrecklich, traurig oder Wut auslösend empfunden hätte. Sie berühren mich jetzt kaum mehr, auch wenn sie sich immer noch zeigen.

Mittlerweile bin ich überzeugt, dass während dieser Prozesse ständig negative, energetische Manipulationen stattfanden. Manchmal konnte ich die Wesenheiten als Gestalten, etwa im Raum schwebend oder ihren sehr unangenehmen Geruch wahrnehmen. Diese Einflüsse erschwerten die Lösung und verstärkten das empfundene Leid fast ins Unerträgliche.

Wenn ich einen energetischen Angriff wahrnehme, versuche ich, die niedrig schwingenden Wesenheiten aus meinem Energiefeld zu entfernen und mein Schwingungsniveau zu erhöhen. Dadurch verschwinden die negativen Gedanken und Emotionen. Oft ist dieser Effekt nur kurzfristig und häufige Wiederholung und Aufmerksamkeit sind notwendig. Es wird dabei ein persönlicher Raum spürbar, wie eine Blase, mit einer Art Barriere. Wenn ich die Verbindung zu meiner Seele bewusst verstärke, entsteht ein intensives Gefühl der Liebe und des Friedens. Meine Verbindung zu Jesus löst dasselbe aus. Er hat mir übrigens ausnahmslos jedesmal geholfen, wenn ich ihn darum gebeten hatte!

Obwohl ich schon etliche Themen in Prozessen durchgearbeitet hatte, passierte es vor einiger Zeit buchstäblich über Nacht, dass ich extreme Emotionen spürte, die ich mir nicht erklären konnte. Sie waren zuvor nicht da gewesen und an der äußeren Situation hatte sich nichts verändert. Während des Angriffes musste ich mich stark konzentrieren, soweit das überhaupt möglich war, um mich zu fragen: „Will *ich* das?" oder: „Was will *ich*?" Darauf kam zum Beispiel ein klares „Nein", wenn ich etwas nicht wollte. Gleichzeitig spürte ich den starken Impuls, das Gegenteil zu tun oder zu sagen. Diesen Impulsen nachzugeben, hätte sehr negative Folgen für mich gehabt und großen Schaden verursacht. Ich und die andere Seite kämpften in meinem Feld.

Ich hörte (geistig) Sätze, die ich zu einer Person *sagen* sollte. Diese Sätze wurden ständig wiederholt. Das war psychologisch schlau, denn, wenn man etwas oft genug hört, glaubt man es irgendwann, auch wenn es jeglicher Grundlage entbehrt. Es handelte sich also um eine Taktik der „Gehirnwäsche". Zudem wurde ich *körperlich beeinträchtigt*, etwa durch Kopfschmerzen, extreme Schwäche, vernebelten Kopf oder ich vergaß das Essen und Trinken.

Was die Sätze, die ich „hörte" betrifft, hielt ich dagegen, dass das ja so nicht stimme, es Unsinn oder nicht vollständig sei. Sie wiederholten sich jedoch weiter und ich sollte sie zu einer bestimmten Person sagen. Sie beinhalteten genau das, was einen unbewussten Menschen extrem verärgern oder verletzen würde. Dadurch könnten Freundschaften zerstört werden, Streit in der Familie entstehen und Probleme in jeglichem Bereich verursacht werden. Die Aussagen musste ich mir also weiter anhören und entgegnete: „Das sage ich sicher nicht!" oder: „Das stimmt nicht!" In einer Gesprächssituation passierte aber genau das: Ich wollte diese Dinge nicht aussprechen und beobachtete mich selbst dabei, wie ich es trotzdem tat. Es lief einfach ab und ich konnte nichts dagegen tun. Zum Glück erkannte die andere Person, dass das Ganze nicht von mir stammte. So konnte die Situation geklärt werden und endete sehr schön.

Ein anderer Punkt war, dass wiederholt Sätze in meinem Bewusstsein auftauchten, die ich *glauben* sollte. Meine Einstellung gegenüber einer guten, harmonischen und sinnvollen Situation sollte damit ins Gegenteil verkehrt werden. Beispielsweise, dass das Ganze sowieso keinen Sinn mache und ich es gleich lassen solle. Von meiner normalerweise positiven Einstellung wusste ich zwar noch, dass sie existierte, aber sie fühlte sich sehr weit entfernt an. Das Gefühl dafür war kaum greifbar, ohne positive und stark überlagert von negativen Emotionen. Es war nur noch ein mechanischer Gedanke, dass etwas richtig und das sei, was ich mochte.

Versuche, die negativen Einflüsse von meinem *Willen* zu trennen, funktionierten nur sehr kurzfristig. Ich hatte ja schon etwas Erfahrung damit und benutzte unter anderem den Satz: „Ich benötige keine fremden Gedanken." Die Trennung war jedoch nicht dauerhaft möglich. Im Nachhinein hatte ich den Eindruck, dass auch die Psychophysiologie des Körpers benutzt wurde. Starke Emotionen lösen unter anderem eine Ausschüttung von Adrenalin aus, also eine *Stressreaktion*. Unter Stress wird das Denken stark eingeschränkt und richtet sich nur noch auf einen engen Fokus. Alles andere wird ausgeblendet. Es ist vergleichbar mit dem „Tunnelblick", der bis zum Selbstmord führen kann, da man nicht mehr fähig ist, alternative Möglichkeiten zu erkennen. Unter diesen Umständen ist es nahezu unmöglich, ein Gesamtbild zu erfassen, alle Seiten zu betrachten oder neutral zu bleiben. *Sinnvolles Denken* wird im Prinzip *verhindert*, es bleiben nur noch Reiz und Reaktion.

Wie oben erwähnt, kommen bei energetischen Angriffen auch *Impulse*, verbunden mit dem starken Gefühl, diesen folgen zu müssen und etwas Bestimmtes zu tun. Trotz des Wissens, dass mir das resultierende Verhalten schaden würde, brauchte ich meine ganze Kraft, um diesen Impulsen zu widerstehen und einfach *nichts* zu tun. Gott sei Dank enden bei mir diese Attacken meist nach wenigen Stunden oder Tagen. Hätte ich in diesem Zustand impulsive Entscheidungen getroffen, wären daraus schwerwiegende Folgen entstanden, die nicht nur mir, sondern zum Beispiel auch meinen Kindern geschadet hätten. Dies ging bis zum wirtschaftlichen Ruin und meinem eigenen Tod. All dies wäre mir in diesem Zustand gleichgültig gewesen. Manchmal war nicht einmal mehr Mitgefühl für meine Kinder spürbar. Spätestens wenn es so weit kommt, muss klar werden, dass es sich um einen Angriff handelt!

„Die meisten meiner Gedanken sind nicht meine Gedanken." Dieses Wissen hat mir schon oft selbst und im Umgang mit anderen Menschen geholfen, die ja ebenfalls unter einem Fremdeinfluss stehen können. Zudem gibt es noch jede Menge Glaubenssätze, die einem das Leben schwer machen. Sie wurden jedoch alle von anderen übernommen. Diese anderen haben sie aber auch irgendwann von jemandem übernommen, die Linie ließe sich sehr weit zurückverfolgen. Also frage ich mich, sind diese Inhalte überhaupt wahr, existieren sie wirklich? Sind sie für mich wichtig? Als Psychologin bin ich es gewohnt, Glaubenssätze zu bearbeiten und durch etwas Positives zu ersetzen. Natürlich sind die Dinge bei anderen meist leichter zu sehen, als bei einem selbst. Vieles davon kann man mit dem Kopf lösen, aber nur bis zu einem gewissen Grad.

Lange war mir nicht klar, welch große Rolle *Emotionen* bei Angriffen spielen. Ich dachte immer, es seien meine eigenen und suchte nach meinem „Anteil". Zur Beseitigung unangenehmer Emotionen bieten viele Fachleute Lösungsmöglichkeiten an. Was dabei jedoch fast nie erwähnt wird, ist der Bereich der negativen Fremdeinflüsse und energetischen Angriffe. Dieser wird von den allerwenigsten Therapeuten oder auch spirituell Lehrenden mit einbezogen. Selbst wenn sie das tun, sind die angebotenen Methoden kaum dauerhaft effektiv, bleiben an der Oberfläche oder man macht sich damit von anderen Personen abhängig.

Aber jetzt weiter mit der Beschreibung des energetischen Angriffes: Verstärkt durch die oben beschriebenen Aussagen und Sätze, die ständig wiederholt wurden, war ich dem Ganzen ziemlich ausgeliefert und sehr verwirrt. Ich hatte keine Vorstellung davon, wie weitreichend der Einfluss war. Durch diese Manipulation wurde offenbar auch verhindert, dass mir Methoden einfielen, die ich schon kannte, um mir selbst helfen zu können. Außerdem wollte ich mit niemandem darüber sprechen und die Situation alleine bearbeiten. Dies war im Nachhinein gesehen ziemlich sicher auch suggeriert, um ein Erkennen zu verhindern. Mein Fokus wurde in Richtung der Annahme gelenkt, dass die Auslöser für meine Emotionen bestimmte Menschen seien. Diese hatten jedoch mit dieser Thematik überhaupt nichts zu tun. Das Gedankenkarussell lief und ich suchte ständig nach etwas, was ich übersehen oder verdrängt hätte. Es fühlte sich so an, als beträfe es meine Situation und sei wichtig für mich, was es in Wirklichkeit gar nicht war. Ich war wie blockiert.

Nach drei Tagen fiel es mir wie Schuppen von den Augen. Die Emotionen waren ganz genau jene einer mir bekannten Person und bezogen sich auf Menschen, die *diese* hasst. Ich hatte schon vorher den Kontakt zu dieser Person abgebrochen, weil ich wusste, dass sie unter einem Fremdeinfluss stand und mir extrem viel Energie entzog. Trotzdem schaffte es dieser Fremdeinfluss weiterhin, auf mich zuzugreifen, indem er die *Emotionen* der besagten Person auf mich *übertrug*! Der Angriff war gut versteckt und ich konnte ihn in diesem Zustand nicht erkennen, obwohl rückblickend alles sonnenklar war. Es handelte sich *nicht* um meine eigenen Emotionen. Sie waren vor der Attacke nicht vorhanden und auch nicht danach. Ich konnte also aufhören, den Auslöser bei mir selbst zu suchen. In dieser Intensität hatte ich das zuvor noch nie erlebt.

Ich stellte mir natürlich die Frage nach einem vorherigen Ereignis, das diese Attacke möglich gemacht hatte. Es war auch wirklich etwas passiert, das ich allerdings im normalen Zustand nicht als besonders schlimm empfunden hatte und rasch akzeptieren konnte. Trotzdem reichte diese Kleinigkeit schon aus, um der anderen Seite zu ermöglichen, aus der sprichwörtlichen „Mücke einen riesengroßen Elefanten“ zu machen. Das ist natürlich nur meine eigene Theorie. Alle anderen negativen Gefühle waren absolut nicht meine. In diesem Fall glaube ich jedoch, dass der Angriff sowieso statt gefunden hätte. Unter anderem deshalb, weil die Fremdenergie sowie die später von mir gefühlten Emotionen (!) schon Tage zuvor, als ich selbst noch überhaupt nichts spürte, durch andere in meinem Feld wahrnehmbar waren. Davon erfuhr ich natürlich erst danach. Nach dem Erkennen endete der Fremdeinfluss in kurzer Zeit und ich war glücklich, wieder in meinem gewohnten, positiven Zustand zu sein.

Zum leichteren Erkennen von Fremdeinflüssen möchte ich hier einige mögliche Anzeichen anführen, die während eines Angriffes auftreten können. Sie können bei sich selbst oder bei anderen beobachtet werden und natürlich auch andere Ursachen haben:

- (Abrupte) Veränderung der Stimmung ohne erkennbaren Anlass
- Unvermittelte, zeitweise Änderung des Verhaltens oder der Stimmung ins Negative
- (Plötzliche) Schmerzen, häufig im Kopf, die sich wie Stiche anfühlen können
- Negative Gedanken, man denkt schlecht über Situationen oder Personen, bei denen das sonst nicht der Fall ist
- Dieselben negativen Gedanken wiederholen sich und sind nicht zu stoppen
- Wiederholtes Sprechen über belastende Themen, die eigentlich schon besprochen sind
- Tonfall und Art des Sprechens verändern sich in Richtung härter und aggressiver, es werden etwa Schimpfwörter benutzt, die man normalerweise nicht verwendet
- Anderen wird, auch gedanklich, ungerechtfertigt Schuld zugewiesen

- Starke negative emotionale Reaktionen, die nicht in Relation zum Auslöser stehen
- (Plötzliche) Erschöpfung und Kraftlosigkeit, Energiemangel, Antriebslosigkeit
- Impulse, etwas zu tun, was einem selbst oder anderen schaden würde, auch, wenn es das Gegenteil von dem ist, was man eigentlich möchte
- Der Drang, etwas zu sagen, das andere verletzt oder provoziert, auch wenn man das selbst nicht möchte und um die negativen Folgen weiß

Anfangs, als ich zum ersten mal von dem neuen Satz hörte, hatte ich noch Zweifel, ob er ausreichend sei. Ich bin es ja gewöhnt, alles selbst zu prüfen. Hier meine Gedanken dazu:

Mit dem Satz: **„In der göttlichen Ermächtigung hat alles, was nicht zu mir gehört, meinen Raum zu verlassen!"** könnte ich immer alles Fremde, Niedrigschwingende entfernen, um in Liebe und Frieden zu sein und es dabei belassen. Irgendwie habe ich aber noch Zweifel, ob das alles ist, was ich zu tun habe. Es fühlt sich für mich nach Verdrängung an, in dem Sinne, dass ich mir dann eigene Situationen nicht mehr anschauen muss. Bin ich dann nicht aufgrund von ungelösten Themen angreifbar? Können Situationen, die ich noch nicht vollständig bearbeitet und neutralisiert habe, trotzdem als Auslöser dienen? Oder genügt es, meine Aufmerksamkeit zu trainieren und bei jeder unangenehmen Emotion oder Situation und bei jedem negativen Gedanken diesen Satz zu wiederholen? Dann würde ja gar kein Prozess entstehen. Sollte ich nicht Prozesse durchmachen? Wie lässt sich das vereinbaren?

Genügt es, wenn ich es schaffe, in einen Zustand von Liebe und Frieden zu kommen, was natürlich wunderschön ist und das andere draußen lasse? Löst sich dann alles von alleine, ohne die ganze Arbeit? Das wäre das Angenehmste. Ich möchte nur sicher sein, dass das ausreicht.

Der Autor gibt am Ende meines Textes Antworten dazu.

Bisher habe ich andere Sätze oder Worte verwendet, um die negativen Energien aus meinem Feld zu entfernen - manchmal funktioniert auch ein energisches „Raus!". Sie haben sich jedoch nicht als so effektiv erwiesen, wie dieser neue Satz. Ich habe den Eindruck, dass die Wörter "göttliche Ermächtigung" Schlüsselwörter sind. Meiner Erfahrung nach ist dieser Satz ein wunderbares Werkzeug, um Eigenes und Fremdes unterscheiden zu können, was mir bisher große Schwierigkeiten bereitet hat. Wenn ich ihn anwende, kann ich oft feststellen, dass sich negative Gedanken, Emotionen und auch körperliche Schmerzen in Nichts auflösen. Das Gedankenkarussell wird gestoppt und das Leid während der Prozesse stark reduziert. Alles geht viel einfacher und schneller. Falls noch etwas Negatives spürbar ist, kann ich es jetzt neutraler betrachten, bis auch das verschwindet. Gott und Wilfried sei Dank!"

(Petra P., Psychologin)

Antwort des Autors:

Viele Zweifel lösen einen Konflikt oder Unglauben aus. Diese Gedanken sind angebracht und aus einer Konditionierung heraus auch gerechtfertigt. Wie weit aber die menschliche Situation gerechtfertigt ist, will ich einmal in den Raum stellen. Wie lange wurden die Menschen benutzt und was resultierte daraus? Vielleicht sollte man das hinterfragen und erkennen, welche Ursachen dazu führten, einen Menschen seines Lebens und der Liebe zu berauben. Ihr könnt nicht alles als eures annehmen.

Ungebetene Gäste kommen und man bewirtet sie. Sie essen, trinken und hinterlassen eine Unordnung auf dem Tisch: Teller, Tassen, Besteck, Gläser und so weiter. Was davon ist eures? Vielleicht ein Glas? Doch der Haufen stapelt sich trotzdem, noch dazu waren es *ungebetene* Gäste. Den Müllhaufen lassen sie dennoch zurück.

Hier geht es genau um diese Erkenntnis! Ungebetene Gäste sollten erst gar nicht kommen und wenn doch, haben sie ihren Müll wieder mitzunehmen. Jedem von euch könnte das nun klar sein. Doch weil es euch nicht bewusst ist, nehmt ihr diesen Müll in Kauf und versucht, ihn wegzuräumen. Wenn ihr den ungebetenen Gästen nicht Einhalt gebietet, werden sie immer wieder eure Gutmütigkeit ausnutzen.

Dieser Satz:
„In der göttlichen Ermächtigung hat alles, was nicht zu mir gehört, meinen Raum zu verlassen!“ *verhindert den direkten Zutritt.*

Möglich, dass diese ungebetenen Gäste versuchen, Hintertüren zu benutzen. Doch bleibt bei euch und seid eurem Herzen treu. Seht euch als das Wichtigste in eurem Leben, denn das ist eine göttliche Eigenschaft. Nur ein gesunder Geist und eine vollkommene Seele können die Wunder des Irdischen sichtbar machen.

Wenn euch klar wird, dass wirklich nur das zu bereinigen ist, was euer ist, dann werdet ihr euch bald in der harmonischen Situation der Vollkommenheit befinden. Es gibt nicht viel zu bereinigen. Weder die energetischen Strukturen eurer Familie, noch die eurer Kinder und auch nicht die eures Umfeldes. Wer, vermutet ihr, wird die Stärke des Herzens mit weitaus größerem Erfolg in die Welt bringen können? Jemand, der sich ständig als traumatisiert bezeichnet oder ein Mensch, der sich von alldem befreit hat? Mit euren Gaben und der göttlichen Herkunft werden euch die Dinge, die das Leben in ihrer Gesamtheit beinhalten, als heilende und heilige Eigenschaften eröffnet. Was bezeichnet ihr als euer Umfeld? Das, was ihr wahrnehmt, also als Wahrheit erkennt. Die Wahrheit ist das, was euch umgibt. Der Gedanke umgibt euch *nicht*, er beeinflusst und lässt euch zweifeln.

Wenn wir nun von einem Raum sprechen, der mit der göttlichen Ermächtigung alles draußen lässt, was nicht zu euch gehört, dann können auch nur *die* Dinge bleiben, die euch in eurer Existenz weiter bringen.

Weshalb Gebete nur an der Oberfläche bleiben

Ihr fühlt euch oft verlassen und getrennt und sucht die Einheit in nahestehenden Menschen. Der Wunsch einer erfüllenden Beziehung ist ein Hoffnungsschimmer, dann kommt der Wunsch einer Familiengründung. Alles schwebt auf einer Wolke der Hoffnung und die Realität wird zur Ernüchterung. Sehr wenigen Menschen ist dieses Glück gegönnt und macht für sie das Leben zumindest lebenswerter. Vielleicht haben einige nicht die Bestimmung, einen Kampf in sich führen zu sollen. Wer jedoch den Kampf in sich spürt, um sich selbst zu finden, wird zum stillen Rebellen. Die stillen Rebellen sind es, die der Welt zeigen werden, wo der Frieden zu finden ist, so wie es die euch bekannten großen Erleuchteten einst vorlebten.

Weshalb Gebete nicht dauerhaft wirken, um die Welt aus den Angeln zu reißen, liegt an den mangelnden Hintergrundinformationen. Auf den Reisen, die wir machen durften und die uns bis in die hintersten Ecken dieser Welt führten, fanden wir nur Menschen mit den gleichen Gedanken, Wünschen und Vorstellungen: Es war die Hoffnung auf Liebe und Freiheit, egal, aus welcher Rasse sie stammten oder welcher Religion sie folgten. Sie waren allesamt wie wir. Im tiefsten Inneren waren wir durch ihre Erzählungen immer mit ihnen verbunden, als ob sie Geschwister wären. Irgendwie, so scheint es, sind wir das auch. Wir sind alle Geschwister der universellen Wirklichkeit. Wenn auch Gebete unseren Ursprung erreichen und

Antworten hörbar werden sollten, so werden diese Gebete durch unser Denken verzerrt und verfälscht. Natürlich ist in der größten Not unser Gehör für Antworten weiter geöffnet. Doch braucht es eine Not? Weshalb wird eine Verbindung zu dem, was ihr seid, dauerhaft gestört? Die Antwort: Ihr könnt nur das hören, wovon ihr wisst, dass es existiert. Wenn euch ein Mensch besonders nahesteht, fühlt ihr sehr oft, wenn nicht sogar dauerhaft, seine Anwesenheit in Form von Energie. Ihr wisst, wann es euren Kindern schlecht geht oder ein Familienmitglied in Gefahr ist. Wird nun die Annahme eurer Fähigkeiten durch euer Denken blockiert, verändert sich das Ziel eures Fokus. Ein Unglaube tritt in den Vordergrund, der euch kleiner macht, als ihr seid. Worte wie „Das kann nicht sein!“ oder „Was für ein Schwachsinn!“ bis hin zu einem Gefühl von Angst, versetzen euch in eine niedrigere Schwingung. Dieses „niedriger“ ist die Übermittlung eines Niedrigen, der euch klein hält. Somit sind es eure Zweifel, die euch selbst im Weg stehen. Gebete haben eine ungeheure Kraft, die euch sofort in die höhere Schwingung versetzt.

Um die Verbindung zu dem, was ihr seid, rein zu halten, ist es am wirkungsvollsten, zu denken oder zu sprechen: ***„In der göttlichen Ermächtigung hat alles, was nicht zu mir gehört, meinen Raum zu verlassen!“***

Wenn ihr euch von den niedrigen Schwingungen, die euren Freiraum besetzen, getrennt habt, wird sich die Verbindung eurer seelischen Herkunft durch den Nullpunkt wieder vervollständigen. Eure Seele kann sich der Regeneration widmen und eure Zellen wieder stärken.

„Und wenn die Sonne sich neigt, wird in der Dämmerung der Finsternis dem Patriarchat die Macht entzogen."

Das war der Satz, der mir kam, bevor ich überhaupt wusste, was sich aus dem, was ich schreibe, ergeben würde.

„Und wenn die Sonne sich neigt": Wenn ihr euch am Ende eines Tages mit dem Bewusstsein, was euch alles widerfuhr, dem Abend zuwendet.

„wird in der Dämmerung der Finsternis": Wenn es euch dämmert, in welcher Finsternis eure Existenz verweilte!

„dem Patriarchat die Macht entzogen!": Wenn euch nun ein Licht aufging, dann seid ihr es, dessen Licht nun scheint. Ihr habt nun die Berechtigung gefunden, die euch wieder in die göttliche Einheit zurückführt. Es gibt jetzt nichts mehr, was euch daran hindert: Keine irdischen Umstände, keine Manipulation und keine falschen Glaubenssätze. Seid frei von Einflüssen. Seid frei, die universelle Liebe nun zu leben. Seid frei, in eurer Wahrheit zu stehen. Seid FREI!

Und:

„In der göttlichen Ermächtigung hat alles, was nicht zu mir gehört, meinen Raum zu verlassen!“

Nachwort, die Essenz aus allem

Ihr habt viele Eindrücke erhalten von der menschlichen Qualität als göttliche Wesen, die ihr alle seid und von dem, was ihr bisher erfahren habt. Es ist die direkte Linie aus dem Göttlichen, der ihr entstammt. Auf Erden als ein blasser Schimmer von dem, was euch tatsächlich ausmacht. Wahrnehmungen dämpften euren Geist in der Wechselwirkung zwischen erfülltem Geist und gefühlt geistlos oder geistiger Leere. Dieses Buch soll euch einen besseren Einblick in eure wirkliche Befugnis ermöglichen, als Wesen mit Berechtigungen einer höheren Realität.

Ihr habt nun, durch Informationen und Erkennen, den Schlüssel in der Hand, um ihn für euch und für die Befreiung der Menschen zu nutzen und eine neue Ära der Liebe und des Friedens in die Welt zu bringen.

Einige Menschen haben bereits anhand der Erleuchtung dieses Buches ihre wahre Stärke als ihr Eigen erkannt. Nun liegt es an euch, dieses Werk bewusst anderen nahe zu bringen. Der Gedanke, dieses Buch weiterzuempfehlen, hat keinen wirtschaftlichen Hintergrund, sondern der Inhalt soll als Wegweiser zur Erkenntnis und somit zur Befreiung dienen. Je mehr Menschen diese Tatsachen annehmen und die göttliche Befugnis als eigene Resonanz des Göttlichen integrieren, desto schneller wird die Welt die Befreiung aus der unterdrückten Epoche einleiten. Dazu benötigt es jeden einzelnen von euch, die ihr als erleuchtete Wesen geboren seid, um als erleuchtete Wesen den Zugang zu eurer Quelle zu öffnen. Haltet euch nicht für kleiner als ihr seid und spürt eure Fähigkeiten sowie die Fähigkeiten eurer nächsten. Nur so könnt ihr die Erde und euch befreien und die Schwingungsmuster anheben, sodass die Welt auf einer höheren Ebene neu geboren werden kann.

„Das erleuchtete Buch" dient der Entfaltung durch Aufklärung. Gebete allein haben nur eine begrenzte Wirkung, wenn nicht zugleich die Verstrickungen erkannt werden. Bitte gebt den Satz nicht als einzelnen Teil weiter, denn dadurch würde das Gesamte im Verborgenen bleiben. Alles sollte von allen Seiten betrachtet werden, um alle Lücken schließen zu können. Deshalb deckt dieses Buch alle Lücken ab und erst im Zusammenhang öffnen sich durch den Satz die Schranken zu den Dimensionen.

Der reinigende Kraftsatz

Durch welche Glaubensmuster ihr geprägt wurdet, ist nicht ausschlaggebend, denn wir alle haben den Ursprung aus derselben Ordnung. Das Universum macht keinen Unterschied, denn im Endeffekt sind wir alle gleich. Deshalb macht es keinen Sinn, zwischen Religion oder Rasse zu unterscheiden. Somit kann jeder diesen reinigenden Kraftsatz verwenden. Beachte, dass du immer zentriert mit Gefühl und Gedanken bei dir bist. Du kannst sehr schnell eine Loslösung wahrnehmen und es kommt zu sehr reinen Gedanken und Gefühlen. Das sind deine! Unbeeinflusst!

Wiederhole, wann immer du möchtest, diesen Kraftsatz und nimm die göttliche Befugnis, um dich selbst zu erfahren.

Nachstehend ist wiedergegeben, was sich als sehr effizient erwiesen hat. Wechsle die Kraftsätze, damit dir die Gewohnheit keinen Streich spielt.

„In der göttlichen Ermächtigung“ ist der Anfang des Grundkraftsatzes, er hat sich als am wirkungsvollsten erwiesen. Wenn du den Satz veränderst, sei achtsam. In unbewussten Situationen können sich schnell unerwünschte Hintertüren öffnen.

Der reinigende Grundkraftsatz:
„In der göttlichen Ermächtigung hat alles, was nicht zu mir gehört, meinen Raum zu verlassen!"

Als Hilfestellung hier einige Beispiele modifizierter und erprobter Kraftsätze, die liebevolle Menschen aufgrund ihrer Erfahrungen zur Verfügung gestellt haben:

„In der göttlichen Ermächtigung hat alles, was nicht ursprünglich zu mir gehört, alles was niedrig schwingt, meinen Raum zu verlassen!"

„Ich gehe vollkommen in Resonanz mit meinem bedingungslosen, freien, göttlichen Kern! Denn das ist, was ich wahrlich bin: Ein göttliches, ewiges Lichtwesen in erster Linie!"

„In der göttlichen Ermächtigung hat alles, was niedrig schwingt, meinen Raum zu verlassen!"

„In der göttlichen Ermächtigung hat alles, was nicht zu mir gehört und meinem Körper und meiner Seele schadet, meinen inneren und äußeren heiligen Raum zu verlassen!"

„Göttliche Liebe übernimmt für mich die Kontrolle und alles befindet sich in göttlicher Ordnung!"

„In der göttlichen Ordnung hat jetzt alles, was nicht von mir ist, was nicht von meinem Herzen kommt, meinen heiligen Raum zu verlassen.“

„In der göttlichen Ordnung haben alle Gedanken, Emotionen und Strukturen, die nicht von mir sind, meinen heiligen Raum zu verlassen.“

„Ich gehe in vollkommene Resonanz mit meinem bedingungslosen, göttlichen, freien Kern. Ich bin ein lichtes, reines Wesen.“

„In der göttlichen Ermächtigung hat jegliche Angst, egal wovor und gleichgültig, welchen Ursprungs, meinen Raum zu verlassen. Ich gehe vollkommen in Resonanz mit meinem bedingungslosen, freien, furchtlosen, göttlichen Kern, denn das ist, was ich wahrlich bin: Ein göttliches, ewiges Lichtwesen in erster Linie, frei von Schuld und Angst.“

Nun liegt es an dir, dich zu befreien. Erhebe dich zu dem, was du tatsächlich bist. Frei und ungebunden solltest du dich als das erkennen, was dich als göttliches Wesen in dieser Welt ausmacht. Die Liebe als Resonanzleiter zu einer besseren Welt.

Lieber Leser

Oft erscheint es als ein Unglaube, dass die Menschen einerseits einer solchen Manipulation unterliegen und andererseits es einen schnellen Weg gibt, dies zu erkennen. Deshalb biete ich jedem von euch gerne an, sich mit Fragen an uns zu wenden oder uns eure Erfahrungen und Erkenntnisse, hervorgerufen durch das Lesen des Buches, zu übermitteln. Es soll jedem möglich sein, wichtige Tatsachen an andere Menschen weiter zu leiten. Im Blog auf unserer Homepage können wir dann Fragen beantworten und Interessantes diskutieren, damit der Weckruf so viele Menschen wie möglich erreicht.

In Liebe
Wilfried

Kontakt: spirit-portal.com/kontakt-1